U0448345

元典心鉴

王曙光 著

大學心法

商務印書館
The Commercial Press

图书在版编目（CIP）数据

大学心法 / 王曙光著 . -- 北京：商务印书馆，2025. -- ISBN 978-7-100-24936-2

Ⅰ.B222.15

中国国家版本馆 CIP 数据核字第 20253EB128 号

权利保留，侵权必究。

大学心法

王曙光 著

商务印书馆出版
（北京王府井大街36号 邮政编码100710）
商务印书馆发行
三河市尚艺印装有限公司印刷
ISBN 978-7-100-24936-2

2025年6月第1版　　　开本 710×1000　1/16
2025年6月第1次印刷　　印张 17 1/2

定价：98.00元

作者简介

王曙光，山东莱州人，先后获北京大学经济学学士、硕士和博士学位，现任北京大学经济学院教授、北京大学产业与文化研究所常务副所长。主要研究领域为中国经济发展战略、中国经济史与思想史。已出版《中国经济》《维新中国》《中国扶贫》《中国农村》《文化中国》等经济学专著三十余部，以及《老子心诠》《论语心归》《周易心解》《孟子心证》等思想史著作和散文集《燕园拾尘》《燕园困学》《燕园读人》《燕园论艺》等多种。

《元典心读》总序

以生命呼应元典,以心灵体悟元典

每个民族都有自己的心灵"元典"。何谓元典?元,有开端、源头、起点、原初之意,也有根本、本原、根基之意。人类的思想、文化与精神世界,不分种族,都必定有一个源头,此后所有的思想从这个源头发源并拓展延续至今。元典是经典中的经典,是经典的开端,是人类思想之根,人类心灵之源,人类文化之基。

在两三千年前的"轴心时代",两河流域、恒河流域、黄河长江流域、地中海沿岸,几乎同时出现了一批堪称人类思想源头的思想巨人,诞生了可以被称为人类思想元典的伟大思想。这些思想,在各自孤立彼此隔绝的情况下,循着自己的轨迹成长发展。两河流域旧约时代的众先知们,恒河流域的释迦牟尼及其弟子们,黄河长江流域孕育的诸子百家,地中海沿岸所养育的苏格拉底以及希腊罗马诸先哲,他们所创造的元典性的思想,至今还在深刻地影响着人类。可以毫不夸张地说,我们今天的生命和生活,须臾也不可能离开这些元典性的思想以及创造这些思想的先哲们。

人类在几千年的进程中一直倚赖着这些思想,也在流传、诠释、改造着这些思想。一代代人都在诠释元典,并经由这些诠释来创造新的思想,这构成了一个连续的人类思想史。

诠释元典从来不是因为元典必须得到诠释,而是因为一代代人都必须解决现实的问题和困惑。人类虽然在不断前行，但是他们所面临的困惑和挑战，以及人类个体成长所面临的困境与艰辛，数千年来从未改变。先哲面对困惑时所给出的答案，所作出的思考，也必然对我们有参考价值。人类每次面对重大的挑战和艰辛，都不约而同地返观那些民族精神元典，盼望从元典那里得到启示和灵感，从而获得一个民族再出发的力量和智慧。这正是元典的价值所在。一个民族精神的元典，就是这个民族永远的心灵发动机，是永不枯竭的精神的发源地。

更不用说我们无时无刻不生活在既定的"文化"情境中。而这个文化环境，是与先哲的思想密不可分的。不了解先哲的思想，就不可能深刻了解我们所处的文化；不深刻洞察我们所处的文化，我们就难以适应我们的文化环境，就难以在这种文化中获得精神上的丰满、心灵上的和谐与生命上的成长。从这个角度来说，无论你从事何种事业，元典都是通往幸福之路的起点。

我们还要意识到，这些民族精神元典与我们的生活和生命息息相关。这些元典不仅是文本式的存在，更是真实的存在。就如我们身边的空气，看不见，摸不着，但是我们不可须臾离之。

如何读元典？我提出"元典心读"的理念，所谓"元典心读"，就是要以生命呼应元典，以心灵体悟元典。其中的关键，在于要用元典来观照我们的自身，观照我们的生存。

我们必须把生命放进去来阅读元典，必须带着自己的生命困惑和感悟来与古人对话。

只有用自己的心灵来体悟元典，以生命来观照元典，我们才能将死的经典变成活的经典，把死的文本变成活的灵魂，从而把元典变成我们"自己"的心灵的元典，而不是"他人"的或者"古人"的元典。只有把生命放进去来阅读元典，与元典对话，才能得着元典的营养，元典才能与我们的心灵发生深刻的"化学反应"。否则，元典是元典，你是你，无论读多少遍，都是无用功；无论你如何将元典倒背如流，也只是"言语汉"和"古文箱"。

"元典心读"还有一层涵义,就是要"新读"。每一代对元典的诠释都是"崭新"的。数千年前那些伟大先知的思想,一旦注入到后来者的心灵之中,就会激起全新的灵感和体悟,每一代人会用自己的方式、结合自己的独特境遇和时代风尚、融汇自己所处时代所面临的独特命题和困惑,用自己的心灵来碰撞元典,呼应先知。于是,这种超越时空的呼应和对话,就构成了一个不断延伸的民族精神的长河,这条河流淌不息,而且代代常新,因为每一代人都在元典的基础上注入了新的诠释、新的感悟、新的风尚和新的视角。

阅读经典的意义也在于此。有些人说,无数代先贤已经把这些思想元典解释得非常好了,我们只要读先贤的解释即可,何必徒劳再去阐释,况且我们的解释是永远不可能超越先贤的!这是极其荒谬肤浅的见解。思想元典的意义正在于一代代人的不间断的诠释和发挥,正是由于这些持续的解读和挖掘,元典才有了新鲜的生命,一个民族的思想才可以凭借元典生生不息。在这种意义上,元典就已经不是一个人的思想,而是无数代人的思想的融汇和交响,是整个民族的精神的结晶。如果一种思想元典没有历代持续不断的解读,也就意味着后人与元典的对话业已结束,这个所谓的元典也就失去了存在的意义,它就真正成为博物馆的藏品,而不是活的民族精神的载体,此时这个所谓的元典也就丧失了作为民族精神"元典"的资格。因此,只要这个民族、这个文化还存在,对民族精神元典的解读(包括诠释、批判和对话)就不会停止。

而任何元典,只有具备了"当代性",只有与当代人的生命呼求与心灵世界相碰撞,才会真正融入当下的世界,融入当代人的生命之中。这正是"元典"的生命力所系,也正是"元典"的魅力所在。从这个角度来说,"元典"从来也没有成为"过去之物",它们永远不会成为博物馆里被瞻仰的"遗物",而是活生生地存在于当代人的生活、并时时回应当代人的内心需求的"当下之物";而且更重要的是,这些"元典"还会引导整个民族走向未来的生活,因此"元典"更是通往一个文明更远将来的"未来之物"。

但切忌将元典神秘化、全能化、庸俗化。将元典神秘化,就是故意把元典搞得玄妙缥缈神乎其神,而这些神秘主义的诠释恰恰不是帮助我们理解元典,而是将我们与元典隔离,使我们疏远元典,把元典视为深不可测玄不可言的东西。有些人在解释元典时故弄玄虚,这些人要么根本就没有理解元典,要么是别有用心蛊惑他人。我们还要切忌将元典全能化,以为这些元典带有某种超能力,可以无所不能。殊不知,元典给我们带来的"能量"全在于我们体悟元典的深度,全在于我们能否以生命和心灵来深深切入元典并从中汲取养分。我们还要切忌将元典庸俗化,元典是用来提升我们的生命、完善我们的人格、滋养和澄静我们的精神的,而不是用来满足我们的低级趣味的。

让我们一起来回归元典,回归本原。只有获得元典的滋养,才能使人生更加丰润;只有获得元典的烛照,才能使人生更加光明澄澈;只有经过元典的引领,才能使人生在正确的航道上前行并获得心灵的幸福与安宁;此时你与元典融汇为一,元典流淌在你身上,犹如你祖先遗留给你的血液,元典在里面注入了它强大的文化基因。

王曙光

二〇一四年二月四日初稿

二〇二一年三月十二日修改于善渊堂

目 录

引　言　《大学》其书 1

第一章　大学之三纲领 5
　　明明德 5
　　亲民 7
　　止于至善 11
　　知止而后有定 13
　　定而后能静 15
　　静而后能安 17
　　安而后能虑 18
　　虑而后能得 19
　　本末、终始、先后 21

第二章　大学之八条目 23
　　身—家—国—天下 23
　　欲明明德于天下者，先治其国 26
　　欲治其国者，先齐其家 30
　　欲齐其家者，先修其身 35

欲修其身者，先正其心 ... 37
欲正其心者，先诚其意 ... 38
欲诚其意者，先致其知 ... 40
致知在格物 ... 43

第三章 修身为本 ... 45
程朱格物说 ... 46
陆王格物说 ... 48
格物与明心去蔽 ... 53
格致诚正之渐与顿 ... 54
格物与诚意正心 ... 56
修身为本 ... 58
打通"身心意知物" ... 60

第四章 三纲八目的实践 ... 63
第一节 诚意与慎独 ... 63
毋自欺 ... 64
自慊 ... 65
慎独 ... 68
小人与良知 ... 70
诚中形外 ... 75
第二节 切磋琢磨与乐乐利利 ... 79
如切如磋，如琢如磨 ... 80
瑟兮僩兮，赫兮喧兮 ... 82
道学与自修 ... 83
恂慄与威仪 ... 83
君子贤其贤而亲其亲 ... 84

小人乐其乐而利其利 90
第三节　明德与知本 94
　　克明德 96
　　顾諟天之明命 97
　　天命与德 106
　　天命与民 109
　　克明峻德 112
　　日新 114
　　作新民 117
　　其命惟新 119
　　知其所止 123
　　仁敬孝慈信 128
　　无讼与知本 129

第五章　修身在正心 131
　　修身在正其心 131
　　身有所忿懥，则不得其正 133
　　有所恐惧好乐忧患，则不得其正 134
　　心不在焉的两层意蕴 135
　　正心与未发之中 137
　　正心与无所住而生其心 138
　　正心与不动心 140
　　不动心与平常心 145

第六章　齐家在修身 147
　　齐家在修其身 148
　　"辟"与"正" 150

人之其所亲爱而辟焉 150
之其所贱恶而辟焉 152
之其所畏敬而辟焉 153
之其所哀矜而辟焉 154
之其所敖惰而辟焉 156
正家而天下定 157
好而知其恶，恶而知其美 159
"知子之恶"与"知苗之硕"之难 159
正确的孝道在于修身守身 160
正确的夫妇之道在于修身 163
正确的爱子之道在于修身 166
身不修不可以齐其家 170

第七章　治国在齐家 171
第一节　孝悌乃治国之本 171
教家而后教人，正家而后正国 172
不出家而成教于国 174
自天子至于庶人之孝道 175
孝悌慈之推广扩充 178
如保赤子与心诚 182
心诚求之 184
一家仁，一国兴仁 185
国家治乱之机 187
一言偾事，一人定国 190
治国者之表率作用 191
第二节　以恕道齐家，而后治国 192
君子有诸己，而后求诸人 193

无诸己，而后非诸人	196
推己及人的恕道	197
"恕道"的价值精髓	200
之子于归，宜其家人	201
宜兄宜弟	202
其仪不忒，正是四国	204
治国在齐其家	205

第八章 平天下在治国 ... 207

第一节 絜矩之道 ... 207
- 平天下在治其国者 ... 208
- 君子絜矩之道 ... 210
- 乐只君子，民之父母 ... 211
- 民之所好好之，民之所恶恶之 ... 214
- 民具尔瞻的两重涵义 ... 216

第二节 德本财末 ... 218
- 克配上帝 ... 219
- 道得众则得国 ... 220
- 德本财末的经济学 ... 221
- 外本内末，争民施夺 ... 226
- 财聚则民散，财散则民聚 ... 228
- 货悖而入者，亦悖而出 ... 231
- 善则得之 ... 235
- 善以为宝 ... 235
- 仁亲以为宝 ... 237

第三节 好好恶恶，爱人举贤 ... 239
- 断断休休，诚一有容 ... 240

以絜矩之道悦纳他人 241
　　媢疾以恶之 243
　　唯仁人为能爱人，能恶人 243
　　好好恶恶 244
　第四节　以义为利 245
　　君子之大道 246
　　生财之大道 249
　　仁者以财发身 253
　　不仁者以身发财 254
　　上仁而下义 256
　　取之有道 257
　　宁有盗臣 259
　　以义为利 262
　　内圣外王，体用兼备 263

跋 266

引言 《大学》其书

《大学》是古典儒学中最重要的经典之一。《大学》、《中庸》本来是《礼记》中的两篇文章，到南宋朱熹，始将这两篇文章从《礼记》中抽出来，单独成书，并与《论语》、《孟子》两本书合为"四子书"，也称之为"四书"。这四本古典儒家著作，是传统中国读书人必读之书。南宋以降，"四书"成为国家科举考试的核心科目，对中国读书人的影响可谓无与伦比，乃至于对整个国家的文化形态、伦理观念、意识形态与政教模式都产生了极为深远的影响。甚至可以说，这四本书是千年以来影响中国最巨的书，任何其他著作，论其对中国人渗透之深、影响之广，都很难与"四书"比肩。南宋以来，"四书"的影响力甚至超越了"五经"（指《诗经》、《尚书》、《周礼》、《易经》、《春秋》）。

《大学》、《中庸》、《论语》、《孟子》这四部书，在中国古典儒家的教育体系中，当然有其次第。朱熹曾经说到读"四书"的顺序："先读《大学》，以定其规模；次读《论语》，以定其根本；次读《孟子》，以观其发越；次读《中庸》，以求古人之微妙处。"朱熹的"'四书'次第说"，从儒家思想之逻辑体系与各书之旨趣风格来看，自然有其道理，然而亦不可过于拘泥、绝对地去理解这个"次第"。读《大学》为什么能"定其规模"？这是因为《大学》这部书提出了完整的儒家"穷理正心、修己治人"之学的纲领与条目，即所谓"三纲领"与"八条目"。儒家的大学问尽在于此，可谓纲目分明。初涉圣学者，可经由"三纲领"与"八条目",一窥"宗庙之美,百官之富",找寻登堂入室之门径。此所谓"定其规模"也。读了《大学》,仿佛得着了儒家思想大厦的大体框架,有了这个格局与规模,就可以继续循序而进、深入堂奥。再读《论语》,则儒家修齐治平的根本心法俱备,故说"定其根本"。根本者,奠基之谓也,《论语》系统呈现了儒家开创者孔子的心性修养之法与政治哲学,可谓内外兼备,熟读《论语》,则儒学之根本培固深厚。再读《孟子》,体察孟子在孔子、曾子、子思基础上的超越发展之处,感悟孟子超迈、浩然之气象,此所谓"观其发越"。不熟读《论语》,则根本不固;不熟读《孟子》,则不能得其气象格局之大,不能体悟圣学之高远开廓。最后读《中庸》,将儒家古典思想升华至本体论高度。此书言深旨远,体精理妙,堪称古典儒家哲学巅峰之作。故读《中庸》,"以求古人之微妙处",探赜索隐,入妙发微,进入一个更为幽深、高妙、超拔的思辨层次与形而上的哲学境界。

《大学》据传乃孔子的学生曾子所作。这部书讲的是"大学之道","大学"者,大人之学也。"大学"是与"小学"相对应的概念。朱熹在《大学章句序》这篇文章中说:"三代之隆,其法浸备,然后王宫、国都以及闾巷,莫不有学。人生八岁,则自王公以下,至于庶人之子弟,皆入小学,而教之以洒扫、应对、进退之节,礼、乐、射、御、书、数之文;及其十有五年,则自天子之元子、众子,以至公卿、大夫、元士之适子,与凡民之俊秀,皆入大学,而教之以穷理、正心、修己、治人之道。此又学校之教、大小之节所以分也。""小学"学的是洒扫、应对、进退的日常礼节之学,以及"礼、乐、射、御、书、数"的基本技能之学("六艺"),这些礼节与技能,皆是孩童必须经历的行为训练和知识积累。但是这些"童蒙之学"偏于外在的行为规范的修习,偏于被动接受的记诵之学与技能培养,尚未触及更深层次的心性熏陶与精神探索,也未延伸至对更为宽广和复杂的人类世界之理解与治理层面。十五岁之后入"大学",学的是"穷理、正心、修己、治人"之学,这是儒家所谓"成人之学"、"大人之学",乃生命人格养成之学,着重于内在的身心性命的修炼,其目标是一个人生命的自我觉醒与自我成就,是道德善的自我发现与最终达成。儒家的"成人之学"和"大人之学",目的是要使一个人成为一个真正的人,是要使一个人完成自己的生命,达成自己的使命。《大学》这部书,讲的就是成就人格生命的大学问及其修行心法与次第。

需要注意的是《大学》一书的版本,这是读《大学》首先要说明的问题。二程(程颢、程颐)都曾对《礼记》中的《大学》一篇的章节重新进行编订排序,朱子在整理编订《大学》时,继承了程颐对《大学》的编排传统,同时他又认为此篇在文字上有缺漏的部分,遂根据自己对《大学》逻辑的理解对文字做了一些增订。后世学者,对朱子根据己意擅加改动原典的做法多有诟病,对这种"六经注我"的原典诠释方式提出了很多批评。本书把经过朱子改订的版本,称为"《大学章句》本",而把原来《礼记》中的《大学》原本,称为"古本《大学》"。朱子有自己的思想体系,他在解释《大学》时,当然不免带上朱子理学思想的色彩,贯穿着朱子理学的逻辑。朱子的这一对《大学》的"再诠释",从儒家思想史、中国哲学发展史来说,当然有其特别的价值,从中可以看出理学思想的基本脉络和源流。一篇经典,只有经过不同时代的不断的"再诠释",方可成为真正的经典,每一时代的"再诠释",都反映了每一时代思考经典的独特角度,不同时代对经典的不同思考角度,反映了时代学术精神的变迁。当然根据己意对原典擅加篡改,这种做法是不可取的,然而从思想史的角度来说,这种"篡改"又是富有思想史价值的,从中可以看出不同学派对原典的态度。但是,如果只看朱子的"《大学章句》本",我们又可能仅仅了解了朱子的"再诠释",而对原来的文字系统所表达的思想反而可能忽略了,这是我们需要警惕的。所以本书在阐释《大学》时,还是主张回到"古本《大学》",根据传统版本来解释经典思想;同时,我们在解读过程中,也会提到朱子改订的部分,看看朱子改订文字的用意及其思想史意义。这样就兼容了两种版本。朱子之后的学者,不少都主张回到"古本《大学》",如王阳明就持此观点。

第一章　大学之三纲领

大学之道，在明明德，在亲民，在止于至善。知止而后有定，定而后能静，静而后能安，安而后能虑，虑而后能得。物有本末，事有终始。知所先后，则近道矣。

【译文】

大学的宗旨，在于彰显弘扬光明正大的德性，在于亲近爱护人民，在于使人臻至最完善的人格境界。一个人只有洞察应该臻至的至高境界，而后才能具备坚定不渝的志向。只有具备坚定不渝的志向，才能内心沉静（矢志追求）。只有内心沉静（矢志追求），才能神志安定（心无旁骛）。只有神志安定（心无旁骛），才能有深思远虑。只有深思远虑，才能最终得道成人。每样东西都有根源与枝末之分，每件事情也都有终极目标与起步之始点。如果我们知晓修养身心的先后顺序，我们就可以接近大道。

明明德

《大学》第一章开宗明义提出了"三纲领"："大学之道，在明明德，在亲民，在止于至善。""大人之学"，其意义与价值在于塑造一个人的精神与德性世界，使一个人获得生命的自我觉悟、自我肯定、自我成就与自我超越。大学的修习过程，就是一个人的道德人格的发现与实现过程，是一个人生命意义与价值的确立过程。

"明明德"，第一个"明"，是动词，有彰显、开显、明了、明觉、体证、弘扬之义，彰显此一"明德"，就是生命人格的发现与道德之自觉。而所谓"明德"，这第二个"明"，是个形容词，是描绘"德"（即最高的道德善）的性质的，有光明、高峻、崇伟、正大之义。"明德"，乃是一种理想人格，是一种理想的道德境界与精神境界，这种理想人格光明峻伟、崇高正大。所以这个"明德"，既是在说一种道德本体的内容，实际上也是在标举一种"境界"。"明明德"就是道德本体的彰显明觉，是一个人的生命的高度自觉。有了这种道德上的自觉，有了这种对自我生命的"明觉"，一个君子才能从较低层次的记诵之学，上升到更高的生命觉悟与道德体认，从而才能将"道德行为"意义上的伦理实践（如应对外物的一切道德行为，即洒扫、应对、进退之学），上升到"道德本体"意义上的真正觉悟（即穷理、正心之学、性命之学），从而实现生命意义上的自觉。

"小学"之学，学的是形而下的道德行为，是待人接物之日常行为，如尊老、孝亲之礼节。然而一个人小学之时，尚属年幼，他只是在被动地接受礼仪规则，养成一种道德行为习惯，知应接之礼、进退之节，然而对于这些礼仪、规则、动静背后的道德涵义，对于支配这些道德行为的道德本体，尚没有明觉，没有体认，没有悟解，没有洞察。而大学之宗旨，正是启引一个少年超越这个"日用而不知"的境界，而进入一种对道德本体的形而上的觉悟。一旦"明其明德"，则人之道德本体即呈现彰显出来，此一道德本体，不是外在力量强加的道德规则与道德律令，不是由长辈和社会从外面给出的行为规范和限制，而是发见人之本性本心。一旦本心发明彰显，则一切道德行为皆从道德主体内心自然流出，不待外界强制，而纯然变为一种自觉之行为。这就是道德上的自觉所带来的一个人生命的自觉、人格的自觉。

有了这种道德本体的开显、明觉，则一切道德行为与应对进退之礼节，都找到了根据，也都找到了不竭的源泉，这是一个人道德行为的"源头活水"。

中国古代大学所标举的宗旨与理想，与现代大学体系的宗旨与理想有很大不同。今日之大学，其宗旨更多在求"知"，即寻求外在的真理，即人类知识之创新与知识之进步。而中国古代之大学，其理想乃在于造就具备最高道德人格、具备真正道德自觉的人。

朱子讲"明明德"，将人性中得之于天的部分称为"天地之性"，即人性中具备天理的部分；另一部分称为"气质之性"，人的气质受到外物之遮蔽，故有清有浊。朱子《大学章句》曰："大学者，大人之学也。明，明之也。明德者，人之所得乎天，在虚灵不昧，以具众理而应万事者也。但为气禀所拘，人欲所蔽，则有时而泯；然其本体之明，则有未尝息者。故学者当因其所发而遂明之，以复其初也。"所谓"明明德"，就是要发扬"天地之性"即"本体之明"，而将被外物遮蔽的部分"返本复初"，恢复人的本心本性。当然，这种去蔽、返本、复初的工夫，在朱子看来就是不断修正自己的错误、不断磨砺自己的内心、不断存养克己的过程，即"不远复"。这是渐修的工夫，克制省察的工夫。

亲民

"亲民"，历来有两种说法：按程颐所说，乃"新民"（朱子在"《大学章句》本"中主张此说）；按王阳明所说，当依"古本《大学》"，"亲民"即"仁民"（《孟子·尽心上》），"说'亲民'便是兼教养意"（《传习录》）。两说各执一端，实则各有其理，善观者即各有所得。

《传习录》上卷（徐爱录）第一则曰：

> 爱问："'在亲民'，朱子谓当作新民。后章'作新民'之文似亦有据。先生以为宜从旧本'作亲民'，亦有所据否？"
>
> 先生曰："'作新民'之'新'，是自新之民，与'在新民'之'新'不同。此岂足为据？'作'字却与'亲'字相对。然非'亲'字义。下面'治国平天下'处，皆于'新'字无发明。如云'君子贤其贤而亲其亲，小人乐其乐而利其利'，'如保赤子'，'民之所好好之，民之所恶恶之，此之谓民之父母'之类，皆是'亲'字意。'亲民'犹孟子'亲亲仁民'之谓，'亲之'即'仁之'也。'百姓不亲'，舜使契为司徒，'敬敷五教'，所以亲之也。《尧典》'克明峻德'便是'明明德'，'以亲九族'，至'平章'、'协和'，便是'亲民'，便是'明明德于天下'。又如孔子言'修己以安百姓'，'修己'便是'明明德'，'安百姓'便是'亲民'。说'亲民'便是兼教养意。说'新民'便觉偏了。"

我们先完整转述一下阳明先生这段话的意思。阳明先生认为，程子和朱子以《大学》中有"作新民"之语，从而认为"在亲民"应为"在新民"，此不足为据。阳明先生认为，"作新民"乃是君子作"自新之民"（作者注：此处阳明先生的理解与朱子有很大不同，详见下文），而"在新民"则是要"使民新"，"民"在这里不是指君子自己，而是指老百姓。阳明先生认为，"作新民"之"作"与"在亲民"之"亲"，才是相对应的两个动词（即上文阳明先生说的"'作'字却与'亲'字相对"），然而两者所指不同。按照阳明先生的理解，"作新民"指君子所学之目的，乃在于"作自新之民"，而《大学》古本中的"在亲民"则指亲民、仁民、养民、教民、爱民。从《大学》所标举的"在明明德，在亲民，在止于至善"来看，"明明德"指的乃是君子"明其明德",实现道德主体之自觉,从而也就实现了一个君子在道德修养层面的自新(自我更新、自我变革),实现了先贤所希望的"日新"之目标,里面就内在地包含着后面所言"作新民"之义。而后面再说"在亲民",很显然乃是更进一层,在道德主体之自觉、明觉之后,又能够"亲民",即能够以道德主体所证悟之道德自觉,化而为亲民仁民养民之践履,将"明明德"之身心修养向下落实到"亲民"之践履层面。"明明德"乃是身心性命之学,而"亲民"乃是"治国平天下"之学,两者有先后,前者是生命道德之觉悟,后者是觉悟后之切实践履与落实。没有"明明德",没有道德之自觉,则实践无从谈起;没有"亲民",则"明明德"之觉悟便落空而变为玄谈空语。"明明德"是体,"亲民"是"用",体用兼备,体用相融,两者必须紧密结合,不可偏向一边。所以他说,《大学》中后面所说的"治国平天下",讲的就是"亲民"的实践,而于"新"字"无发明"。以上我们转述了阳明先生"亲民说"的基本逻辑进路。阳明先生的"亲民说",其要义在于使"亲民"重新回到仁民、爱民、教民、养民之义,寄意可谓深焉。他要打通儒家的身心性命之学与治国平天下之学(即儒家的公羊学传统)。

王阳明举《大学》中所说"君子贤其贤而亲其亲,小人乐其乐而利其利"、"如保赤子"、"民之所好好之,民之所恶恶之,此之谓民之父母",认为这些说法都是围绕"亲民"展开的,都含有君子爱民仁民之义,乃是"亲民"的具体途径、方法与内容。治理百姓,要视民如子,顺应遵从百姓之好恶并引导之,务使百姓和乐,这样的君子才是"民之父母",这都是"亲民"的题中应有之义。孟子说:"亲亲而仁民,仁民而爱物"(《孟子·尽心上》),君子首先"亲其亲",然后"仁其民",即爱民、养民、教民,进而达到"爱物"之境界,此即张载所谓"民胞物与"("民吾同胞,物吾与也",出自张载《西铭》)的精神。

《尚书·舜典》:"帝曰:'契,百姓不亲,五品不逊,汝作司徒,敬敷五教,在宽。'"舜看到当时人民不相亲睦、道德不彰,乃选契为司徒,掌教化之事,"敬敷五教"就是教养百姓要"父子有亲,君臣有义,夫妇有别,长幼有序,朋友有信"(朱熹《白鹿洞书院揭示》曰:"父子有亲,君臣有义,夫妇有别,长幼有序,朋友有信。右五教之目。尧舜使契为司徒,敬敷五教,即此是也。")。阳明认为,"敬敷五教"即"亲民"也,所以"亲民"中自然既包含着仁民、爱民之义,也包含着养民、教民之义,即要教化人民,使之明德崇礼,此即《易·系辞》中所说"观乎人文,以化成天下"之义。真正的君子,不仅要使自己实现道德自觉,"明明德",而且还要教化百姓、教养百姓,使百姓达到新的道德高度,使国家社会得到有效治理。《尚书·尧典》曰:"克明俊德,以亲九族。九族既睦,平章百姓。百姓昭明,协和万邦。黎民于变时雍。""克明俊(俊,通峻)德",就是"明明德",而后面的"以亲九族。九族既睦,平章百姓。百姓昭明,协和万邦",就是"亲民",也就是《大学》所言"明明德于天下"。君子不仅要自己"明明德",而且要"明明德于天下",而"明明德于天下",就是"亲民"之义。阳明又举孔子"修己以安百姓"(《论语·宪问》),认为"修己"即"明明德","安百姓"即"亲民",这就把儒家君子之学的两个层次明白揭示出来了。

而朱子的"新民说",是沿着"明明德"的理路更上一层,使君子不仅"自明其明德",更超越自我之局限,而使众民皆能自新其德,皆能同跻圣域。用意亦不可谓不深切。朱子说:"新者,革其旧之谓也。言既自明其明德,又当推以及人,使之亦有以去其旧染之污也。"(《大学章句》)朱子沿用程颐的说法,训"亲"为"新",并认为"明明德"与"新民"是相互涵摄、相互促进的关系。朱熹说:"明明德者,所以自新也;新民者,所以使人各明其明德也。"(《朱子语类》卷十五·《大学》二)按照朱子的理路,受教于大学者,既能明其明德，达到自我道德之自觉，更能以其明德之证悟来教化天下，作育天下之民，使百姓日新，迁善改过，知孝悌忠信之圣道，从而使之成为"新民"。这正是儒家由己而他、推己及人、由自我道德证悟而走向更为广阔的"道德共同体"之理想阶梯。一个君子，在自己"明明德"、有了高度的道德自觉和生命体证之后，又要仁民爱民，教民养民，这样老百姓就会效仿这些君子的道德榜样，开显自己的道德本心，从而日新又新，造就新民。按这样的逻辑来理解，实则朱子与阳明先生殊途而同归，"亲民说"与"新民说"并没有不可调和之矛盾。如此解释，也就使两家同归于孔子开创的儒家学术体系的真正轨道，即不仅言身心性命之学，而且言治平之学（即回归公羊学传统），将心性之学与政治哲学打通。

止于至善

"至善"乃是最高的道德善。至善，乃是至高之善、至为圆满之善、至为理想之善、至为究竟之善。至善，当然是一种理想境界、圣人境界，当然可能也是凡夫永远无法真正达到的境界。然而《大学》为什么要说"止于至善"呢？言"止"于至善者，其要恰在于"不止"，即反思不止，勤修不止，追求不止。"至善"之目标乃最高理想之境，尽管永不可达，然而吾人之追求此一境界当永不停止。"止于至善"表面上说的是"臻至至善之境方能停止"，实际上它说的是"永远都不要停止追求至善之境的道德努力"。"止"的境界，实际上在践履层面就是要求每一个道德主体的追求永远"不止"，就是"学而不厌"，就是力行不殆，就是勇猛精进，就是前行不已。

"止于至善"，就是回归本心本性，是心性的自我发现，也是指向天理与人心融而为一的那一个最高的境界。"至善"即是尽性，尽人之性、尽物之性、尽天之性，与天地参之境界。王阳明说："至善也者，心之本体也。……复其本体，是之谓止至善。"（《大学古本序》）

"至善"即是洞达天理、明觉天道的境界。至善，即明明德之最高境界。至善与明明德，实在是一件事，不是两件事。然而至善不仅是道体上的觉悟，不仅是道德本体上的开显，而且是践履上的至善，包含着实践的意义和价值在内。所以，从根本上说，"至善"既含纳、包摄"明明德"，当然也含纳、包摄"亲民"。亲民，乃是实践、践履层面的最高的成就，这个"亲民"，就是"仁民而爱物"（孟子），就是"泛爱众而亲民"，就是从自己出发而对一切其他的主体的仁爱之心，这里面既包含着治国平天下的成就，实际上更包含着处理自我与外界（他人）一切关系的成就。"明明德"是最高的道体的觉悟，而"亲民"乃是最高的践履成就；"明明德"是向上的道德明觉，而亲民乃是向下的道德实践与落实。而这个"止于至善"，是明明德的向上的道德明觉与亲民的向下的道德落实这两者融合之后的最高成就与最高道德目标。

"止于至善"，既讲境界，又是工夫。言"至善"，是就境界说。言"止于至善"，实则乃是说"力行不殆"、"精进不已"，这是讲工夫。焦循《孟子正义》中赞赏孟子"为道必卒"的决心与信念，为学不能半途而废。孟子讲"盈科而进"，"不成章不达"，"不盈科不行"，"盈科而后进"（《孟子·离娄下》），比喻君子之修行就如同水一样，不把一个坎填满、不时刻修正自己的错误，就不会前行；又讲"五谷者，种之美者也；苟为不熟，不如荑稗"（《孟子·告子上》）；又讲"掘井九轫而不及泉，犹为弃井"（《孟子·尽心上》）。其实讲的都是要不懈追求那个最高的道德境界，求而不殆，不能半途而废的意思。

《论语·泰伯》篇：

> 曾子有疾，召门弟子曰："启予足！启予手！《诗》云：'战

战兢兢，如临深渊，如履薄冰。'而今而后，吾知免夫！小子！"

曾子终身勤于修养身心，"一日三省吾身"（《论语·学而》），终身矢志追求那个最高的道德目标，追求圣人之境界。临死之时，尚嘱咐弟子们启手启足，以察看身体是否有所亏缺损伤，以此喻示对自己终身的心性修炼的最后省察反思。这就是"止于至善"的修行工夫，切己反思，终生修养，日日精进，死而后已。

知止而后有定

"知止而后有定，定而后能静，静而后能安，安而后能虑，虑而后能得。"这句话提到"知止"、"定"、"静"、"安"、"虑"、"得"六个范畴。这六个范畴，实际上乃是标举儒家修养工夫的六个阶段，形成彼此之间有逻辑关系、因果关系的一个养心修身之序列。

我们对"知止"的理解往往有偏差，这是在阅读《大学》时要特别注意的。"知止"不是普通意义上的"知足常乐"，不是"知道如何在物质与名利的追求上适时止步"，而是"知道所止之处"之意也。朱子的注释极为精当："止者，所当止之地，即至善之所在也。知之，则志有定向。"所谓"所止之处"、"当止之地"，乃是指至善之境、至真之境、至为圆满至为完美之境，乃是最高的生命人格境界。上面讲"止于至善"，此处再讲"知止"，旨在强调一个君子在生命境界之追求和道德之修养中应体认此最高境界，并终生以此最高境界为追求目标。这个至高至善之境，也许是一个人终生难以臻至的境界，但是作为一个生命人格修养的目标，我们仍要去不懈追寻，永不止息。因此所谓"知止"就是一个人对自我生命人格的定位，知道自己所要追寻的最高境界，这就是生命的自觉。没有"知止"，没有这种生命的自觉，找不到自己生命人格的努力方向与最高鹄的，我们就不可能获得一种自我砥砺的意志，因而也就不能在人格修养的道路上有所觉悟与成就。因此这个"止"，是"止于至善"之"止"，而至善之境或永不可达，因此追寻之脚步与砥砺自我之行动，就永远不会停止。故"知止"乃"止其所当止"，乃标举一最高生命境界，"知止"之实，乃追寻不止也，此正是所谓"为道必卒"、"射必志于彀"（《孟子·告子上》）之深意。

"知止而后有定"，能够达到这种对至高生命境界的自觉，并具备追寻这种至高之境的意志，我们才能在砥砺自我人格的道路上坚定不移地走下去。所谓"有定"，乃是有了确定的目标、有了恒久的定力、有了坚定的意志力。有些人之所以漂泊无定，内心犹疑，灵魂四处游荡而无定所，乃是缺乏对自我生命的自觉，缺乏对自我使命的深刻叩问与深刻反省，因此他们难以确定自己的目标，因而也就不能"知止有定"。

《传习录》曰：

> 爱问："'知止而后有定'，朱子以为'事事物物皆有定理'，似与先生之说相戾。"
> 先生曰："于事事物物上求至善，却是义外也。至善是心之本体。只是明明德到至精至一处便是。然亦未尝离却事物。本注所谓'尽夫天理之极，而无一毫人欲之私'者，得之。"

在《大学或问》中，朱子说："能知所止，则方寸之间，事事物物皆有定理矣。"朱子《大学章句》曰："止者，必至于是而不迁之意。至善，则事理当然之极也。言明明德、新民，皆当至于至善之地而不迁。盖必其有以尽夫天地之理，而无一毫人欲之私也。"阳明先生对朱子这两段话都有所评论。对第一句，阳明先生是有不同看法的，认为朱子强调在事事物物上求其"定理",求其"至善",以此解释"知止",乃是"义外"。"义外"是告子与孟子辩论时说的话。《孟子·告子上》:"告子曰:'食、色,性也;仁,内也,非外也;义,外也,非内也。'"告子认为"仁内"而"义外","仁"是人性内在的、本然的性质,而"义"是人性之外在的东西。如果从外面的事事物物上来求"至善之道",试图从外在事物上探求天理,这就等同于告子说的"义外"。而"至善"须从人的内在觉悟中求得。王阳明认为"至善"是"心之本体",这个心的本体显明、觉悟、彰显,才能证悟至善之境,而不能从外在的具体事物中去探求。从工夫来说,就是克己省察,克除私欲而省察内心,这样才能达到"至精至一"之境界。然而王阳明又告诫不能"离却事物",不能离开接物去空谈心性之修养,而是要在接物中存养心性,克制私欲,省察过失,才能最终达到至善之境,才能达于天理。既要超越事事物物而实现心性意义上的觉悟,又不能离开事事物物去寻天理,如此才能不偏。如果只说"事事物物皆有定理",则有可能引导学者走上"义外"的道路,而终生不能实现内在的觉悟;然而如果只强调内心之觉悟而离开事物,则易陷于空谈而缺乏践履之根基。阳明肯定朱子的后一句,即"尽夫天地之理,而无一毫人欲之私",前者是境界,也就是体天道、合天理之境界,后者是工夫,也就是克己省察之工夫。"私"与天地之"廓然大公"相对,无人欲之私,则可达天地之廓然大公境界,则可以与天地参。

定而后能静

人洞察了自我生命人格至高之鹄的,具备了恒久的定力与高度的自制力之后,自然就获得了一种澄明沉静的心境:他有所仰望与盼望,朝乾夕惕,心意坚定,向着至善之境精进不已,然而他的内心一点也不狂躁，一点也不轻浮，他心神宁静，心无旁骛，从容不迫，静观万物，无论什么外在的喧嚣都不能干扰他，无论什么名利的诱惑都不能打动他。这就是"定而后能静"。这就是老子所说的"心善渊"，心灵像渊深的水一样沉静，洞鉴万物，映照万物，但不为外物所移。溪流因其不能定，故不能静；因其不能静，故不能洞鉴万物。道家所言"虚静"，既是一种理想的生命状态，也是一种身心修习之法与养生之法。

《大学》中讲的"静"，更多地指向一种内心安宁、饱满、澄明、静定的状态，不狂不躁、不骄不浮，这种"静"，不同于道家的"虚静"，如庄子所言"心斋"，也不是佛家的"空静"，而是向着至善之境精进无疆的追索过程中所显现的那种从容自在、无忧无惧之境界，这也就是程颢"万物静观皆自得，四时佳兴与人同"两句诗中所呈现的那种无往而不自如、无时而不自在、宁静沉着的心灵状态。"静"在《大学》的修养次第中非常重要，然而如果把"静"理解为佛家之空境，则恐有偏。儒家讲存养之道，要害在于不为外物所移，即孟子所谓"吾四十不动心"，"不动心"乃是本性不移、仁心不移，故能守固其心，"不动心"才是"静"之境界。"静"不是远离外物、逃离尘世来求静，而是在应物接物中养静，面对外物尘嚣来养静，时时处处克己省察，故能在尘俗万物前不惑、不忧、不惧，此之谓真静。逃离尘物而专求静，反成枯寂之病，遇到外界诱惑压迫仍是不能静，此之谓假静。这就是儒家强调的"静"的工夫。

《传习录》曰：

（陆澄）问："静时亦觉意思好，才遇事便不同，如何？"
先生曰："是徒知养静，而不用克己功夫也。如此，临事便要倾倒。人须在事上磨，方立得住，方能'静亦定，动亦定'。"

在《传习录》中，王阳明又答陆澄曰：

> 只要去人欲，存天理，方是功夫。静时念念去人欲，存天理，动时念念去人欲，存天理，不管宁静不宁静。若靠那宁静，不惟渐有喜静厌动之弊，中间许多病痛，只是潜伏在，终不能绝去，遇事依旧滋长。以循理为主，何尝不宁静？以宁静为主，未必能循理。

阳明先生强调的是"事上磨"，在践履中"养静"，即在应对外部世界的过程中克己省察，时时存理灭欲，这才是"养静"的根本。经过这样的工夫，则静时定，动时也定，皆能守住此心，皆能使本心不移、不散乱、不被外物所役所惑。如果没有这样的克治功夫，不能在日常践履中反省克治，而只是去"养静"，整日枯坐，不问世事，以为如此即可以达到静定之境，结果遇事则溃不成军，"临事便要倾倒"，"遇事依旧滋长"。原来养的"假静"之功都纷纷溃败，这是很多人片面强调养"静"而不能克己省察而"循理"的必然结果。故逃避世事不是"真静"的境界，"喜静厌动"并非"真静"的工夫，唯有在事上磨炼、在践履中时刻克己循理，方能真正得着"静定"之境。

静而后能安

"静而后能安"，一个人能够目标远大、高标自持（"知止"），而又能志向坚定、定力恒毅（"定"）、内心澄静而不为外物所扰（"静"），如此则可以身心安顿、安详、安逸、安适。尘世自攘攘，名利自扰扰，而我心自安居此处，栖息此处，此所谓"安放此心"也。"把心放在腔子里"，就是此心有安放处，有安顿处，精神有着落处，则谓之"安心"。人不能安此心，则此心放失矣；放失而不知求之，则终生无着落处。《孟子·告子上》曰："仁，人心也；义，人路也。舍其路而弗由，放其心而不知求，哀哉！人有鸡犬放，则知求之；有放心而不知求。学问之道无他，求其放心而已矣。"《格言联璧》曰："收吾本心在腔子里，是圣贤第一等学问。"能自安放此心，且推而广之，则可"安人"，"安百姓"，以至于"安天下"。所以孔子说："修己以安人"，"修己以安百姓"。天下人皆安放此心，则天下自定也。

"安"是一种道德的自我满足、自我肯定状态，这种自我满足与自我肯定，超越了境遇的约束与限制。富自安，贫亦安；福自安，祸亦安；贵自安，贱亦安；荣自安，辱亦安；顺自安，逆亦安；进自安，退亦安。无论境遇如何，此心皆可安顿、安居。能够超越境遇之缠累，时时处处安放此心，此真大英雄也，真圣贤也。"饭疏食，饮水，曲肱而枕之，乐亦在其中矣。不义而富且贵，于我如浮云"（《论语·述而》），我心若安，即使粗茶淡饭亦安，何必追求外在的利禄富贵，真正可贵的乃是人的道德追求，乃是人对"至善"的追求。"一箪食，一瓢饮，在陋巷，人不堪其忧，回也不改其乐"（《论语·雍也》），回不改其乐，只因颜子的心有个安放处，故心安而无时不乐。"君子素其位而行，不愿乎其外，素富贵行乎富贵，素贫贱行乎贫贱"（《中庸》），富贵贫贱这些外在的境遇（外物）皆不能扰乱此心之"安"，乃是因内心的自我道德肯定与自我道德满足之力量无比强大。尤其面临逆境之时，这种安详安适的生命状态尤显珍贵。

安而后能虑

"安而后能虑"，一个人高瞻远瞩、静定安详，方能深谋远虑，方能反躬自省，以求自己内心的真正的证悟与自觉。"安而后能虑"之

"虑",不仅是"思",不仅是"思考研索"之义,而更是谋虑、反省之义。一个人能"知所止之处"("知止"),内心有高远的道德目标与自我道德期许,则必思虑深远,不为眼前的境遇所左右。他时时检束内心,砥砺自我之道德情操,时时修炼,时时自我反省自我鞭挞,"如切如磋如琢如磨",以使自己不断走向圆满之境;他时时瞩望未来,时时望着自己的"所止之处",从而奋发不息,精进不已,此之谓"虑"。他既"安"于现在,"安"于当下所有之境遇,又"虑"及将来,"虑"及自己内心那个"所止之处","虑"及那个高远正大、光明峻伟的道德目标。"虑"不是单纯的"思",而更包含着内在的反省、反思(孟子所谓"自反"),更包含着基于反思的"不断的行动践履"。有了这样的静定安详的内心修持,有了这样的深虑远思与反省践履之功,最终才可以达到"虑而后能得"的境地。

虑而后能得

既能思虑深远,又能反躬自省,则最后方能有"得"。"得"即有所得,乃得着、得道、得证、得悟之义。由"知止"、"定"、"静"、"安"、"虑"的工夫,最后乃终于有"得",此"得",乃"得"其道也,"得"圣人之学也。此时一个人才能达到自己所终生秉持与追寻的道德目标,实现自己的道德理想,从而使自己"成为一个人",这就是儒家"成人之学"或"大人之学"的全部意义。

得,即是证悟。得圣人之心,得天地之理,得吾之本心本性,只有达到此种内心的证悟,由自己的体证而悟,而不是经由听闻而悟,这种悟,才可以称为"得"。从听闻,到践履,到证悟,经过这一个自己体证的过程,方可谓之"自心有得"、"自我得着",方可谓之"自得"。

孟子讲"深造自得":"君子深造之以道,欲其自得之也。自得之,则居之安;居之安,则资之深;资之深,则取之左右逢其原。故君子欲其自得之也。"(《孟子·离娄下》)"深造"方能"自得",以正确之途径深入探求圣人之道,方能达到"自得"之境。"自得",则居安资深、左右逢源。居之安者,得之固而不能移也。资之深者,积之厚而不能竭也。既安且深,既固且厚,则其道得之自心,取之自可左右逢源,源源不竭。"虑而后能得",这个"得",就是孟子说的"自得"。

道不可得之于人,所谓"依自不依他"。"依他"仍旧是他人的"道",不是自己的"道"。依他作解,终究是门外汉,不能得着真正的究竟之法。道亦不可得之于文字。辞章记诵之学,外也,非内也,即使满腹经纶,亦是文字汉、掉书袋、口头禅。口诵而心契,最终得之于自心,方可谓得道。否则圣人之言,与自己总是隔膜。到"自得"之境,全无所依凭,自心得之,如泉源出于自心,不竭不涸,不假外力。所以"明明德"乃是自心开显、自心明觉,到了这个"得",正是呼应这个"明明德",自心方有着落、有安顿、有实在之得着,圆圆满满,不依赖于他者而自在自得。此时圣人之道融于自心,圣人即我,我即圣人也。若我与圣人终隔着,则终生不得见道,此之谓"不得"。若得古圣骨血,必由自心证悟,事上磨炼,方能真正有"得","谈"何容易!阳明先生曰:"我此良知二字,实千古圣圣相传,一点滴骨血也。"又曰:"某于此良知之说,从百死千难中得来,不得已与人一口说尽。只恐学者得之容易,把作一种光景玩弄,不实落用功,负此知耳。"阳明先生百死千难中"得"圣人骨血,此之谓"真得"。我们今天读《大学》,看到"虑而后能得",在"得"字上须下一番工夫,真正用功磨炼,才能落实到自己身上,否则只作空谈,野狐谈禅一般,无所得着。

当然,在磨炼存养的过程中,也不可执著于这个"得",不可时时念念心里存着这个"得",若心里始终执念于"得",反成累赘,此是很多人修养身心弊病所在。王阳明先生在《传习录》中说：

> 立志用功，如种树然。方其根芽，犹未有干；及其有干，尚未有枝；枝而后叶，叶而后花、实。初种根时，只管栽培灌溉，勿作枝想。勿作叶想，勿作花想，勿作实想。悬想何益！但不忘栽培之功，怕没有枝叶花实？

心里不执念于"得"，而去扎实用功，时时栽培灌溉，存养磨炼，顺其自然，则久之自然成就德性。孟子说"勿助长"，就是不要执念于"得"，不要在道德追求的过程中掺杂功利性，否则拔苗助长，适得其反。

由"知止"，到"定"，到"静"，再到"安"，再到"虑"，最后到达"得"，这样一个修身养性的次第，这样一个身心淬炼的功夫，是《大学》所标举的儒家心法之精髓。如果说《中庸》一书在某种意义上可以说是儒家哲学思想的"本体论"，那么《大学》一书则在某种意义上可以说是儒家身心修为的"工夫论"，是儒家特有的"心法"。《大学》在第一章开宗明义就揭示出这一工夫论与心法的次第，对学者是大有裨益的。但这个"次第"，不宜简单地理解为一种先后顺序，真正的工夫，乃是一体贯通的。

本末、终始、先后

"物有本末，事有终始，知所先后，则近道矣。"什么是"本"？修身为本。什么是"末"？齐家、治国、平天下是"末"。什么是"始"？"始"于内心之修持，诚意正心是也。什么是"终"？"终"于齐家治国平天下也。

这里的"末",不是微不足道之意,而是"衍生"之意,末者,非根本也。犹如一棵大树,其本则在根,其末则指其枝叶言。根本若深固,则枝叶必繁茂,非谓枝叶不重要也。要使大树生生不息,必培固其根本。欲齐家治国平天下,必先修身,此谓本末之分、始终之别。知道了这个先后次序,就找到了探究生命之道的正确门径。

"先后"讲的就是儒家心性修养的次第。这个次第,不是简单的、绝对的修养顺序,而是着重于从重要性而言。就儒家整个人格养成的次第而言,修身是基础,犹如要构建广厦,地基很重要,地基牢固了,大厦起得再高也坚实无比,不会坍塌。

明白这个次第,则可以如登山一般,拾级而上,不急不躁,循序渐进,而不能好高骛远,生助长之心。吕祖谦在《近思录·序》中谈到纂集《近思录》之宗旨时说:学者应"循是而进,自卑升高,自近及远",才能得圣学之根本,如果"厌卑近而骛高远,躐等凌节,流于空虚",则终无所成就。

程颐在《明道先生行状》中说:"先生教人自致知至于知止,诚意至于平天下,洒扫应对至于穷理尽性,循循有序。病世之学者舍近而趋远,处下而窥高,所以轻自大而卒无得也。"由近而远,由卑而高,由小而大,这就是儒家强调的次第。《大学》首章就讲到"本末"、"终始"、"先后",就是强调这个次第,避免学者"舍近趋远、处下窥高"、"躐等凌节,流于空虚",这就开启了第二章关于格物、致知、诚意、正心、修身、齐家、治国、平天下的讨论。

第二章　大学之八条目

古之欲明明德于天下者，先治其国；欲治其国者，先齐其家；欲齐其家者，先修其身；欲修其身者，先正其心；欲正其心者，先诚其意；欲诚其意者，先致其知。致知在格物。

【译文】

古时那些想在天下昌明弘扬光明正大的德性的圣贤，先将自己的国家治理得井然有序；要想使自己的国家得到有效治理，先要使自己的家族和谐安定；要使自己的家族和谐安定，就要先修养自己的品性；要想修身养性，就要先端正自己的心思；要想使自己心思端正，没有邪念，就要先使自己的意念真诚无伪；要使自己的意念真诚无伪，就要先推究穷尽关于道德善的知识（即良知）。而推究穷尽关于道德善的知识（即良知）的方法在于深入探究万事万物之理（主要指有关人事中"我"与"人"之关系而言）。

身—家—国—天下

《大学》一书的目的，乃是教当时的贵族子弟以及平民中之俊秀者以明德修身、安邦治国之道，此所谓"大学之道"。这一宗旨，延续两千多年，成为儒家德性主义教育体系的核心与精髓。而此"大学之道",其修养次第必自读书人自身之心性修炼始,而以治国安邦平天下为终,此次第不可紊乱。这就是第一章所强调的"本末终始"之辨。

儒家明德修身之心法,概括来说就是孟子所强调的**推及扩充之法**。人皆有恻隐之心、羞恶之心、是非之心、辞让之心,此之谓"四心"。这四种心理本能乃是作为儒家伦理道德核心的"仁义礼智"之基础或者根源,孟子又称之为"四端"。"人皆有不忍人之心。先王有不忍人之心,斯有不忍人之政矣。以不忍人之心,行不忍人之政,治天下可运之掌上。所以谓人皆有不忍人之心者,今人乍见孺子将入于井,皆有怵惕恻隐之心。非所以内交于孺子之父母也,非所以要誉于乡党朋友也,非恶其声而然也。由是观之,无恻隐之心,非人也;无羞恶之心,非人也;无辞让之心,非人也;无是非之心,非人也。恻隐之心,仁之端也;羞恶之心,义之端也;辞让之心,礼之端也;是非之心,智之端也。人之有是四端也,犹其有四体也。有是四端而自谓不能者,自贼者也;谓其君不能者,贼其君者也。凡有四端于我者,知皆扩而充之矣,若火之始然,泉之始达。苟能充之,足以保四海;苟不充之,不足以事父母。"(《孟子·公孙丑上》)在《孟子·告子上》中,又说:"恻隐之心,人皆有之;羞恶之心,人皆有之;恭敬之心,人皆有之;是非之心,人皆有之。恻隐之心,仁也;羞恶之心,义也;恭敬之心,礼也;是非之心,智也。仁义礼智,非由外铄我也,我固有之也,弗思耳矣。"在孟子看来,人人皆具足此"四心"、"四端",若将此人人固有之"四心"、"四端"推广扩充开去,推己及人,从"己"循序渐进推至愈加广泛的人群,最终即可治国、平天下。孟子所谓"推及扩充"之法,可以说是《大学》修身次第的方法论基础,《大学》修身齐家治国平天下的整个顺序,背后就是这样的一种方法论。这种方法论,给所有人一个可行的阶梯,由此拾级而上,从自己做起,渐次达至治国平天下,最终臻至"至善"之境界。

在"推及扩充"这种方法论下,就形成了中国儒家所特别标举的"身—家—国—天下"的**涟漪状圈层结构**，这一圈层结构的核心（涟漪的核心，也是最具动能的泉源）乃是"身"，一切的起始就是我自己的"身"，而一切的终极目的也是我自己的"身"。这种圈层结构，乃是先秦时代中国思想家们的一个共识，并非儒家所独有。老子在《道德经》（五十四章）中也提出过几乎相同的圈层结构："修之于身，其德乃真；修之于家，其德乃余；修之于乡，其德乃长；修之于邦，其德乃丰；修之于天下，其德乃普。故以身观身，以家观家，以乡观乡，以邦观邦，以天下观天下。"老子的说法，增加了"乡"这个层次，比《大学》的提法更细，然而其背后的方法论，是一致的。

在《大学》的"身—家—国—天下"的圈层结构中，"身"是核心。一个人自我的道德明觉和修身养性的成就，既是"齐家"、"治国"、"平天下"的始点和根基，也是"齐家"、"治国"、"平天下"的终点和终极目的。由"身"向外推衍开去，一步步"推及扩充"，才能有家、国、天下。一个人内心的修炼和安顿，永远是儒家心法的核心，其他的目标，不过是这个"身"的所有道德明觉和修养的"应用场景"而已。"身"的修养乃是"体"，"齐家"、"治国"、"平天下"乃是"用"，前者是本，后者是末。

当然，我们也不能机械地、僵硬地理解"身"与"家"、"国"、"天下"的关系，修身并不是自外于、独立于"家"、"国"、"天下"的一个单纯的追求目标，不是已经绝对地达到了修身的最高境界后才能来"齐家"、"治国"、"平天下"，这样的理解未免太偏狭了。实际上，修身将一直贯穿在"齐家"、"治国"、"平天下"的过程中，"修身"既是"齐家"、"治国"、"平天下"的根基与前提，同时又呈现出一个"过程"，一个日臻完善的过程，这个"过程"意味着"修身"不可能是一劳永逸的、不依赖于任何条件的心灵的瞬间顿悟，而是一个充满艰辛的心性锤炼的过程。这就意味着一个人只能在行动的过程中去锤炼磨砺自己的心性，考验自己的道德修养工夫，不断地在实践中矫正自己、反思自己，这就是儒家不断"自反"的功夫。一个人，只能在治理家庭的过程中不断地加强身心的修炼，只能在处理外部事务（代表"国"）的过程中不断考验和淬炼自己的道德操守，只能在处理天下事务的过程中不断获得追求至善的内心成就。修身不可能成为一个绝对的、独立的过程，它必须融汇在行动和践履中，这应该是我们理解《大学》"八条目"的基本前提。

欲明明德于天下者，先治其国

　　从范围最大的"天下"到范围最小的"身"，《大学》既展现了一个君子、一个儒家修炼者可能达到的精神高度与广度，同时又为儒家修炼者指引出一条简易明确的修养道路。在任何一个圈层中，如果不能实现自己的抱负，一个君子不是怨天尤人，不是诿过于外在的环境，而是要深刻地反省自己，回到自己，回到自身的心性世界深入省察，此所谓"行有不得，反求诸己"（《孟子·离娄上》）。

　　儒家修炼者的最高尘世理想乃是"明明德于天下"。所谓"明明德于天下"，就是在天下推行和实现自己的道德理想，使天下人皆遵循仁爱和睦的儒家伦理观念，如此则天下和平安宁而有秩序。古时天子有天下，诸侯有国，大夫有家。夏商周三代以来，随着文明国家形态的逐步形成与完善，"天下"观念也随之不断形成与完善，而"天下"这一观念，主要不是指向一种地理概念，而是指向一种道德观念和文化观念，这一道德观念和文化观念的核心，乃是儒家的仁义之德与礼乐之治，前者是一套伦理体系，后者是一套国家治理体系。在今天的语境下，我们谈传统中国的"天下"理念，也与一般意义上的"全球"理念有重要区别，前者主要指向一种道德和文化范畴，而后者主要是地理意义上的概念（尤不要简单以今天的"联合国"一类政治概念来理解"天下"理念)。因此在周代所代表的天下礼乐秩序中,天子所拥有的"天下"与诸侯所拥有的"国"之间,维系其相互关系的乃是伦理与文化,各"国"要遵循共同的礼乐秩序,认同共同的仁义价值。这是天下秩序的基础。

孔子对于"天下秩序"的理解,为后世的"天下"理念奠定了基础。他说:"克己复礼为仁。一日克己复礼,天下归仁焉!为仁由己,而由人乎哉?"(《论语·颜渊》)天下秩序的根基在于"仁",孔子心目中的天下秩序的最高境界,就是"天下归仁",即天下都认同并遵循仁义之伦理道德,都施行仁义之治。"天下归仁",不就是"明明德于天下"吗?不就是在天下推行"大学之道"中所标举的最为光明正大的德行吗?而如何实现此天下秩序呢?孔子认为就是要"克己复礼",就是要每一个人、每一个国家都要"克己",克制自己的贪欲,来恢复那个孔子理想中的文武周公等圣人实施的礼乐之治。"克己"既有个人的层面,即克制每个人的欲望,也有国(诸侯)的层面,即每个诸侯都要克制自己的贪欲(指其扩张领土、侵凌别国的贪欲)。在理解天下秩序时,主要还是要从国的层面去理解。

天下秩序的维系,在于每个国都"克己复礼",如此则三代之治可期矣。然而在礼坏乐崩的春秋时期,各诸侯皆各怀贪欲,试图兼并他国国土,从而成为一方霸主,王道衰颓,霸道兴起。春秋五霸之首的齐桓公,就是那时候最有名的霸主。然而齐桓公"九合诸侯",成为各国公认的盟主,并不废当时的天子,而是借"仁义"之名,号召盟约国家守约而行仁,从而维护了当时的天下秩序。所以尽管齐桓公并不是用"王道"而是行"霸道",然而从维护当时各国共同认同的天下礼乐秩序来看,也有值得赞赏之处。《孟子·告子下》曰:"五霸,桓公为盛。葵丘之会,诸侯束牲载书而不歃血。初命曰:'诛不孝,无易树子,无以妾为妻。'再命曰:'尊贤育才,以彰有德。'三命曰:'敬老慈幼,无忘宾旅。'四命曰:'士无世官,官事无摄,取士必得,无专杀大夫。'五命曰:'无曲防,无遏籴,无有封而不告。'曰:'凡我同盟之人,既盟之后,言归于好。'"(在五霸中,齐桓公声名最高。葵丘盟会,齐桓公率领各诸侯捆绑了献祭用的牛,把盟约放在牛身上,但不歃血。葵丘盟会订立了五条盟约:第一条盟约,诛杀不孝之人,不另树太子,不把妾立为妻。第二条盟约,尊敬贤人,培育俊才,表彰那些品德高尚之人。第三条盟约,敬养老人,慈爱幼小之人,不要怠慢远方来的宾客旅人。第四条盟约,士人的官职不世袭,公家的岗位不要兼职,任用士人一定要恰如其分,不要无理杀戮大夫。第五条盟约,不要到处建堤坝[以免以邻为壑坑害别国],不要阻止各国间粮食买卖,不要有封赏之行而不汇报[给盟主]。盟约上说,凡是加入盟约的国家,既然共订盟誓,就要从此友好互信。)葵丘之盟这五条盟约,其目的就是要维护天下秩序,维护礼乐之治,这个天下秩序和礼乐之治的核心乃是"仁"。

  一个治国者,要"明明德于天下",要在天下施行其光明正大之德,就要首先在其国施行仁政,以礼义治国,仁爱百姓,而不是以暴政苛政治国。仁爱百姓者,其国自治,也必得天下。《孟子·离娄上》引用孔子的话加以说明:"孔子曰:'仁不可为众也。夫国君好仁,天下无敌。'今也欲无敌于天下而不以仁,是犹执热而不以濯也。"仁政不是看国家人数之多少,如果国君施行仁政,则天下无敌。孟子又说:"三代之得天下也以仁,其失天下也以不仁。国之所以废兴存亡者亦然。天子不仁,不保四海;诸侯不仁,不保社稷;卿大夫不仁,不保宗庙;士庶人不仁,不保四体。"(《孟子·离娄上》)"仁"是诸侯保其国、保其社稷之根本,也是天子保其天下之根本。要"明明德于天下",就不能失去这个"仁心",就不能不行"仁政"。孟子曰:"桀纣之失天下也,失其民也;失其民者,失其心也。得天下有道:得其民,斯得天下矣;得其民有道:得其心,斯得民矣。"(《孟子·离娄上》)以仁义治国,以礼乐治国,这样的国家才能称之为文明国家,才有资格成为"天下"的一员，成为"天下秩序"的维护者与共享者。一个诸侯国国君，只要在自己的国家能够施行礼乐之治，能够以仁义原则来治国，则其国必无敌于天下，此所谓行仁义者得天下，"得民心者得天下"。

不要拘泥地理解"天下"与"国"的关系。今天的语境变了，如果拘泥地去理解，则《大学》所言似乎与我们普通人毫无关系，似乎那是"天子"和"国君"的事情。如果以今天的语境和我们自己所处的"场域"来观照，则"国"既可以视为今天我们所在的"国家"（政治、文化和地理意义上的），也可以具体化为我们所在的一个具体的**"行动场域"**，比如我们所工作和生活的场域。如果我们在一个企业工作，则该企业就是我们的"行动场域"，如果我们在一个大学工作，则该大学就是我们的"行动场域"，如果我们在一个社区工作，则该社区就是我们的"行动场域"。这一"行动场域"，超越了我们自己（"身"），也超越了我们所在的"家"，相当于一个较为具体的、代表我们行动的主要场域的"国"，当然这个"国"已经不再是政治意义上的"国家"概念。而"天下"则既可以想象为一个人类最大的共同体，也可以想象为超越我们每一个人具体行动场域的一个抽象的**"行动领域"**，比如你是一个在大学工作的科学家，则"科学"这一领域（抽象地说此"科学"领域包含着整个科学界所倡导的工作方式、行动原则和组织体系）就是你的"天下"，这一"天下"超越你的具体工作的"场域"（"国"），从而代表一个相对抽象的、涵盖所有该领域行动者在内的、最为庞大的、最高的组织体系及其行动原则。作为一个科学家，你的最高使命（或者你能达到的最高境界）乃是"明明德于天下"，也就是在"科学"这一工作"领域"内明觉、贯彻、践履你的科学精神和科学原则，使此追求真理之科学精神在整个学术界发扬光大。这就是你的"天下"，你能够在其中行动践履、能够在其中修养省察的"天下"，此一"天下"超越你所在的具体"行动场域"

（某大学），要在此科学界之"天下"倡导科学精神，就需要首先在你具体的"行动场域"即你的大学中践履科学精神，这就是在你的"行动场域"内实现"治国"。这个具体的"行动场域"即大学就是你的"国"，你要"明明德于天下"，先要"治国"，即先要在你的大学中践行科学精神，如果你在一个大学之内不能践行科学精神，而是弄虚作假，则你就不能"治国"，从而也就不能"明明德于天下"，不可能在你所在的整个科学领域（"天下"）倡行科学精神，因为没有人会相信你会做到这一点，故"治国"乃是"明明德于天下"的基础，要"先治其国"，而后才能在天下昌明你的道德理想。如果能把"天下"和"国"缩小（具体）到一个普通人所在的不同范围的"场域"，则《大学》所阐明的修养次第就与我们普通人息息相关，就不再仅仅是治国者和治理天下者的事情了。这就是我们在读古书时时刻应该运用的方法论，即"切己"省察，"切己"就是把圣贤道理放在自己身上来省察，缩小（具体）到自己身上来反思，才能有所得；所谓"切问近思"，乃是把圣贤道理"体贴"到自己身上，"近取诸身"，如此才能悟得真意。若以为"明明德于天下"乃是天子之事，"先治其国"乃是国君之事，则我们读完《大学》等圣贤书所学何事？终究了不可得。

欲治其国者，先齐其家

"国家"这一概念，在中国和西方（主要指欧洲）有很大的差异。中国的"国家"概念和中国人关于"国家"的想象起源于周之封建制度，在这一封建制度中，天子拥有天下而以"四海为家"，天子封土建国而被封之诸侯"以国为家"，这一宗法制度的核心在于将"国"与"家"同构，从而形成中国人文化心理中根深蒂固的"家国"观念。"家国"这一概念源远流长，尽管在秦朝废封建而建郡县制之后中国的政治体制不再以周之宗法制为核心，然而"家国"观念的心理积淀却并未消逝，今天我们讲"家国情怀"、"家国天下"，实际上就是这种根深蒂固的观念的折射。而欧洲的"国家"概念则来自于希腊的城邦制度，城邦制度所形成的"国家"乃是"城国（城邦国家）"（city-state），乃是一个"公民国家"，与中国在周朝形成的"家国"（family-state）制度迥异其趣。"家国"这一共同体以宗族血缘关系为枢纽而展开并衍伸开去，而"城国"这一共同体则以公民权利及其构成的社会关系为枢纽而展开。这两大不同的制度传统对于形成今天中西迥异之政治社会制度体系影响深远。

在中国这种"家国同构"的制度体系和心理结构中，"国"是"家"的延伸、扩大，而"家"是"国"之本与源。整个国家政治体制和社会体制的形成，皆以家为基础。中国古代有自己独特的社会保障体系、救助体系、公共教育体系，比如古代的义田、义庄、义学等，都是由家族共同体中延伸出来的社会保障体系、救助体系和公共教育体系，对于维系乡土社会之稳定极为重要，而这种社会体系的核心是家族宗法关系，与西方以公民契约关系为核心的社会化体系大异其趣。所以要理解中国的政治制度、社会制度，必由"家"始。由"家"一层层拓展延伸出去，于是形成各种社会制度乃至于国家治理体系，而各种社会制度乃至于国家治理体系（尤其是法律体系）反过来又强化了中国的家族体系和中国人的"家"意识。我曾经在讲述中国乡土社会形成的时候用了一个概念"模拟家族共同体"，实际上传统中国的所有政治制度、社会制度，甚至今天中国的企业制度等，都是一个"模拟家族共同体"，是家族关系的泛化，是"家"意识的投射。

"欲治其国者，先齐其家"，其逻辑基础即在于中国历史上早已形成且流衍至今而不衰的家国同构的观念。因为治国的一整套政治体系和社会组织体系都经由对"家"内部关系的模仿而来，故要使国家得到治理，就要首先"齐家"，即使"家"成为最和睦、最牢固的最小共同体，然后再将"家"这一最小共同体所共同奉行之伦理与行为方式推至于"国"之治理。

"齐家"的核心与动力机制是什么？是"亲亲"。《中庸》里说："亲亲为大。"孝爱自己的父母，此之谓"亲亲"。亲亲，即孝爱，乃是最自然的基于血缘关系的本能之爱，乃是人类独有的、最为璀璨、最为本真、最为艰难也最值得珍爱的情感（慈爱，即父代对子代的爱，在动物界也是常见的，然而孝爱，即子代对父代的爱，只有在人类中存在）。亲亲，乃是其他一切社会关系和人类情感的基础，没有这个基础，人类其他衍生的情感就难以维系，比如忠君，乃是从亲亲（孝爱）中衍生出来的情感，比如信友（兄弟之间的悌的情感的衍伸），也是从亲亲（孝爱）中衍生出来的。所以《孝经》中说："夫孝，德之本也，教之所由生也"，又说："孝，天之经也，地之义也，民之行也"，把孝推到人类情感、道德、教化之根本、根源的高度来理解。古人齐家以孝爱为基础，治国也以巩固这种孝爱情感作为治国之本，中国有"以孝治天下"的传统。《大学》教导这些贵族子弟和未来将承当治国大任的人，你们要治理好国家，就要首先"齐家"，即在家庭内部贯彻这种孝爱情感，使家庭和睦稳定。一个不能在家庭中实践和贯彻孝爱情感的人，很难去侈谈治国之大事，因为所谓治国，亦是要在这更大的超越"家"的范围内践履、倡导、推行这种孝爱情感，由此，则"国"就是一个模拟的"家"共同体，是"家"的扩大和延伸。舜是大孝子，是孝爱的典型，所以尧在经过长期考察之后，确定舜作为继承者，这里的逻辑非常简单，舜在那样极端复杂极端凶险的家庭环境中仍然那么完美地履行和实践了孝爱（而且是发自内心的），那么他作为治国（治天下）之领袖，也一定是能够胜任的。而在孝亲和得天下之间，舜惟以孝亲为重，而以得天下为草芥一般："天下大悦而将归己。视天下悦而归己，犹草芥也。惟舜为然。不得乎亲，不可以为人；不顺乎亲，不可以为子。舜尽事亲之道而瞽瞍厎豫，瞽瞍厎豫而天下化,瞽瞍厎豫而天下之为父子者定,此之谓大孝。"(《孟子·离娄上》)古人把孝爱的重要性置于治国得天下之前,其智慧在于孝爱乃是一切社会关系得以维系之根本,孝爱如果得到倡行,则家齐、民安、国治、天下平。

由亲亲,到尊尊(尊敬值得尊敬的人),到贤贤(重视推选贤能之人),这是一个逻辑推衍的合理顺序。"仁者,人也,亲亲为大。义者,宜也,尊贤为大"(《中庸·第二十章》),亲亲,尊尊,贤贤,从而整个社会秩序和伦理体系得以维系和巩固。"尊尊,贤贤"是从"亲亲"中来的。孟子说:"亲亲而仁民,仁民而爱物。"(《孟子·尽心上》)从孝爱父母出发,渐次推及扩充出去,才能做到仁爱人民;由仁爱人民推及扩充开去,才能遍爱万物,达于天地。《孟子·梁惠王上》里面说"老吾老以及人之老,幼吾幼以及人之幼",注意这"以及"两字,所谓"以及",就是推及扩充之工夫。"以及"的前提是"老吾老"、"幼吾幼",只有在家庭内实践这种孝爱(以及慈爱)情感,才可能由此出发,渐次扩充推及其他社会关系。

中国人修养的最高境界,乃是王阳明所说的"以天地万物为一体,视天下犹一家,视中国犹一人"。阳明先生在《大学问》中说:

"大学者,昔儒以为大人之学矣。敢问大人之学何以在于明明德乎?"阳明子曰:"大人者,以天地万物为一体者也,其视天下犹一家、中国犹一人焉。若夫间形骸而分尔我者,小人矣。大人之能以天地万物为一体也,非意之也,其心之仁本若是,其与天地万物而为一也。岂惟大人,虽小人之心亦莫不然,彼顾自小之耳。是故见孺子之入井,而必有怵惕恻隐之心焉,是其仁之与孺子而为一体也。孺子犹同类者也,见鸟兽之哀鸣觳觫,而必有不忍之心焉,是其仁之与鸟兽而为一体也。鸟兽犹有知觉者也,见草木之摧折而必有悯恤之心焉,是其仁之与草木而为一体也。草木犹有生意者也，见瓦石之毁坏而必有顾惜之心焉，是其仁之与瓦石而为一体也：是其一体之仁也；虽小人之心，亦必有之。是乃根于天命之性，而自然灵昭不昧者也，是故谓之明德。小人之心，既已分隔隘陋矣，而其一体之仁犹不能昧，若此者，是其未动于欲而未蔽于私之时也。及其动于欲，蔽于私，而利害相攻，忿怒相激，则将戕物圮类，无所不为，其甚至有骨肉相残者，而一体之仁亡矣。是故苟无私欲之蔽，则虽小人之心，而其一体之仁犹大人也；一有私欲之蔽，则虽大人之心，而其分隔隘陋犹小人矣。故夫为大人之学者，亦惟去其私欲之蔽，以自明其明德，复其天地万物一体之本然而已耳。非能于本体之外，而有所增益之也。"

阳明先生把"身"（一人）、"家"、"天下"的意涵空前地拓展和扩大了，这一拓展和扩大乃是"推及扩充"方法论之必然逻辑结果：若以最高境界言之，天下之人不就是一个最大的"家"共同体吗？当其天下大同之际，人人相爱相睦，犹如一家，一家之内之孝慈情感推而及于天下之人，则人类世界必然跻于大同之境界。若以此逻辑推衍下去，天下之中所谓"中国"，不就是"我"之"一人"吗？若"我"之"一人"明其明德，则天下之无数"我"亲如一家，进至大同有何难哉？"大人之学"乃是运用此推及扩充之法，由见孺子入井之恻隐怵惕之心，拓展至对于有知觉之鸟兽之不忍之心，再次拓展至对于无知觉之草木之怜恤之心，终拓展至对于无生意之瓦石之顾惜之心，层层推衍开去，则大人之于天地万物为一体之格局即可养成。我们今天所讲的"人与自然共同体"，不就是阳明先生说的"以天地万物为一体"吗？我们今天说的"人类命运共同体"，不就是阳明先生所说的"视天下犹一家"吗？我们今天所说的"中华民族共同体"，不就是阳明先生所说的"视中国犹一人"吗？阳明先生认为，构成"中国犹一人、天下犹一家、天地万物为一体"的基础,乃是"一体之仁",此"一体之仁"本来人人具足,圣人存之,而小人因私欲而梏蔽之,一旦去其私欲之蔽,则明德乃昭然不昧,"复其天地万物一体之本然"也。由亲亲,而仁民,而爱物,由齐家,至治国,至达于天地万物一体之仁,这条儒家修养道路,既标举最高之理想境界,又指示循序渐进之可行路径,可谓"极高明而道中庸"矣。

欲齐其家者,先修其身

在儒家的修养次第中,"家国天下"仍旧是外在的东西,这些外在的"人类共同体"虽然其范围有大小,治理方式有差异,然而其根本和基础却在于一个人内在的修养。所以从"明明德于天下者,先治其国",渐次推衍为"欲治其国者,先齐其家",接着必然落实到更本源、更内在的东西,那就是一个人的身心修养。没有"身"这个层次的修养作为根基,则齐家治国平天下皆没有着落。天下不平,则反修其身;国不治,则反修其身;家不齐,则反修其身;推而广之,人在一切社会关系中若"行有不得",皆应"反求诸己"。孟子说:"爱人不亲,反其仁;治人不治,反其智;礼人不答,反其敬:行有不得者皆反求诸己,其身正而天下归之。"(《孟子·离娄上》)这个"反求诸己",乃是儒家处理一切社会关系、参与一切社会事务——自齐家至于治国平天下——的根本方法论,"反求诸己"就是"修身",就是一个人内在生命的"切磋琢磨"以至于能够适应一切外在生命之展开。如果说"齐家治国平天下"是一个人逐步将生命向上、向外展开,那么"反己"、"修身"乃是一个人将生命向下落实,向内用功。这个内外、始终、本末的次第不能紊乱。"修身"乃所有这些外在关系的根本,故孟子曰:"人有恒言,皆曰'天下国家'。天下之本在国,国之本在家，家之本在身。"（《孟子·离娄上》）《论语·学而》中说："君子务本，本立而道生。"这个"本"，与孟子所说的"本"基本是相通的，都指向一个人内在生命之修行。

"欲齐其家者，先修其身"，其内涵的要点在于，"齐家"的核心乃是"孝亲"，然而如果不把"孝亲"落实到更为基本、更为广泛的"修身"上，则此"孝亲"亦无着落。孟子曰："事孰为大？事亲为大；守孰为大？守身为大。不失其身而能事其亲者，吾闻之矣；失其身而能事其亲者，吾未之闻也。孰不为事？事亲，事之本也；孰不为守？守身，守之本也。"（《孟子·离娄上》）"事亲"或者"孝亲"乃是一个人展开一切社会关系、参与一切社会事务的基本和前提，所以说"事孰为大？事亲为大"，因为所有的"事"的起点乃是"齐家"，"齐家"之前提和核心乃是"事亲"或"孝亲"。然而"事亲"或"孝亲"的前提，乃是一个人的"守身"（也就是"修身"），一个人不能"守身"，行为邪僻放纵，道德败坏，则此人必不能真正达成"孝亲"之行动，也就是孟子所说的一个人不可能"失其身而能事其亲"。所以，"修身"、"守身"乃是"事亲"、"孝亲"、"齐家"的前提。一个不能"守身"的人，乃是最大的不孝，他必不能"孝亲"，亦必不能"齐家"。《孟子·离娄下》中谈到"世俗所谓不孝者五"（五种不孝的表现）时，主要涉及的是一个人的道德行为与伦理实践："惰其四支，不顾父母之养，一不孝也；博弈好饮酒，不顾父母之养，二不孝也；好货财，私妻子，不顾父母之养，三不孝也；从耳目之欲，以为父母戮，四不孝也；好勇斗很，以危父母，五不孝也。"所有的悖德、败德行为，如懒惰荒怠、赌博酗酒、贪婪好财，生活放纵糜烂、滥施暴力、好勇斗狠等，都是人类所共同摒弃、鄙视的行为，而这些行为最终都伤害了一个人的孝亲行为。如此败德而身不修之人，是不可能完成"孝亲"的，从而也就不可能完成"齐家"。我在《孟子心证》一书中说：

这一逻辑本身，既说明一个人"守身"对"孝亲"的"前置性"意义，也更深刻地说明"孝亲"对"守身"的反向价值。也就是说，一个人不能"守身"，固然不能"孝亲"；然而反过来说，一个人为了更好地"孝亲"，为了"光前裕后"而成为"孝爱"典范，他就必然以更高的道德标准来要求自己：他就必然成为一个有自律精神与自我反省精神的人。

通过"孝亲"的内在道德力量，最终成就一个人"守身"的巨大内在动力，这是儒家"孝亲—守身"、"齐家—修身"的内在隐含逻辑。因为要孝亲，一个人内心产生了"成为一个真正的人"的强大精神动力和道德冲动，于是"孝亲"（"齐家"）不仅是"修身"（"守身"）的前提，而且更是"修身"（"守身"）的内在动力，这就构成了儒家特有的"从孝亲到守身"的道德动力机制：为了孝爱父母，为了光显父母之德，为了光宗耀祖，一个儒家的信徒就必然努力做一个真正的人，磨炼陶冶自己的心性，成就其伟大的人格。从动力机制的角度去理解"欲齐其家者，先修其身"，才能真正理解儒家"齐家—修身"的深刻逻辑，否则一个人即使完美地从一切表面上做到"孝亲"与"齐家"，而他自己仍旧是一个道德败坏、人格低下之人，那么实际上他最终也是一个"不孝之人"，最终也将令他的双亲和家庭蒙羞，他的"孝亲"与"齐家"乃是虚假的、脆弱的。

欲修其身者，先正其心

"身"如何修？纯粹的"身"，并不是一个可以自主的、有价值判断和行动力的主体，具有自主的价值判断和行动力的乃是"心"。"心"具有理性判断的能力，从而主宰"身"的行动。朱子曰："心者，身之所主也。"故"修身"之工夫，实乃"修心"之工夫也。正心，心思端正而无邪恶之念之谓也。心思端正，意味着有正确的判断力，有正确的价值观作为判断的基础，这样的"心"才能主导"身"做出正确的行为，故曰"欲修其身者，先正其心"。

王阳明《大学问》曰："何谓身？心之形体运用之谓也。何谓心？身之灵明主宰之谓也。何谓修身？为善而去恶之谓也。吾身自能为善而去恶乎？必其灵明主宰者欲为善而去恶，然后其形体运用者始能为善而去恶也。故欲修其身者，必在于先正其心也。"从王阳明的说法来看，实际上没有一个独立的所谓"修身"，身之行动取舍皆受心之支配主宰，故修身之要，在于"正心"，此心正，此身方可在接物时为善去恶，进而渐次至于"至善"之境。

欲正其心者，先诚其意

"意"的概念与"心"的概念有什么不同？"意"有意识、心意、意念、念头之意，用今天的术语来说，"意"乃是指一种精神状态、意识状态、心理状态，这种精神状态、意识状态、心理状态成于未接物之时，它还不是一种理性的价值判断（即"心"），然而却为理性的价值判断（"心"）提供了精神、意识和心理基础。这种精神、意识和心理状态的最高境界乃是"诚"，必须达到"诚"的境界，才能使"心"做出正确的价值判断。

"诚"是一种什么样的精神、意识和心理状态？"诚"在《大学》中，乃至在整个儒家心性论中，都是一个极为核心的、关键的概念。《孟子·离娄上》曰："诚者，天之道也；思诚者，人之道也。"《中庸》曰："诚者，天之道也。诚之者，人之道也。诚者，不勉而中，不思而得，从容中道，圣人也。诚之者，择善而固执之者也。"诚，乃是天道；而努力臻至此种诚的境界，乃是人道。天地日月星辰，各有其恒常不变之规律，无思无虑，本然纯然，此所谓诚，此所谓不欺，此所谓"不勉而中不思而得"，也就是它不需要刻意造作、不需要勉强努力、不需要思虑寻求，就可以达到这种诚实不欺之境界，此之谓天道。日月升沉，四时代序，皆是无思无虑而本然天然如此，此之谓"诚"，此"诚"不假思虑造作，无时无刻不存在于天道之中，不可须臾离也。圣人法天则地，一本于诚，而得"从容中道"之境。君子思诚，持执此一心一念之善而不使失放、不使桎梏、不使遮蔽，则可以渐次臻至此"诚"之境界，此是就达到"诚"的工夫言，即"择善而固执之"。

朱子曰："诚，实也。意者，心之所发也。实其心之所发，欲其一于善而无自欺也。"然而朱子的解释并没有把"心"与"心之所发"（即"意"）清晰地区别开来。"意"虽然是"心"之所发，然而却不同于"心"。"心"是人接物之时的一种理性的价值判断，乃"身"之行动之基础，故"欲修其身者，先正其心"；而"意"乃是人未接物之时所具备的一种精神、意识和心理状态，故接物之时须"正心"，未接物之时则为"诚意"。未接物即是"喜怒哀乐之未发"，"未发之中"即是"诚意"；接物即是"喜怒哀乐之已发"，"已发之和"即是"正心"。"意"这种精神、意识和心理状态之实质，乃是一种"不勉而中不思而得"、不假造作思虑的天地本然之道、天地固有之性，在此种"诚"的天道状态中，人"心"自然发动一种澄明坦廓、正大浩然、赤诚恻怛之精神、意识与心理状态，而正是此种精神、意识与心理状态才导致心的正确理性价值判断，故"欲正其心者，先诚其意"，即"诚意"乃是"心正"的基础。

故有此澄明坦廓、正大浩然、赤诚恻怛之"诚意"，未接物时只是浑然持此本然固有之性，无思无虑不假造作，待接物时则自然使心归于正：遇父母则生孝爱之心，故此心有孝爱之"正"；遇子女则生慈爱之心，故此心有慈爱之"正"；遇兄弟朋友则生友悌之心，故此心有友悌之"正";有此澄明坦廓、正大浩然、赤诚恻怛之"诚意",做官则生自洁自律之心,故此心有勤政廉清之"正";自齐家乃至于治国、平天下,自寻常接物待人至于处理更大范围之社会事务,若皆能存此澄明坦廓、正大浩然、赤诚恻怛之"诚意",则遇事接物时心无有不正,故曰"欲正其心者,先诚其意"。

王阳明《大学问》曰:"心之本体则性也。性无不善,则心之本体本无不正也。何从而用其正之之功乎?盖心之本体本无不正,自其意念发动,而后有不正。故欲正其心者,必就其意念之所发而正之,凡其发一念而善也,好之真如好好色,发一念而恶也,恶之真如恶恶臭,则意无不诚,而心可正矣。"心,就其本体而言,乃一本于天地之诚,其性质超越善恶,王阳明亦称之为"性",犹孟子所言"尧舜性之也"之"性",指本体之性、本然之性,此即心之本体。心之本体,本无不正,而心之意念发动,则有诚与不诚、善与不善之别,一有不诚之意、一有造作虚伪,则心即有不正;心不正,则身体之行动则有恶出焉,故必"意无不诚,而心可正"。

欲诚其意者,先致其知

关于"致知",历来学者分歧极大。朱子曰:"致,推极也。知,犹识也。推极吾之知识,欲其所知无不尽也。"朱子把"知"解释为广义上的"知识","致"即"推极",即探究此知识以至于其极,究极万物以至于"所知无不尽",此即古人"一物不知以为耻"之意。"知"在朱子的语境里,乃是一种包含有关万事万物的知识的广泛意义上的知识体系,这一知识体系既包含宇宙间万物之"自然之知",也包含世间人事之"德性之知",前者是对客观物质世界的"知",而后者乃是对人类社会中人与人之间道德伦理关系的"知"。然而此种包含客观物质世界之"知"与人类社会伦理关系之"知"的广义上的"知",与"诚意"之间到底有何逻辑上的关系?朱子曰:"知至者,吾心之所知无不尽也。知既尽,则意可得而实矣。"朱子认为遍知万事万物,达到"知无不尽"的境界,则"意可得而实",即可以获得"诚意"(朱子认为"诚"即"实"),这个解释比较含混且内在逻辑不甚清晰。"知无不尽"是一个最高的知识境界,吾人一生求知,如何能"知无不尽",而又如何经由"知无不尽"而臻至"意诚"之境界?

王阳明《大学问》曰:"意之所发,有善有恶,不有以明其善恶之分,亦将真妄错杂,虽欲诚之,不可得而诚矣。故欲诚其意者,必在于致知焉。致者,至也,如云'丧致乎哀'之致。易言'知至至之','知至'者,知也,'至之'者,致也。"阳明把"致"解释为"至"。意所发有善有恶,如果善恶错妄不分,则意不能诚,故诚意必须基于"致知",此"致知",即知善恶,明是非也。此"知",必不是关于客观物质世界的"自然之知",而是人世间伦理关系之"德性之知"。王阳明又将"致知"解释为"致良知":"'致知'云者,非若后儒所谓充扩其知识之谓也,致吾心之良知焉耳。良知者,孟子所谓'是非之心,人皆有之'者也。是非之心,不待虑而知,不待学而能,是故谓之良知。是乃天命之性,吾心之本体,自然灵昭明觉者也。"阳明先生的观点,是直接针对朱子而发的,他明确反对将"致知"解释为"充扩其知识",他的潜台词乃是反对将"知"解释为"自然之知",而主张将"知"解释为"良知",即吾心本有之"不虑而知、不学而能"之良知良能。"良知"一词即由孟子而来,"良知"即是"天命之谓性",是上天所赋予的、人人本来具足的心之本体。阳明将"知"解释为"良知",将"致知"解释为"致良知",乃是对《大学》中"知"与"致知"内涵的"再阐释"与"再挖掘"。如果说朱子将"知"解释为涵盖"自然之知"与"德性之知"的广义上的知识,乃是扩大了"知"这一范畴的外延;而阳明将"知"解释为"良知",则是缩小了"知"

这一范畴的外延。吾以为《大学》中"知"之原意，乃是一般意义上的"德性之知"，"致知"乃是推究探求此"德性之知"，苟能致此"德性之知"，则凡有意念之发，皆能别其善恶；能别其善恶，则其起心动念皆能充此一念之诚；凡起心动念皆能充此一念之诚，则其心能得其正焉。

阳明先生认为，人之起心动念有善有恶，善恶皆良知所自知，无论小人君子，皆能本此良知而知善恶，小人作恶之时，其内心之良知亦知自身之恶。"凡意念之发，吾心之良知无有不自知者。其善欤，惟吾心之良知自知之，其不善欤，亦惟吾心之良知自知之。是皆无所与于他人者也。故虽小人之为不善，既已无所不至，然其见君子，则必厌然掩其不善而著其善者，是亦可以见其良知之有不容于自昧者也。"可见恶人亦有良知，良知乃不虑而知不学而能者，即使恶人，其良知亦不泯灭。

阳明先生又说："今欲别善恶以诚其意，惟在致其良知之所知焉尔。何则？意念之发，吾心之良知既知其为善矣，使其不能诚有以好之，而复背而去之，则是以善为恶，而自昧其知善之良知矣。意念之所发，吾之良知既知其为不善矣，使其不能诚有以恶之，而复蹈而为之，则是以恶为善，而自昧其知恶之良知矣。若是，则虽曰知之，犹不知也，意其可得而诚乎？今于良知之善恶者，无不诚好而诚恶之，则不自欺其良知而意可诚也已。"如何别善恶？如何使人发动其意而生善念而弃其恶念？如何持此一念之诚而摒弃造作伪饰？阳明先生认为其途径只在于"致良知"，即发明本心，不自昧其本心，此良知不暗昧，不失丧，不锢蔽，焕然澄澈，映照万物，善则诚好之，恶则诚恶之，"如好好色，如恶恶臭"，一归于诚，则此良知自然发动，则意自诚矣，意自诚则心自正矣，故"欲诚其意者，先致其知"。阳明之"知"，乃"良知"，重在内心所本然具有之良心本心，故"致知"即"致良知"，即达到其良知所知之善恶以持此"诚意"。

致知在格物

"格",从表面的意思来说,即详尽探究世间万物之理;物,即世间万事万物。格物,即穷极事物之理。朱子曰:"格,至也。物,犹事也。穷至事物之理,欲其极处无不到也。"朱子把"格"训为"至",与"致知"之"致"的"推极"之意相呼应。《大学》中的"物",着重于谈人事,故"格物"主要不是探究自然界中万物之理,而是探究穷极人世间万事之理,探究穷极人与人之间各种伦理关系,故"格"有分别善恶之意。王阳明把"格"释为"格者,正也,正其不正以归于正",即有去恶为善之意。王阳明《大学问》曰:

> 然欲致其良知,亦岂影响恍惚而悬空无实之谓乎?是必实有其事矣。故致知必在于格物。物者,事也,凡意之所发必有其事,意所在之事谓之物。格者,正也,正其不正以归于正之谓也。正其不正者,去恶之谓也。归于正者,为善之谓也。夫是之谓格。《书》言"格于上下"、"格于文祖"、"格其非心",格物之格实兼其义也。良知所知之善,虽诚欲好之矣,苟不即其意之所在之物而实有以为之,则是物有未格,而好之之意犹为未诚也。良知所知之恶,虽诚欲恶之矣,苟不即其意之所在之物而实有以去之,则是物有未格,而恶之之意犹为未诚也。今焉于其良知所知之善者,即其意之所在之物而实为之,无有乎不尽。于其良知所知之恶者,即其意之所在之物而实去之,无有乎不尽。然后物无不格,吾良知之所知者,无有亏缺障蔽,而得以极其至矣。

阳明先生认为,"致知"即"致良知",然而"致良知"并不是玄妙虚空之物,即非"影响恍惚而悬空无实",并不能简单地靠内心的良知直觉来真正"实现",而是要落实在"事"上,即"必实有其事"。

"格物"，在阳明先生看来，就是通过面对每一件事而深切反思检讨何者可为而为善，何者不可为而为恶，于"事上磨炼"，如此才可以真正"致良知"，把"致良知"落到实处。王阳明反对将"致良知"看作是"悬空无实"，是很有见地的，是要警醒学者勿单纯依赖于"良知所知之善"，而要将"良知所知之善"真正落实到"事"上，即"即其意之所在之物而实有以为之"，这才是真正的"格物"，经过这样的"格物"才能真正"致良知"，使内在之良知不被遮蔽，如此才能真正"诚其意"。阳明所引用的"格于上下"，出自《尚书·尧典》，指尧之思虑至于上下天地；所引用的"格于文祖"，出自《尚书·舜典》，指舜到尧的祖庙（与四方诸侯即"四岳"谋划政事）。这两处的"格"，都有"至"的意思。"格其非心"，出自《尚书·冏命》"绳愆纠谬，格其非心"，"绳"、"纠"、"格"，都有纠正、匡正错误使其归于正确之意。实际上，仔细体味"格于上下"与"格于文祖"中的"格"的意思，里头也有"思虑至于天地以匡正自我之失"、"至于尧之祖庙以匡正自我之失"的意蕴，故阳明先生训"格"为"正"，"正其不正以归于正"，实在是非常高明的，比朱子的简单训为"至"更深刻，更能反映"格物"背后"正其不正以归于正"的潜在深意。"致知"归结为"格物"，"格物"归结为"事上磨炼"，如此则又回到了儒家的传统，即基于践履的德性主义传统。

第三章　修身为本

物格而后知至，知至而后意诚，意诚而后心正，心正而后身修，身修而后家齐，家齐而后国治，国治而后天下平。自天子以至于庶人，壹是皆以修身为本。其本乱而末治者，否矣。其所厚者薄，而其所薄者厚，未之有也。此谓知本，此谓知之至也。

【译文】
通过探究人世间万事之理，而后才能获得善恶之知。获得善恶之知，学会辨别善恶，而后意念才会诚敬。意念诚敬，而后才能心思端正；心思端正，而后才能修身养性；修身养性，而后才能使家族和谐安宁；家族和谐安宁，而后才能使国家得到有效治理；国家得到有效治理，而后才能使天下太平。从天子到普通百姓，人人都应该把修身作为根本。如果修身这个根本被扰乱了，那么要达到齐家治国平天下这些衍生的目标是不可能的。如果本来应该厚植的根本（指修身）被看轻忽视，而那些衍生的目标反而被格外重视，那么想要最终达到齐家治国平天下的目标，这是从来不会有的事情。（若能体悟"修身为本"这个道理，）这就是所谓知道根本，这就是所知达到了极致。

程朱格物说

"物格而后知至，知至而后意诚。"格物致知乃是达到诚意正心之工夫。无格物致知之工夫，诚意正心便无从谈起。程颐曰："未致知，便欲诚意，是躐等也。勉强行者，安能持久？"所谓"知至"，乃是洞察人事之后获得的真知，非浅薄浮泛之假知。故知有真假深浅之别，只有真知，才能依此而行；只有建立在真知基础上的诚意正心，才能真正落到实处。程颐曰："知有多少般数，煞有深浅，学者须是真知，才知得是，便泰然行将去也。某年二十时，解释经义，与今无异。然思今日，觉得意味与少时自别。"能"泰然行将去"，乃是因为此时之所知为自得之真知，非袭取之知，非书上得来之知。

格物就是穷理，而穷理有法。程颐曰："凡一物上有一理，须是穷致其理。穷理亦多端，或读书，讲明义理；或论古今人物，别其是非；或应接事物，而处其当，皆穷理也。"(《近思录·卷三》)程颐认为格物穷理有三种方法：一曰读书，乃是从理论上明察义理，然而书上道理，毕竟未经践履，仍是纸上谈兵，须真正到实践中体察证悟，才能得到真"理"，此陆游所谓"纸上得来终觉浅，绝知此事要躬行"之意。二曰鉴古，即"论古今人物"，从古今人物之得失中获得镜鉴，察其是非，知其利弊成败之源。然此法仍是论人之是非，虽可引为借鉴，然终归不能切己，仍是隔膜。三曰接物。接物者，以身处事，切身体察，一切善恶皆现眼前，真正于践履之中检验读书所得，真正于身体力行之际体察古人之是非得失，此为真得着，此为真穷理，此为真格物。

朱子曰："物格者，物理之极处无不到也。知至者，吾心之所知无不尽也。"(《大学章句》)这里要注意"物理"两个字，古人所说的"物理"与今天我们所说的"物理"不是一回事。我们在上文谈到"格物"之广狭二义，广义之"格物"乃是格天地万物，包摄自然与人事（社会关系），古人所说"物理"，实际上即含纳自然人事在内。而《大学》所说"格物"，则偏于人事方面，即偏于探究人际关系方面，这是狭义上的"格物"，当然我们也可以将《大学》讲的"物"泛化，不局限于人事，而拓展至天地自然。朱子虽然也解释"物"为"事"，然而从其学说整体来看，则有将"物"的涵义泛化的倾向，即在理论倾向上，朱子试图将"物"拓展到含摄自然人事两方面，而朱子毕生在自然（客观世界）研究方面（如天文地理等）投入大量的心力，也从实践层面证明了此一理论倾向。这也正是朱子之理学极易导出自然科学一路的重要方法论基础。依此路数探究下去，则"格物致知"就可以开出现代自然科学，也就是说，中国古代的格物致知实际上并不排斥对于自然科学的研究与探讨，只不过中国的思想传统更强调人事，强调圣贤之学。在朱子那里，"物理"实际上并不限于人类社会之伦理，而更包摄自然之理，即今之所谓自然科学。

将"格物"从人事拓展到天地万物（自然），从而打通自然与人事，这一思维方法，在中国哲学思想传统中有特殊的意义。《周易》就试图在天地自然与人类社会之伦理（人事）中建立一种带有先验性的逻辑关系，在《周易》看来，天地自然之理与人类社会之伦理（仁义）乃是"一理"，是相通的。《周易·系辞下》曰："《易》之为书也，广大悉备。有天道焉，有地道焉，有人道焉。兼三才而两之，故六。六者非它也，三才之道也。"《周易·说卦》曰："是以立天之道，曰阴与阳；立地之道，曰柔与刚；立人之道，曰仁与义。"将天地之道与人之道打通，是《周易》等元典开创的哲学传统。而这种天与人的合一与贯通，正是中国哲学思想传统中最重要、最核心、最精髓的部分。下段所引程颐"物我一理"之说，正是此意：

问："观物察己，还因见物反求诸身否？"（程颐）曰："不必如此说。物我一理，才明彼，即晓此，此合内外之道也。"又问：

"致知先求之四端如何？"（程颐）曰："求之情性，固是切于身。然一草一木皆有理，须是察。"（《近思录·卷三》）

程颐的意思是说，在观物的同时反求诸己，把观物与自我省察结合起来，当然是可以的；然而"物我一理"，物是外，我是内，应该"合内外之道"，内外之道本来相通，不必分开来说。而所谓"致知"，若仅仅从"求之四端"（即"仁义礼智"），仅仅从求之于人之情性去理解，则是一种对于"致知"的狭义的理解，最高境界的"致知"乃是打通物我，打通内外，因为外在的"一草一木皆有理"，洞察外部世界天地万物之理与洞察人事之理（仁义礼智）本是一事，"物我一理"，不能分作两截看。这一观点，乃是将"格物致知"之说由人事拓展到天地万物（自然），此即自然之知（客观世界之知识）与人事之知（人类社会关系之知识）贯通一体，此是"致知"之真义也。

陆王格物说

阳明先生"格竹"的公案流传很广。《王阳明全集》卷下《年谱一》记载阳明先生二十一岁"举浙江乡试"后：

> 是年为宋儒格物之学。先生始侍龙山公于京师，遍求考亭遗书读之。一日思先儒谓"众物必有表里精粗，一草一木，皆涵至理"，官署中多竹，即取竹格之；沉思其理不得，遂遇疾。先生自委圣贤有分，乃随世就辞章之学。

阳明先生自己也曾说到这段往事：

先生曰："众人只说'格物'要依晦翁，何曾把他的说去用！我着实曾用来。初年与钱友同论做圣贤要格天下之物，如今安得这等大的力量：因指亭前竹子，令去格看。钱子早夜去穷格竹子的道理，竭其心思至于三日，便致劳神成疾。当初说他这是精力不足，某因自去穷格，早夜不得其理，到七日，亦以劳思致疾，遂相与叹圣贤是做不得的，无他大力量去格物了。及在夷中三年，颇见得此意思，方知天下之物本无可格者；其格物之功，只在身心上做；决然以圣人为人人可到，便自有担当了。这里意思，却要说与诸公知道。"（《传习录》）

这桩公案，涉及到阳明先生和朱子对于"格物"理解之异，故在哲学史上有特殊的意义。诚如上文所说的，程朱格物之学，实际上试图包摄自然人事，将客观世界之认知与人类社会伦理之体认贯通一体，融为一炉，形成逻辑上的"天一人"一体的关系，从而为儒家伦理落实形而上之根据，即：儒家所倡导之人类社会之仁义礼智道德谱系，其形而上根据乃是天地自然之理。所以程朱一派的格物说，倡导将客观世界之认知与人类伦理之体认打通，并不排斥天地自然之客观探索，而最终归于儒家圣贤之理。从察于一草一木，到洞观天地万物，再到天理与人伦之贯通，如此理解宋儒（理学家）的格物说才比较全面。朱子格物说，其落脚点即在于穷天理、明人伦，而不在于格一草一木之理。朱熹致陈齐仲书曰："且如今为此学而不穷天理、明人伦、讲圣言、通世故，乃兀然存心于一草一木器用之间，此是何学问！"从这句话可以看出，朱子讲格物理，讲格万物之理，以至于穷极一草一木之理，并不是朱子格物的真正目的与落脚点；朱子格物的真正落脚处，仍是明人伦（关于人类社会关系之伦理），从而达于圣人之境。阳明先生青年时代的格竹，是不是就是程朱所说的格物呢？方法是不是对头呢？应该说，阳明先生对于宋儒格物说的理解是有重大偏差的，以当时阳明先生对先贤思想的理解深度,是不可能真正深刻察知"格物"中所包含的义理的,其格竹之失败是必然的,这是一种基于其认知方法论意义上的失败,而不是阳明先生自己认为的"自委圣贤有分"。他认为圣贤自有分定,不是人人皆可做的,故他认为自己的格竹不能穷理反而格出病来,是因为自己没有做圣贤的"分",实则不然。古人对阳明格竹失败之原因亦有洞察。清初学者陆桴亭认为阳明先生并没有理解朱子格物穷理之主旨与方法,阳明试图空对竹子以格竹子之理,并试图一劳永逸地通过格竹之理而晓达天理,这种做法与朱子格物之说大相径庭,而与禅宗之认识论相类,乃是一种禅宗的参禅悟道方法,非朱子之格物穷理之法。清初学者吕晚村亦曰:"阳明求竹理之法,为朱子所排斥,故失败乃是必然。"(冈田武彦《王阳明大传》第四章)朱子强调"格物理",其意乃是深入探究天地自然之法则,从而从大自然的运行规律体认天理("格物理"实际上也包含着格人事)。"格物理"需要以正确的方法探究"此物"之特有性质,探究"此物"发展运行所遵循的特有法则,从而得到一物之理;而循此认识路线不断进行下去,积累到一定地步,则忽然贯通,体悟万物之理,穷尽万物之理,此之谓"格物穷理"。万物各有其殊,而终归于一理,此即朱子所说"理一分殊"。当然,按朱子的说法,从洞察万物各自的"分殊"之理,到最终认识到万物共通的"一理",需要一个漫长的认识过程,而这个漫长的认识过程,即格物之工夫。

阳明先生格竹之失败,根本上反映了两种不同的认识论的差异,"格物"怎么格的问题,乃是不同学派争议的核心。下段程颐师生问答所涉及之问题,可以说代表了千百年来学人所共有的困惑:

或问:"格物须物物格之,还只格一物而万理皆知?"(程颐)曰:"怎得便会贯通?若只格一物便通众理,虽颜子亦不敢如此道。须是今日格一件,明日又格一件,积习既多,然后脱然自有

贯通处。"(《近思录·卷三》)

格物是"物物格之",一个一个格下去,以至于无穷,最后达到朱子所说的"物理之极处无不到"、"吾心之所知无不尽"的境界;还是"只格一物而万理皆知",彻底顿悟,一劳永逸地解决"格物穷理"的问题?这个问题,在中国哲学史上争议极大。陆王与程朱,最核心的区别在于其认识论。

阳明的格竹,其方法论之源,在于陆九渊。陆九渊强调"心即理","宇宙即是吾心,吾心即是宇宙",要探求万物之理,只要向本心寻求,不假外求。朱子和陆九渊,形成了两条截然不同的认识论路线:朱子强调格物穷理,主张循序渐进地用格物工夫,逐渐洞达事物之理,经过长期积累而认知天理,达到程颐所说"脱然贯通"之境界;而陆九渊则认为应先明此心,若心之本体不明,则求之于外必劳而无功,本体明则万物之理自在我心,故明理之工夫在于发明本心,在于内心之彻悟。朱子的认识论类似于禅宗北宗的渐悟一派,即所谓渐教;而陆九渊、王阳明一派的认识论类似于禅宗南宗的顿悟一派,即所谓顿教。两种认识论虽表面上势同水火,彼此各不相让,然从根本来说,两说其实分别强调了认识真理的同一过程的两个不同侧面,其取径乃是彼此相融相通的,而不是彼此决然相反相敌的。陆王一派所指示的发明本心之路径,诚然是直截了当、简易明快,然而其发明本心之顿悟,亦不能缺少天长日久之积学格物工夫,无此工夫,则本体之明有何落脚之处?朱子一派所指示的穷理格物路径,亦不能缺少反躬自省发明本心之工夫,若私欲障蔽本心不明,积学格物虽旷日持久亦永无悟道之日。故黄宗羲认为陆九渊(象山)之学虽强调"尊德性",然而未尝废"道问学"之工夫;而朱子(紫阳)之学虽强调"道问学",然而亦未尝不致力于心性之明,未尝忽视"尊德性"之鹄的。黄宗羲说:

（象山）先生之学，以尊德性为宗，谓"先立乎其大，而后天之所以与我者，不为小者所夺。夫苟本体不明，而徒致功于外索，是无源之水也"。同时紫阳之学，则以道问学为主，谓"格物穷理，乃吾人入圣之阶梯。夫苟信心自是，而惟从事于覃思，是师心之用也"。两家之意见既不同……于是宗朱者诋陆为狂禅，宗陆者以朱为俗学，两家之学各成门户，几如冰炭矣。……考二先生之生平自治，先生之尊德性，何尝不加功于学古笃行，紫阳之道问学，何尝不致力于反身修德，特以示学者之入门各有先后，曰"此其所以异耳"。……二先生同植纲常，同扶名教，同宗孔、孟。即使意见终于不合，亦不过仁者见仁，知者见知，所谓"学焉而得其性之所近"。（《宋元学案·象山学案》）

朱陆"鹅湖之会"（淳熙二年［1175年］）上，陆九渊写了一首诗，其中两句说："易简工夫终久大，支离事业竟浮沉。"他认为自己的学说乃是"易简工夫"，其道简易，故能"久大"。简易之说，源自《周易·系辞上》："乾以易知，坤以简能。易则易知，简则易从。易知则有亲，易从则有功。有亲则可久，有功则可大。可久则贤人之德，可大则贤人之业。易简而天下之理得。"陆九渊批评朱子的格物穷理之说为"支离事业"，未能从发明本心入手悟入圣学，故有支离之弊。一物一物地去格物理，而不发明本心，最后要求得豁然贯通，不亦难乎？当然陆九渊的这个批评很尖锐，使朱子大不怿。三年后，朱子步其韵写了首和诗，其中有两句："旧学商量加邃密，新知培养转深沉"，大意是说自己的学问之道乃是融汇新知旧学，格物穷理，积学致知，其学邃密而无空疏之弊，深沉而无浅薄之病，委婉地对陆九渊的批评进行了反击。陆王心学传至末流，确实有空疏肤浅之病，朱子格物穷理之"道问学"之治学路数，正是矫正空疏的良药。朱陆之学，原是应该融会贯通而相得益彰的。

格物与明心去蔽

格物致知之功,有赖于发明本体。本体者,认知主体也,道德主体也,即本心也。本体不明,为物欲所蔽障,则不能真正格物,故不能真正明德穷理。《传习录》载徐爱语:

> 曰仁(徐爱)云:"心犹镜也。圣人心如明镜,常人心如昏镜。近世格物之说,如以镜照物,照上用功,不知镜尚昏在,何能照?先生之格物,如磨镜而使之明,磨上用功,明了后亦未尝废照。"

"磨上用功",磨镜使镜复其明而去其昏,此正是格物之要。故格物先要去此私欲,发明本体。物欲遮蔽而不能致其良知,然而良知在内,不能泯灭,故格物致知之功,在于唤醒人内心之良知:

> (阳明先生)又论:"良知在人,随你如何,不能泯灭,虽盗贼亦自知不当为盗,唤他作贼,他还忸怩。"于中曰:"只是物欲遮蔽,良知在内,自不会失。如云自蔽日,日何尝失了?"先生曰:"于中如此聪明,他人见不及此。"

实际上,朱子亦说发明本体,去除人欲之蔽:

> 明德者,人之所得于天,而虚灵不昧,以具众理而应万事者也。但为气禀所拘,人欲所蔽,则有时而昏。然其本体之明,则有未尝息者。故学者当因其所发而遂明之,以遂其初也。(《大学章句》)

具众理，应万事，也就是格物致知。人不能格物致知，不能具众理应万事，乃是因为"气禀所拘"（人的先天禀赋所限）、"人欲所蔽"（后天的私欲所障），故"有时而昏"，犹如镜昏不能照物，故须"明之"，使认知主体先复其"明照"之功，才能"遂其初"。这个"初"，就是人得之于天的那个人人具足的良知，这个良知，是不能泯灭的，"良知在内，自不会失"，这就是朱子所说的"其本体之明，则有未尝息者"。阳明曰："其或蔽焉，物欲也。明之者，去其物欲之蔽，以全其本体之明耳。"（《王文成公全书》卷七《亲民堂记》）阳明所说，与朱子如出一辙。可见在根本宗旨上，朱子与阳明本是相通的，殊途而同归也。

格致诚正之渐与顿

格物致知，直到物我一体、廓然大公之诚，无一丝一毫私意渣滓掺杂其中，则意诚而心正矣。然而此格物致知须是日日用此功夫，日日接物应事，日日省察克治，也就是汤之盘铭所揭橥之日新工夫，也就是《周易》中所指示之朝乾夕惕之功夫，也就是孔子所说"不舍昼夜"之功夫。世上无一劳永逸之功夫，须"常惺惺"，时时提撕儆醒，事事磨炼自反，如曾子般，一日三省，如临如履，至死尚命弟子启手启足，圣门功夫之真切扎实如此，曾子之精勤怵惕省察克治之功夫如此（曾子有疾，召门弟子曰："启予足！启予手！诗云：'战战兢兢，如临深渊，如履薄冰。'而今而后，吾知免夫，小子！"，见《论语·泰伯》）。朱子和阳明都说"本体明"，然而本体明之后，尚有终生之工夫在，上文引徐爱论阳明"磨镜说"，既是"磨上用功"，就须常磨，一日懈怠昏聩，则接物即溃不成军，此磨镜工夫，仍是神秀渐修，非一劳永逸之谓也。

故阳明先生也并非主张一日顿悟、本体明了而终生不复精勤用功的。孟子说存心养性，此存乃日日操存，此养乃是时时培养，一日不存不养，此性即丧失，镜子复又昏矣。《传习录》中说：

> 先生曰："我辈致知，只是各随分限所及。今日良知见在如此，只随今日所知，扩充到底；明日良知又有开悟，便从明日所知，扩充到底；如此方是精一工夫。与人论学，亦须随人分限所及。如树有这些萌芽，只把这些水去灌溉，萌芽再长，便又加水，自拱把以至合抱，灌溉之功，皆是随其分限所及。若此小萌芽，有一桶水在，尽要倾上，便浸坏他了。"

刘宗周云："此是先生渐教，顿不废渐。"（《明儒学案》卷十）梁启超亦云："此亦渐教。"实际上渐教、顿教，只是假名安立，实际的格致诚正、存心养性，一定是一个漫长的、渐悟与顿悟不断交替、不断互动的人格上升与觉悟过程，顿悟并不是一个神秘的精神体验，而是主体经过长期的体察探究之后在瞬间的感悟，即程子所谓"脱然贯通"之时。然此顿悟并非没有基础、没有条件的，而是经过了长时期的思考之后的产物。顿悟之后，亦不是一了百了、万事大吉、一劳永逸了，而是还要进行恒久的渐修，不断地体证这种顿悟所获得的境界与智慧，不断地从日常接物中体证和深化自己的感悟，如此诚意正心之工夫方才不断纯熟，操之愈熟，知之愈切，最后达到"从心所欲而不逾矩"的境界。观阳明先生一生，不就是一个生动的实例吗？他的龙场悟道岂是突如其来、不费力气就得到的顿悟？他的致良知学说岂是轻易一朝悟道得来的？阳明先生的悟，乃是经过千难万险，从生死中来，经历了无数内心的挣扎磨难与外界的困厄艰险而得到的宝贵感悟，非一般人所揣测之"瞬间"顿悟也。若以顿悟为藉口废弃日日省察克治之格物工夫，则必流于空疏狂怪，欲致知诚意正心何由能得？

《坛经》说顿渐也很明白："时，祖师（惠能）居曹溪宝林，神秀大师在荆南玉泉寺。于是两宗盛化，人皆称南能北秀，故有南北二宗顿渐之分，而学者莫知宗趣。师谓众曰：'法本一宗，人有南北。法即一种，见有迟疾。何名顿渐？法无顿渐，人有利钝，故名顿渐。'"又说："本来正教，无有顿渐，人性自利钝。迷人渐修，悟人顿契。自识本心，自见本性，即无差别。所以立顿渐之假名。"

格物与诚意正心

阳明先生曰："先儒解格物为格天下之物，天下之物如何可格得？且谓一草一木亦皆有理，今如何去格？纵格得草木来，如何反来诚得自家意？"也就是说，格物与诚意是什么关系？格万物之理，如何就能得到这个"诚意"？阳明的意思是说，照朱子的说法，涵养须用敬，进学在致知，格物越多，积理越厚，则意越诚，但格物与诚意之间实际上仍有隔膜，格物与诚意之间的逻辑仍不能通贯理顺。虽有敬字将物理涵泳为天理，但"涵养"（心性之修养）与进学（格物穷理）终究分为两截。阳明曰："新本（指朱熹《大学章句》）先去穷格事物之理，即茫茫荡荡都无着落处，须用添个敬字方才牵扯得向身心上来，然终是没根源。若须用添个敬字，缘何孔门倒将一个最紧要的字落了，直待千余年后要人来补出？正谓以诚意为主，即不须添敬字。所以提出个诚意来说，正是学问的大头脑处。"（《传习录》）王阳明认为，敬应是《大学》功夫中本有的，敬即诚意，以诚意为目的的格物，才能对身心修养有帮助，没有诚意的单纯的格物，所得只是关于具体事物的知识，与成就圣贤了无干涉（张学智《中国儒学史·明代卷》，北京大学出版社2011年版）。朱熹的格物说，更多从广义上来讲，包摄自然与人事，故对于格物的知识论意义格外重视（当然朱熹也论及格物的道德价值，然并不偏重于道德价值)，而阳明的格物说，更多从格物的道德价值入手，对格物的纯粹知识论意义并不重视，如此分野，造成两者在"格物—诚意"的逻辑阐释上，就出现了深刻的分歧。而按照阳明所说格物乃是"去其心之不正，以全其本体之正"，格物与诚意的逻辑关系就非常清晰。在阳明看来，格物不是去获得纯粹的客观知识，而是获得那个作为道德本体的良知，能致此良知，则意自诚，心自正。所以在这个意义上，阳明强调"格物是诚意的工夫"。然而在阳明的"格物—诚意"的逻辑链条中，诚意正心与格物致知乃是互为条件的，并不存在单一的、绝对的因果关系。诚意也是格物的条件，所以他也强调"以诚意为主去用格物致知的功夫，即功夫始有下落"(《传习录》)。

如此说来，"格物"与"诚意"就不是单向的"由格物而诚意"(即格物是诚意的条件和前提，格物是诚意的功夫)，而是同时存在着"由诚意而格物"(即诚意也是格物的功夫，诚意是格物的条件和前提)，在格物的过程中，必须以诚意去格物，如此格物才能获得真正的良知。阳明先生说："意之所用，必有其物。物即事也。"(《传习录》)物是意的用，是意的落实，既然物是意的落实，那么在格物之中则必须以诚意贯彻其中，无论这个物是事亲、治国，皆应以"诚"落实此意，将一片诚正澄澈、廓然大公之心贯彻至格物过程中，这才是真正的格物，这样的格物，乃是"物—意"一体，即"物—心"一体。这是我们在探究"格物—诚意"关系时应特别注意到的一点，这也就是《中庸》里讲的"不诚无物"，"诚"要贯彻于接物待人一切事中，无此"诚"，则"无物"，如此"诚"就是"格物"的条件和前提。由"天之道"到"人之道"，实际上都贯穿着这个"诚"。因此，要理解《大学》中"格物致知"与"诚意正心"的关系，就要看到两者之间相互作用的机制，须是在诚意中格此物，在格物中诚此意，格物与诚意乃是打成一片，相互融合，互为条件。如果拘泥地把"格物致知"看作是"诚意正心"的条件，就偏了，不用诚意的"格物"，是不能真正"格物"的。即使是格自然之物，也应怀着一种虔敬诚挚、纯粹无染、敬畏仰望之心，才能真正洞彻天地自然之奥妙，若以偏邪功利染污之心去格天地自然，亦是不能得天地之理的，也是不能理解那个廓然大公的"诚之者，天之道"的。格于人事更是如此，以诚意事亲，才能真正得孝的天理（致这个孝的知）；以诚意交友，才能真正格得信的天理（致这个信的知）；以诚意处理一切社会关系，才能真正格得仁义礼智忠敬的天理（致这个仁义礼智忠敬的知）。若没有诚意贯彻其中，忘记了物乃意之所用，心不诚敬，只是空讲"格物"，则"致知"就无从着落，也就难以获致那个真正的良知。当然，从另一面来说，空讲"诚意"亦不可，总要在接物的过程中去诚这个意，在接物中逐渐存养、培育这个诚意，如孝亲之诚意，须在孝亲过程中去不断存养、操持、坚固、体证，离了物去专讲这个意，也是着空，这就是阳明先生所说"事上磨炼"。格致与诚正，须打通了来讲，而不能割裂来讲。千古争议，纷纭不休，皆出在把格物与诚意割裂了来讲，分成两截来讲，尽是误导后学。

修身为本

自格致诚正，以至于修齐治平，一个人的身心修养由内而外，由小至大，在渐次拓展的人际（社会）空间环境中体证圣人至善之境界。在这一过程中，修齐治平与格致诚正不是割裂的，而是相辅相成、相融互进的：一个君子，正是在修齐治平的过程中去达到诚意正心，也是在这个过程中格物致知。没有一个诚意正心是脱离修齐治平而凭空达到的，也没有一个人是可以脱离修齐治平而空空"格物"以至于"致知"的。在修齐治平中诚此意、正此心，完成自我人格的养成与境界之提升,此所谓尊德性也;在修齐治平中才能格此物,致此知,修齐治平皆是事也,唯有事上磨炼,才可致此知,才可进此学,此所谓道问学也。无论尊德性还是道问学,都必须在修齐治平的"具体情境"(接物)中去实现、去体证。

濂溪先生曰:

> 治天下有本,身之谓也;治天下有则,家之谓也。本必端,端本,诚心而已矣;则必善,善则,和亲而已矣。家难而天下易,家亲而天下疏也。……是治天下观于家,治家观身而已矣。身端,心诚之谓也;诚心,复其不善之动而已矣。(《周敦颐集》)

治理天下的根本,乃是修身;根本必须端正,而端本的要点在于诚心,即诚意正心。治理天下的规则就是齐家之规则,齐家之要在于"和亲",即家庭和睦和顺。治家难而治天下易,因为"亲者难处,疏者易裁"(朱子),家亲而天下疏,"亲则私情易溺故难,疏则公道易行故易"(真西山)。如此来说,天下治理得如何,要看家治理得如何,家治理好了,天下就容易治理了;而家治理得如何,要看自身是否端正,即是否诚意正心,这就是"治天下观于家,治家观身"。在儒家看来,天下不过是家的扩大与拓展而已,而修身乃是齐家的基础。这样一来,修身就成了连接"格致诚正"与"齐家治国平天下"之间的桥梁:格致诚正就是修身,没有一个独立的所谓"修身"阶段,修身贯穿于格致诚正之中,亦完成于格致诚正之中。同时,修身若与齐家治国平天下对举,则修身乃是齐家治国平天下之前提,同时修身亦体现在齐家治国平天下的整个过程中。从八条目的整个框架来看,一方面,诚意正心是体,修齐治平是用,格物致知是工夫(当然前文讲过,诚意正心也是格致之工夫),而修身乃是贯通体用之精髓与关键;另一方面,心、意、物、知、身,又是一个整体,浑然为一,相互融合，彼此皆是双向促进之关系。自天子以至于普通百姓，皆应以修身为本，身修才可齐家治国平天下，无论你在社会关系中处于何种位置，都要以修身作为全部生命活动之根本，这是儒家德性主义政治哲学的核心。本者，修身也；末者，治国平天下也，根本固则枝末荣，身修才能治国平天下。故君子所应厚者，修身也，所应薄者，治国平天下也，若颠倒过来，身不修而望国治天下平，则难矣哉！

打通"身心意知物"

《大学》中此段出现几处"而后"，学者切不可将"而后"两字拘泥地、僵化地、简单地理解为时间的先后顺序，而要打通"身心意知物"，将其看作一事。《传习录》中有一段王阳明与陈九川的对话：

> "只要知'身心意知物'是一件。"九川疑曰："物在外，如何与身心意知是一件？"先生曰："耳目口鼻四肢，身也，非心安能视听言动？心欲视听言动，无耳目口鼻四肢，亦不能。故无心则无身，无身则无心。但指其充塞处言之谓之身，指其主宰处言之谓之心，指心之发动处谓之意，指意之灵明处谓之知，指意之涉着处谓之物，只是一件。意未有悬空的，必着事物。故欲诚意，则随意所在某事而格之。去其人欲，而归于天理，则良知之在此事者无蔽而得致矣，此便是诚意的工夫"。（《传习录》）

阳明先生讲"身心意知物"是一件，故正心、诚意、格物、致知、修身乃是一件事，要打成一片来理解，不可各个割裂开来理解。《传习录》中还有一段颇堪玩味：

第三章 修身为本

有一属官,因久听讲先生之学,曰:"此学甚好,只是簿书讼狱繁难,不得为学。"先生闻之,曰:"我何尝教尔离了簿书讼狱悬空去讲学?尔既有官司之事,便从官司的事上为学,才是真格物。如问一词讼,不可因其应对无状,起个怒心;不可因他言语圆转,生个喜心;不可恶其嘱托,加意治之;不可因其请求,屈意从之;不可因自己事务烦冗,随意苟且断之;不可因旁人谮毁罗织,随人意思处之。这许多意思皆私,只尔自知,须精细省察克治,惟恐此心有一毫偏倚,杜人是非。这便是格物、致知。簿书讼狱之间,无非实学。若离了事物为学,却是着空。"(《传习录》)

学者多以此段是讲事上磨炼,实则此段既讲格物致知,事上磨炼,又是讲诚意正心。在官司的事上为学,这是格物致知工夫。然而不可起怒心、喜心,不可掺杂私意,时时去除私欲,时时省察克治,使心不偏倚(不偏倚即正也),此是诚意正心工夫。从此段更可推知修齐治平之工夫。修齐治平只从眼前事、手边事做起,簿书讼狱之事,在个人为职事,以此正心诚意履行此职事,此为修身;以此诚意正心治家,则为齐家;簿书讼狱在国家言,即为治国,治国并非只是国君领袖事,吾之完成吾之职事,履行吾之责任,即为治国矣;簿书讼狱之事在天下言,即为平天下,簿书讼狱即是我之天下,我之职事定,则天下定,我之职事安,则天下安,我之职事成,则天下之事成。故格致诚正、修齐治平在此打成一片,浑然一体,非是分成八件事。

如此,则格致诚正与修齐治平实际上亦是一件,是"一段工夫"。湛若水(甘泉)先生讲得透彻:

"诚、正、修工夫,皆于格物上用,家国天下皆即此扩充,无两段工夫,此即所谓止至善";"格物即止至善也,圣贤非有二事。自意心身至家国天下,无非随处体认天理,体认天理,即格物也";"古之欲明明德二节,反复推到格物上,意心身都来格物上用功。……家国天下皆在内,元是一段工夫,合外内之道,更无七段八段。格物者,即至其理也,意心身与家国天下,随处体认天理也"。(《湛甘泉先生文集》)

第四章　三纲八目的实践

第一节　诚意与慎独

所谓诚其意者,毋自欺也。如恶恶臭,如好好色,此之谓自慊。故君子必慎其独也。小人闲居为不善,无所不至。见君子而后厌然,掩其不善而著其善。人之视己,如见其肺肝然,则何益矣!此谓诚于中,形于外。故君子必慎其独也。曾子曰:"十目所视,十手所指,其严乎!"富润屋,德润身,心广体胖。故君子必诚其意。

【译文】

所谓使意念诚敬,就是不要欺骗自己。就好像讨厌不好闻的味道,好像喜欢好看的色彩,这就是所谓的"令自己心安"。所以君子一定要在独处时保持谨慎诚敬。小人独处时做不善的事,简直到了无恶不作的地步。可是小人见到君子后,做出遮遮掩掩、躲躲闪闪的样子,试图掩藏自己的不善,而极力让别人看到他做的所谓善事。别人看自己,就像清清楚楚看到肝肺一样,小人的遮遮掩掩又有什么用呢?这就是所谓的"诚敬形成于一个人的内心,而表露于一个人的外在言行"。所以君子在独处时必须保持谨慎诚敬。曾子说:"十只眼睛在盯着你,十只手在指着你,实在是严厉啊!"一个人拥有财富,可以使自己的房屋富丽堂皇;一个人的高尚德行,也可以使其身体得到滋润。一个人心胸宽广,则他的体态必然安舒自在。所以说,君子必须使自己的意念诚敬。

毋自欺

《大学》中所说"诚意",既是指君子在未接触外物时内心所应保持的一种心理状态,这种心理状态就是古人所说的中和澄静、惺惺不昧、真纯笃敬之状态(强调"静"中之功夫);同时,"诚意"也是指君子与外物相接触时所应时刻操持贯彻的一种意念行为(强调"动"中之功夫),这种意念行为引导着行为主体之"格物",使"格物"之行为逐渐趋向一种正确的"知",如此"致知"才能够导向一种符合道德原则的"知",即朱子所说之"穷天理",亦即阳明所说"致良知"。故君子之诚意,存内而形外,未接物时即存此诚意,此诚意时时惺惺不昧,于静中养得天机;待与物接,则此诚意沛然及于物。这种"诚意"内外无别,非是未接物是一套,接物时又是另一套,而是表里如一,"未发"与"已发"一体打通。此诚意不掺杂丝毫造作矫揉,纯然发自衷心,故人见与不见,人知与不知,皆能时刻操持存养而不至于丧失,这就是《大学》所特别强调的"毋自欺"。

"毋自欺"就是要以诚敬之意面对自己的内心,不假丝毫虚伪,这就需要主体具备极高的道德自觉和道德自律。即使在没有任何社会监督和社会约束的情况下,仍能保持高度的道德自觉和道德自律,这就是"毋自欺"的境界,这就是"诚意"的境界,乃至于物我一体、内外一体,此心廓然大公,无有任何私欲掺杂。毋自欺者,非惟不欺人,更不欺我之内心;非惟不欺我,更不欺头上三尺神明,此心可以对越上帝也。不欺人,就是无论别人对自己是毁还是誉,无论外界的道德评价如何,道德主体都能按照内心的良知选择最合宜的行为,而不是按照别人之毁誉评价来改变自己的道德行为,此之谓不欺人。不欺我之内心,就是即使在自己独处之时,亦能具备高度的道德自觉与自律,保持此诚敬之心而不使放失,此之谓不欺我;不欺头上三尺神明,乃是时时操持此诚敬之心,即使对越上帝亦能无愧无怍,此之谓不欺天。

不欺人、不欺我、不欺天，就能内外无别，动静皆能体认天理，从而达到明明德之境界。以此不欺人、不欺我、不欺天之心格物，方能真正致其良知。

自慊

一个人能始终保持诚敬之状态，无论在接物还是未接物、无论在有人监督还是无人监督、无论在别人誉还是别人毁的情况下，都能时刻操存此诚敬之心而不使放失，就能够达到内心安顿而俯仰无愧怍的境界。一个人之所以会"仰不愧于天，俯不怍于人"（《孟子·尽心上》），乃是因为他在任何境遇下都能秉持自己的良知去做事，不造作，不伪饰，不掩藏，坚定从容，固守内心之召唤，而不依从外界之压力或诱惑。"如恶恶臭，如好好色"，就像一个人讨厌难闻的味道，喜欢好看的色彩，皆是发自内心的，发自良知本性的，不掺杂任何矫揉造作和功利考虑的，好看好闻就发自衷心喜欢，不好看不好闻就发自内心厌恶，所有道德行为都一本于诚，能够达到这个境界，一个人就可以内心安定、安详、安舒，就可以得到内心的满足与快慰，此之谓自安、自快、自足，即《大学》中所说"自慊"。

自慊，是一种道德的自我肯定与自我满足。阳明先生曰："当行则行，当止则止，当生则生，当死则死，斟酌调停，无非是致其良知以求自慊而已。"（《传习录》）"致其良知以求自慊"，意味着"自慊"这种道德的自我肯定与自我满足乃是出于道德主体的内在良知，一种道德行为之所以使道德主体感到心安，乃是因为内在的道德"良知"能够给他正确的道德判断，故使其心安，此之谓自慊。因而"心安"这一结果，就不单单是"如恶恶臭，如好好色"一般由发自自然天性的本能所导致的，而更是人的道德良知所给出的价值判断所导致的，这种价值判断既是一种基于道德本性的判断，又是一种基于道德理性的判断。当一个人的道德良知对其道德行为进行理性的判断的时候，如果这一道德行为符合道德良知所认为的"善"的原则，那么这种道德行为才能给道德主体带来"心安"的结果，道德主体才能"自慊"，才能感到一种高度的自我道德肯定和道德满足；如果经过道德良知的自我审视和理性判断，某种行为不符合道德良知所认为的"善"的原则，则这种行为就不能给道德主体带来自我道德肯定和道德满足，则一个人就不能"自慊"。"如恶恶臭，如好好色"乃是出于一个人的自然本能，只要一个人具备正常的人类感官本能，则此人必然"恶恶臭，好好色"，此种能力乃是一种动物性的能力，不思而能，不学而知；而一个人的道德良知不仅是一种本能性的道德感知能力，而且是一种更高的理性的道德判断和道德审视能力，经过良知的理性审视和理性判断，一种行为才可能真正成为能够给道德主体带来自我道德满足和道德肯定的"自慊"。这一点是需要极端注意的。故"自慊"不仅需要表面上的"心安"（即行为主体自己觉得"心安"），而且需要"理得"（即必须经过道德良知的理性审视和理性判断），如果只是"心安"，而没有"理得"，那么这种"自慊"仍旧是脆弱的。

《论语·阳货》中有一段孔子与宰予的关于"三年之丧"的对话：

> 宰我问："三年之丧，期已久矣。君子三年不为礼，礼必坏；三年不为乐，乐必崩。旧谷既没，新谷既升，钻燧改火，期可已矣。"子曰："食夫稻，衣夫锦，于女安乎？"曰："安。""女安则为之！夫君子之居丧，食旨不甘，闻乐不乐，居处不安，故不为也。今女安，则为之。"宰我出。子曰："予之不仁也！子生三年，然后免于父母之怀。夫三年之丧，天下之通丧也。予也有三年之爱于其父母乎？"

宰予认为守孝三年太长，一年就够了，孔子就问："你守孝一年就吃好的、穿好的，你自己感觉心安吗？"出乎孔子预料，宰予回答说："心安。"孔子就很生气，说了句气话："你觉得心安就去做吧！君子守丧，吃好吃的也不觉得香甜，听到音乐也不觉得快乐，起居也不安心，所以才不做。如今你安心，你就去做吧！"宰我退出。孔子说："宰予这个人不仁啊！儿女出生三年之后，才能完全脱离父母的怀抱。所以守孝三年，是天下通行的丧礼，宰予也是从他父母那里得到过三年怀抱呵护的呀！"宰予觉得自己守孝一年已经足够，并为自己的这一行为感到"心安"，然而孔子却认为宰予"不仁"。如果任何一个人都认为自己的行为能够使自己"心安"，那么岂不是人人都可以达到道德善吗？孔子提出宰予"不仁"，就是提醒宰予，那个他自己认为的"心安"实际上是脆弱的，靠不住的，是虚假的，并不是真正的"自慊"。真正的道德自我满足和自我肯定，还要经过道德良知的理性判断和理性审视。这种道德良知，并不全然如孟子所说的"四心"（恻隐之心、羞恶之心、是非之心、辞让之心）那样具有先验性的道德体验，而更具备一种道德的社会属性。如果仔细分析起来，孟子所谓"四心"实际上也并不绝然是先验的、天生的，比如是非之心、辞让之心，很大程度上乃是后天形成的、带有一定社会属性的道德知识。一个人对良知的认识，对善恶的认识，既有与生俱来的先验成分，但更多地则来自于人类社会之道德规范所熏陶培养而成的道德知识和价值判断标准。所以当宰予说"心安"的时候，如果从当时普遍的人类社会道德规范和价值判断来衡量，此"心安"很难得到内心的价值理性判断的支撑，故此"心安"仍属于师生辩论意义上的应机回答，宰予的内心仍旧有可能是"不安"的，故宰予也是很难获得道德的自我肯定和自我满足即"自慊"的。当然关于宰予是否"心安"的讨论也许永远也没有答案，"心安"与"自慊"的社会性（客观性）和自我性（主观性）应该是并存的，其判断标准要看具体的历史情境。即如阳明先生所说的"当行则行，当止则止，当生则生，当死则死"，这里面的"当"（即道德应当，意指在人类社会意义上具有道德合法性和道德价值的行为），就不可能是一个永恒的绝对的范畴，而是一个历史的范畴，因而在一种历史情境下被认为是"当"的道德行为，在另一种历史情境下就有可能不被认为是"当"，从而不会给道德主体带来"自慊"的道德心理感受。孟子赞叹孔子乃"圣之时者也"，在"自慊"和道德良知的讨论上，恐怕也要持有"时"的观察维度。

"自慊"代表着儒家君子一种内外无别、表里如一、坦荡洒落的道德姿态，不为外物所转，惟秉持自己的道德良知，直道而行，不乡愿，不造作，自在安详，自足自快。而要达到"自慊"的境界，就必须有慎独的功夫。

慎独

慎独，就是"毋自欺"，"毋自欺"才能"自慊"，因而要达到"自慊"的道德自我肯定和自我满足，就要时刻操持慎独的修养功夫。一个人不能慎独，在"人所不知而己所独知"的情形下不能保持诚敬，不能克制自己的私欲邪念，此之谓"自欺"，因为此时道德主体明知善恶，而不能在独处中控制自己的行为，不能在无人监督的情况下去恶而从善。

朱子《大学章句》曰：

> 诚其意者，自修之首也。毋者，禁止之辞。自欺云者，知为善以去恶，而心之所发有未实也。谦（慊），快也，足也。独者，人所不知而己所独知之地也。言欲自修者知为善以去其恶，则当实用其力，而禁止其自欺。使其恶恶则如恶恶臭，好善则如好好

色,皆务决去,而求必得之,以自快足于己,不可徒苟且以殉外而为人也。然其实与不实,盖有他人所不及知而己独知之者,故必谨之于此以审其几焉。

慎独乃是诚意的功夫。人在"人所不知而己所独知"的情形下仍能够使自己的行为一本于诚,内外无别,不违背自己的道德操守,如好好色,如恶恶臭,这种高度的道德自觉与道德自律,谓之"慎独"。
《后汉书》卷五十四载"四知先生"(东汉杨震)"暮夜却金"事:

> 大将军邓骘闻杨震贤而辟之,举茂才,四迁荆州刺史、东莱太守。当之郡,道经昌邑,故所举荆州茂才王密为昌邑令,谒见,至夜怀金十斤以遗震。震曰:"故人知君,君不知故人,何也?"密曰:"暮夜无知者。"震曰:"天知,神知,我知,子知,何谓无知者!"密愧而出。

此不欺人、亦不自欺、且不欺天者。凡有行,虽人不知(此例严格来说仍是有人知的,并非绝对独处之时),亦时时操持此心,无懈无怠,儆醒检束,虽无人监督却毫无放纵逾矩之心。人见与不见,此心之诚意无增无减,这就是"慎独"的功夫。若人前造作伪善,故作忠实恳切貌,以博人赞誉,人后心生邪僻,无恶不作,此徒自欺也,圣人谓之乡愿,德之贼也。自欺欺人者,诚意既不存焉,其伪岂可逃于天地之鉴?天地虽不言,然必不容伪。虽自处密室,一旦虚伪造作生于心,邪僻恶念发于行,其能自欺乎,能欺人乎,抑且能欺天地神明乎?故《中庸》曰:"莫见乎隐,莫显乎微,故君子慎其独也。"隐微之处,更是君子修行砥砺之时。

小人与良知

"小人闲居为不善,无所不至。见君子而后厌然,掩其不善而著其善。"朱子把"闲居"解释为"独处",甚是。独处,泛指所有没有任何人察知和监督的情形,并非绝对指一个人独居。小人独处之时,无人察知其行为举止,故至放荡逾矩,极而至于无恶不作。小人自忖无人察知,遂不能以极高之道德自觉与道德自律检束自己,所以就纵容自己的恶,无所不用其极。然而小人见了君子之后,也知道不好意思,"厌然"一词,朱子解释为"消沮闭藏之貌",即小人在做了不善之事后,见到了君子,是很灰溜溜的,并不是装作若无其事甚至趾高气扬的,而是神态沮丧,似有所失,遮遮掩掩,躲躲藏藏,仿佛害怕被君子发现自己的不善。见到君子在跟前,小人在道德上自然就有一种自卑感、负罪感,好像害怕被君子鄙视一般,他要尽力"掩其不善而著其善",要掩盖自己所做的不善之事,而伪装自己做了善事,到处张扬自己做了善事。小人何故独处时为不善,而见君子又掩其不善?从小人之行为,我们可以看出两点:第一,小人本知善恶,他内心的道德判断能力并未丧失,知道什么是善,什么是在君子面前值得呈现和夸耀的,也明确知道什么是恶,什么是在君子面前感到羞耻和应该遮掩的;第二,小人之所以"掩其不善而著其善",并不是出于他的道德自觉,而是出于功利的角度,他知道让君子以至于所有的他人对其产生好的道德评价,是对他有利的,所以他才"自欺欺人"地"掩其不善而著其善",他那个"善"乃是伪装的善。朱子《大学章句》解释道:

> 此言小人阴为不善,而阳欲掩之,则是非不知善之当为与恶之当去也;但不能实用其力以至此耳。然欲掩其恶而卒不可掩,欲诈为善而卒不可诈,则亦何益之有哉!此君子所以重以为戒,

而必谨其独也。

但小人"掩其恶"、"诈为善",也正好说明他内心明知善恶,并不是完全不知善恶;他掩盖其恶而故意张扬其所谓善,其目的乃是让别人给他一个正面的道德评价,这表明他很"在乎"这个正面的、积极的、在功利意义上有利于他的社会活动的道德评价。这一"在乎"的心理意识,具有非常大的社会意义,就道德的社会规范层面来说,这一"在乎"的心理意识也能够给整个社会的道德伦理维系和道德伦理进步提供某些正面的、积极的价值。一个小人,尚不至大奸大恶,其良知尚未泯灭,他在君子面前尚有道德上的自卑感和羞耻感,他还竭力在别人面前故意做出某种善的行为举止,不管这一行为是否是伪装、"诈为善",不管小人做出这一行为的目的性(功利目的)如何,仅就这一行为所表现出的小人对整个社会的道德规范的认同和敬畏来看,其正面的道德价值还是应该给予承认的,这就是孟子所说的"久假不归"的道德价值。《孟子·尽心上》曰:

> 孟子曰:"尧舜,性之也;汤武,身之也;五霸,假之也。久假而不归,恶知其非有也。"

孟子认为,仁义(人类的道德行为)有不同的层次。最高的层次是尧舜那样的圣人,他们的本性就是仁义,他们完好地保存了自己的本性良知,一点也没有放失,他们完全依照自己的仁义本性来做事,这就叫作"性之"。第二个层次是"身之",像商汤和武王,他们虽然不能像尧舜等最高的圣人那样保持完好的仁义本性而完全依照本性行动,然而他们能够发自衷心地、自觉地按照仁义(人类的道德原则)做事,不断地改过迁善,不断地存心养性,通过自己的道德行为来努力践履"仁义",从而使自己的道德境界逐步得到提升。第三个层次是"假之",像齐桓公这样的霸主,他们假借仁义而行事,尽管出于争霸的功利目的,但他们在名义上还能有所忌惮而不会肆意妄为,他们还能够在行为上遵守和维护社会的道德规范。"假"就是"借",齐桓公这样的霸主,从本性来说并不是要自觉践行仁义的,然而他们往往假装仁义,假借道德之名,在名义上还在维护以周天子为核心的天下秩序及其伦理,他们在行为上有所收敛,努力让其他诸侯国和周天子认可自己的道德行为。这样"五霸"不断地假借仁义来行事,不断地假装好人来做好事,以表达他们对道德秩序与规范的维护、敬畏和认可,这样的行为,总比那些肆无忌惮、为所欲为、寡廉鲜耻的人的行径好多了,如果这样"久假而不归",借得久了而终不归还此仁义之德,也算很好了,虽然比不上尧舜的"性之"的境界和汤武的"身之"的境界,然而对整个社会的道德规范、道德秩序和道德进步总是有一定益处的。故孟子说:"久假而不归,恶知其非有也",他们终生借仁义行事而不归还之,焉知他们不是真拥有仁义呢!孟子的意思是说,他们能终生假装仁义做好事,收敛自己的行为以适合社会道德规范,也算是差不多真拥有仁义道德了,这样的基于功利主义考虑的"假之",也是应该被肯定的。《大学》中所说的小人,能够"掩其恶而著其善",终不至于为所欲为肆无忌惮,这样的小人如果加以引导、鼓励,使其不断焕发良知,不断改过迁善,还是可以补救的。

《孟子·万章上》中万章与老师孟子探讨了舜和象的行为:

> 万章曰:"父母使舜完廪,捐阶,瞽瞍焚廪。使浚井,出,从而掩之。象曰:'谟盖都君咸我绩。牛羊父母,仓廪父母,干戈朕,琴朕,弤朕,二嫂使治朕栖。'象往入舜宫,舜在床琴。象曰:'郁陶思君尔。'忸怩。舜曰:'惟兹臣庶,汝其于予治。'不识舜不知象之将杀己与?"

> 曰:"奚而不知也?象忧亦忧,象喜亦喜。"

舜生活在一个复杂的、不幸的家庭中，"父顽，母嚚，弟傲"，舜数次被父母和弟弟置于危险境地，舜因为机智应变才得以脱离生命危险。舜的父母让舜去修理粮仓，等舜爬上仓顶，他们就撤掉梯子，他父亲瞽叟就焚烧粮仓，试图烧死舜，而舜设法逃走了。舜的父母又让舜去疏通水井，他们便用土石掩埋水井，而不知道舜设法从旁边打了洞出来了。你看，舜是何等的聪明，何等的有预见性。然而他对父母兄弟的态度是怎样的呢？舜的弟弟象说："谋害舜都是我的功劳，牛羊、粮仓归父母，盾戟都归我，琴和雕弓也归我，两个嫂嫂也归我为妻（栖，即'床'，'治栖'为铺床，引申为'为妻'）。"可见象这个弟弟真是丧尽天良。象来到舜的住处，而舜正在床上鼓琴，象说："我很想念你啊（才过来看你）。"象一边说一边露出不好意思的惭愧神色。忸怩就是不好意思、羞惭的意思，可见象此时内心的复杂情绪。而舜，不仅没有责怪和处罚象，而且要让象来担当一定的治理责任，舜说："我正在考虑我这里臣民众多，你就来帮我治理吧。"万章就问老师孟子："舜难道不知道象是要杀掉自己吗？"孟子说："他怎么会不知道？（舜只不过是顺着象的话来回应他罢了，）象忧愁，舜就忧愁；象高兴，舜也高兴。"

孟子的回答富有深意。舜为什么忧愁呢？是因为象有可忧之处。舜为什么喜呢？是因为象亦有可喜之处。象的"忸怩"表明什么呢？象能在见到舜的那个瞬间，假装说"郁陶思君尔"，这当然是象说的假话，并不是象的真心话，然而他能说这样的话，正表明他良心未泯，他还要如《大学》中所说的小人"掩其不善而著其善"；他表情"忸怩"，不好意思，正说明象内心处于挣扎、尴尬与纠结状态，表明象虽傲而暴，然而他还有羞耻心、惭愧心，他内心深处还知善恶，良知还未完全被遮蔽。舜预知象要来，所以在床抚琴，这一行为也颇耐人寻味。舜之抚琴，乃暗含劝诫象改过归善之意，他祈望弟弟能悔过自新，故此时之琴声，润物无声，内含劝勉，舜欲保住象这一点良知根苗，点醒象之内心的道德自觉意识，使之于一念之间向善，复其良知。

故对于小人，保护那一点点良知根苗极端重要！小人内心那一点点良知，若加以呵护灌溉，终能发育成长。对于小人的"掩其不善而著其善"，既要看到他为"诈为善"的一面，看到他为了功利目的而遮掩伪装的一面，也要看到他良心未泯的一面，看到他对于社会道德规范敬畏认可的一面。故小人虽不能达到"一本于诚"、"毋自欺"的道德高度，然而对这一点点良知根苗，亦不可掐灭，而要像舜那样顺势而为，引导其迁善改过。世上何人没有"小人"的一面？谁没有掩恶而著善的时候？谁没有犯错误而内心羞愧之时？若于那良知复萌之刹那悉心引导，则必使之悔过归善，逐渐向君子人格迈进。此所谓"圣人常善救人，故无弃人"（《道德经》）。

大学之教的目的，乃是要人存此良知而不泯，终生秉持此一良知行事，知慎独，毋自欺。心中存个圣人人格，时时以圣人人格感召自己、勉励自己、观照自己、检束自己，省察克治，惩忿制欲，从而致其良知而明其明德。同时，对于小人，亦不可弃之，要认识到虽小人亦有良知未泯而存于内，关键在于除其遮蔽而焕发其良知耳。《传习录》曰：

> 在虔与于中、谦之同侍。先生曰："人胸中各有个圣人，只自信不及，都自埋倒了。"因顾于中曰："尔胸中原是圣人。"于中起，不敢当。先生曰："此是尔自家有的，如何要推？"于中又曰："不敢。"先生曰："众人皆有之，况在于中？却何故谦起来？谦亦不得。"于中乃笑受。又论："良知在人，随你如何，不能泯灭。虽盗贼亦自知不当为盗。唤他作贼，他还忸怩。"于中曰："只是物欲遮蔽。良心在内，自不会失。如云自蔽日，日何尝失了？"先生曰："于中如此聪明，他人见不及此。"

此段讲到"人胸中各有个圣人",是要我们知圣人之境界,从而在存心养性上勇猛精进;讲到盗贼之忸怩,是要我们感悟人人皆有良知,虽小人亦有良知,只不过小人之良知暂被私欲遮蔽而不得光明而已。圣学之道,在于唤醒小人心中那一点点良知,点亮那一点点光明,呵护灌溉那一点点根苗,使之终成君子人格。

诚中形外

"人之视己,如见其肺肝然,则何益矣!此谓诚于中,形于外。故君子必慎其独也。""毋自欺",实际上就是不要自欺欺人,这是"诚意"的另一种通俗的说法。为什么要"毋自欺"?因为实际上一个人的行为欺骗不了任何人:首先是欺骗不了自己,因为无论何人都有良知良心,即使那些所谓小人,其良知良心亦难以泯灭,他们在内心深处的良心本能亦知道自己的恶行为社会所不容,为君子所耻笑鄙弃,所以"自欺"从道德实践的层面是不可能的,一个人做了伤天害理的事,他的良知良心会折磨他一辈子。当然也欺骗不了别人,一个人的不诚,总会被别人所感知,"人之视己,如见其肺肝然,则何益矣!"别人看你,就像用透视仪器一样,心肝脾肺一切清清楚楚,任何掩藏伪装其实都是无济于事的,骗得了一时,骗不了一世。故曾子曰:"十目所视,十手所指,其严乎!"你的每一个行为,都有无数眼睛看着你,都有无数手在指指戳戳你,无论如何遮掩都是徒劳的。"其严乎",就是"好厉害啊",表明人类社会的群体监督在一个人的道德养成和道德规范践履方面发挥着极为重要的作用,道德的养成和规范的践履一方面诚然是人类自身的道德良知发挥作用的结果,但同时也是人类社会的群体监督发挥作用的结果,这一群体监督所发挥的"注意力压力",使小人不能为所欲为,不能肆无忌惮,而总要有所敛束,这就在某种程度上促使社会风气不断向善，避免社会道德的失序。但这一社会群体监督仍然是"外在的"压力，而不是"内在的"，不是发自人内心的道德自觉。由外在的道德压力到内在的道德自觉，就是一个人的道德淬炼之路，也是一个君子的成长之路。

　　但我们也可以把"十目所视，十手所指"看作是人内心所持有的一种"自我道德约束"。中国人说"头上三尺有神明"，这个"神明"，表面上看是一种信仰（类似于宗教的信仰）在起作用，但实际上，这一道德信仰仍旧是一种内在的"自我道德约束"，即使在社会监督完全失去作用的情形下，这一内在的"自我道德约束"也在起作用。这种类似于宗教的道德信仰，往往开始时是外在的约束，但时间长了就会渗透进每一个社会成员心中，润物无声，使其不知不觉受到约束、熏陶、感召，最终有可能化育而成一种根深蒂固的自我道德约束。报载一个舟山群岛的渔民借了别人的钱，但借款到期坚决不还，而且否认自己借了别人的钱，因为当时借款这个行为除了当事人双方之外没有其他人看到。所以这个渔民就在法庭上断然否认自己借钱这一行为。最后，法庭的审判员想了一个办法，他在庭审时将一尊南海观音像放在这个渔民面前，然后对这个渔民说："你敢对着观音菩萨发誓你没有撒谎吗？"渔民沉默了一会儿，终于承认了自己的借款行为。从这个例子来看，这种类似于宗教的信仰也起到"十目所视，十手所指"的监督作用，信仰是存于内的，然而仍旧对一个人的行为起到引导、监督、规范作用。这样的道德信仰如果长期发挥作用，就会使一个人逐渐焕发其道德自觉，唤醒其道德良知。所以这个"十目所视，十手所指"，也可以理解为一个"内心的旁观者"、"内心的大法官"，不是外在的社会监督起作用，而是内在的自省起作用，自己的良知起作用。达到这样的境界，就是"毋自欺"的境界，就是君子的"诚意"境界。

　　不善形于外，不能遮掩；善亦形于外，不能自藏也。一个人的诚敬笃厚之意蕴蓄于胸中，必表现于外，表现在他的姿态上，表现在他的神情上，表现在他的气质上，表现在他的眼睛、面目以及四肢上，这就是"诚于中，形于外"。孟子说：

> 存乎人者，莫良于眸子。眸子不能掩其恶。胸中正，则眸子瞭焉；胸中不正，则眸子眊焉。听其言也，观其眸子，人焉廋哉？（《孟子·离娄上》）

一个人内在的道德修养，必定会表现于一个人的"外在"，孟子认为，最能表现一个人内在道德修养的，就是人的眼睛。现代人说"眼睛是心灵的窗户"，一个人心灵高洁、内心澄澈、道德崇高，其眼睛一定是澄澈光明的，他不会眼神迷离遮遮掩掩，而一个内心龌龊、言行不一、"胸中不正"的人，其眼神必定是游移不定躲躲闪闪的，因为他不敢面对别人的眼睛，怕被别人看出自己道德上的丑陋。人之诚，既充之于心，必发之于外，显之于面目。君子胸中俱是一片诚意，敬以直内，则面目必坦荡朗润，其形色之明灿光伟，皆为内心之诚意充溢焕发耳。《孟子·尽心上》曰：

> 君子所性，仁义礼智根于心。其生色也，睟然见于面，盎于背，施于四体，四体不言而喻。

君子内心，蕴蓄着充沛的道德源泉，他内在的仁义礼智会焕发到他的颜面四肢，使其面色清和润泽，使其腰背盎然挺立，使他的四肢也充满一种道德之力而显得勃勃有生机，而不是萎靡不振，他的光明峻伟的人格使他整个身躯都显得那么伟岸挺拔。孟子的这段话，是对"诚于中，形于外"的最好诠释。

所以一个人的内在的道德修养，会潜移默化地影响一个人的外在形象，深刻影响一个人的气质和神态。内和外，是统一的。君子内养其诚，则必表现于外。这就涉及到关于"心（德、意）—身"关系的探讨。一个人内在的正心诚意、存心养性，对他的整个外在躯体与气质神情到底产生了何种影响，值得心理学家、哲学家和医学家们进行深入探讨。《大学》中说："富润屋，德润身"，这个命题的提出非常重要。一个人的财富多了，可以使自己的房屋变得富丽堂皇，而一个人的道德水平提高了，心性修养达到一定境界了，会使他的整个身体（不仅包含生物意义上的躯体，更包含精神意义上的气质、神态等）发生积极的变化。这些积极的变化也是掩藏不得的，也造作不得的，一个德性坚定、格局超迈、心灵澄澈的人，必然在外在的神情姿态上有所体现，《大学》所谓"心广体胖"也。胖，音盘，安舒之意也。君子诚意存于心，必形于外，故表里如一，内外廓然，他心灵广大浩瀚，生命格局非常廓大，道德崇高伟岸，故其体态必然安舒从容，此宋儒所谓"万物静观皆自得"的境界。《孟子·尽心上》曰：

  孟子自范之齐，望见齐王之子，喟然叹曰："居移气，养移体，大哉居乎！夫非尽人之子与？"孟子曰："王子宫室、车马、衣服多与人同，而王子若彼者，其居使之然也，况居天下之广居者乎？鲁君之宋，呼于垤泽之门。守者曰：此非吾君也，何其声之似我君也？此无他，居相似也。"

  孟子看到齐王之子，感叹一个人的修养会对其个人发生多么大的影响！王子与别人不同的气质，不是表面上的房屋、车马和衣服这些外在的东西所塑造的，而是王子特殊的身份、特殊的生活成长环境所塑造的。鲁君到宋国，守门人感到这个人与自己的国君怎么如此相似呢，就是因为他们的身份地位相似，他们的生活环境和身份地位使他们具有相似的气质、神色，他们每一个行为举止都透露着他们非同一般的身份及修养。这一段中，关键是这样一句话："其居使之然也，况居天下之广居者乎？"孟子的意思是说，齐王之子和鲁君，他们的非同一般的生活成长环境使他们具备特殊的气质，更何况居于天下最广大的居所中的人呢？这个"天下之广居"是什么呢？就是仁，就是道德。能够"居天下之广居"的人，就是有德之人，就是践履仁义之道的人，仁乃天下之广居也。"仁"这个屋子无比广阔，使居于其中的人也变得心胸博大、格局广大。《孟子·离娄上》曰："仁，人之安宅也；义，人之正路也。"居于"天下之广居"的有德君子，其气质自然就与众不同，这就是"富润屋，德润身"。诚中形外，一个人的仁德真诚不但昭昭然袒露于众人面前，而且还会内在地滋养一个人的精神气质，润泽他的整个身心，使其睟面盎背、安舒从容、精神焕然，气度不凡。

第二节　切磋琢磨与乐乐利利

《诗》云："瞻彼淇澳，菉竹猗猗。有斐君子，如切如磋，如琢如磨。瑟兮僩兮，赫兮喧兮！有斐君子，终不可諠兮。""如切如磋"者，道学也。"如琢如磨"者，自修也。"瑟兮僩兮"者，恂慄也。"赫兮喧兮"者，威仪也。"有斐君子，终不可諠兮"者，道盛德至善，民之不能忘也。《诗》云："於戏！前王不忘。"君子贤其贤而亲其亲，小人乐其乐而利其利。此以没世不忘也。

【译文】

《诗经·卫风·淇澳》中说："看那淇河之弯，绿竹何其美盛！那个文雅有德的君子，（他不断修养自己的品德，）就像不断地切磋骨角、不断地琢磨玉石一样，使自己的品德日渐润泽圆满。多么庄矜，多么威毅，多么煊赫，多么盛大！这样文雅有德之君子，真是令人难忘啊！""如切如磋"（不断地切磋骨角），说的是君子进益学问的态度。"如琢如磨"（不断地琢磨玉石），说的是君子自己修养德行的方法。"瑟兮僩兮"（多么庄矜，多么威毅），说的是君子心怀戒惕儆惧。"赫兮喧兮"（多么煊赫，多么盛大），说的是君子之仪表威严，令人敬畏景仰。"有斐君子，终不可谖兮"（文雅有德之君子，真是令人难忘啊），说的是君子道德隆盛，达到至善之境界，人民难以忘怀。《诗经·周颂·烈文》中说："呜呼！文王、武王这些先王的德行令人难以忘怀！"君子尊敬那些值得尊敬的人，亲爱那些应该亲爱的人；老百姓则享受他自己应该享受的快乐，得到他应该得到的利益。（先王的美德善治，让每个人都各得其所，）这就是老百姓永远难以忘怀先王的原因。

如切如磋，如琢如磨

这一节引用两段《诗经》，来进一步说明前面所阐发的君子明德、修身、亲民、治国的具体途径。第一段引用的《诗·卫风·淇澳》，是颂扬卫国国君的。"瞻彼淇澳，菉竹猗猗"，淇，乃河名，澳（音玉），乃河之弯曲处，猗猗，乃美盛貌，八个字，乃诗歌的起兴段落，以翠竹之美盛极言卫国国君道德之美盛。"有斐君子"之"斐"，就是《论语》里面说的"斐然成章"，言其文采风度，"有斐"是从外面看这个君子，风范文雅，气度不凡，风度翩翩，而这种外在的风度风范，实际上反映的是君子内心德性之盛美，这就是前面说的"诚于中，形于外"的意思。只有品德高尚、内心澄澈、格局广大的人，才能表现出这种文雅超脱的外在风范。

"如切如磋，如琢如磨"，是从骨角玉石的加工方法来比喻君子的修身，形容其德行之锤炼磨砺。朱子曰："切以刀锯，琢以椎凿，皆裁物使成形质也。磋以鐋锡，磨以沙石，皆治物使其滑泽也。治骨角者，既切而复磋之。治玉石者，既琢而复磨之。皆言其治之有绪，而益致其精也。"切和琢，乃是初步的加工裁切，使骨角玉石具备一定的形状；磋和磨，乃是对骨角玉石进行更精细的加工使之润泽光滑，经过反复的切磋琢磨，骨角玉石才能成为一件精美的手工艺术品。一个君子，其道德修养，要经过一个长期的锤炼功夫，经过一番艰巨的切磋琢磨的功夫，才能达到完美的"至善"的境界。《论语·学而》中记载了子贡与老师孔子的一段对话：

> 子贡曰："贫而无谄，富而无骄，如何？"子曰："可也。未若贫而乐，富而好礼者也。"子贡曰："《诗》云'如切如磋，如琢如磨'，其斯之谓与？"子曰："赐也，始可与言《诗》已矣，告诸往而知来者。"

子贡认为，做到"贫而无谄，富而无骄"就可以了，然而孔子认为，"贫而无谄，富而无骄"自然可以，然而还有更高的境界，就是"贫而乐，富而好礼"。这个境界不容易达到。贫穷而有尊严、不去谄媚富贵之人，已然是一个很高的境界，然而贫穷而能不改其乐，乃是更高的境界，如同颜回，箪食瓢饮而能不改其乐，才是真正的君子；富贵而能不骄纵，保持低调谦卑，诚然已经是一个很高的境界了，然而还比不上富贵而能尊尚礼义，"好礼"就不是简单的不骄纵和收敛，而是以礼义为自己的行动准则。子贡接着说："老师啊，《诗经》中的'如切如磋，如琢如磨'，说的就是这个意思吧？"此时孔子非常高兴，非常欣慰，认为子贡完全理解了君子修身的意义，他赞赏地说："端木赐啊，你说这话，表明我现在可以跟你讨论《诗经》了，因为告诉你过去的事，你就能举一反三知晓未来的事。"子贡所悟，乃儒家之心法，此心法的核心，在于不断地通过实际的践履来修炼自己的身心，从而不断地向着那个至高的道德标准迈进，此之谓"止于至善"，此之谓"明明德"，而这个践履，这个修身，就是通往君子人格的通道。

"如切如磋，如琢如磨"，此亦是格物之功。前面所说的"格物"，乃是君子通过日常的接物，通过自我的反省功夫（《孟子·尽心上》所说的"反身而诚"，《论语·学而》所说的"吾日三省吾身"），来不断地达到对道德善的感悟与操练，最终达到至善之境。具体来说，所谓切磋琢磨者，皆为去除骨角玉石中多余的部分，使之呈现本心之形、本性之质，若不把那些无用的东西切掉、磨掉，则终不能成完美之工艺品，此即是君子之改过迁善、惩忿制欲之功。切掉、磨掉多余的部分，使工艺品润泽光滑，即是君子格物之功夫，省察克治之功夫也。

瑟兮僩兮，赫兮喧兮

"瑟兮僩兮，赫兮喧兮"，此是极言文雅盛德君子之外在风度。"瑟，严密之貌。僩，武毅之貌。赫喧，宣着盛大之貌。"（朱子《大学章句》）瑟，形容君子风度严正、庄重，颇有威严，令观者心生敬畏，也表明君子自律甚严整，举手投足皆严肃、整饬、典重，绝不轻浮。僩，形容君子行动坚毅，举手投足皆有一种稳健勇武的力量，毫无文弱疲软之相。赫喧者，表明君子一旦出现于众人之前，其风范气度皆能震慑人心，众人皆被君子之行为举止所表现出来的修养所感染，似乎君子身上有一种巨大的不可抑制的感召力量。所有这些对君子外在风度、风范、风神的描绘，实际上都表现了君子内在的德性力量，这种道德力量蕴蓄于君子之心，充实于君子之胸，沛然发之于语默动静、举手投足之间，此即《大学》前面所说的"诚于中，形于外"。君子的道德修养是如此深厚博大，使之具备了不可遏止的精神力量，这种精神力量通过君子的眼神、体态、行动焕发出来，必有一种收摄人心、感化人心的巨大作用。君子内在之德行修为，赫然焕发于其面目四肢，此即孟子之"睟面盎背"与"居移体"，此即《大学》所谓"德润身"。正因为"德润身"，才能使君子具备如此巨大的人格感召力和震慑力，才能使百姓见到君子就觉得"有斐君子，终不可諠兮"，"不可諠"就是难以忘怀，看起来难以忘怀的是君子之外在气度风神，实际上乃是君子的高贵德行修养。

道学与自修

"'如切如磋'者，道学也。'如琢如磨'者，自修也。""道学"，乃是对学问的追求，"自修"，乃是对德性的追求。朱子曰："道，言也。学，谓讲习讨论之事，自修者，省察克治之功。"（《大学章句》）"道学"乃是《大学》之"格物致知"功夫，"自修"乃是"诚意正心"与"修身"功夫。实际上，"格物"即诚意修身，故"道学"与"自修"乃相互交融，不可割裂。"道问学"与"尊德性"，虽路径不同，而实际上是统一的。故前面引用的《诗经》中的"如切如磋，如琢如磨"，既是道问学之功夫，亦是尊德性之功夫，既是格物致知之功夫，亦是诚意修身之功夫，须贯通来看。

恂慄与威仪

"'瑟兮僩兮'者，恂慄也。'赫兮喧兮'者，威仪也。""恂慄"，战惧也，既可以理解为君子之庄严风度令人敬畏，也可以理解为君子自身所保持的戒惧儆醒之状态。君子修身，必警惕戒惧、谨慎儆醒、如临深渊、如履薄冰，养诚意于胸中，无丝毫懈怠轻浮、张狂驰纵之意，时时敛束身心，不使骄溢也，此即战惧惕厉，即《周易·乾卦》所说的"君子终日乾乾，夕惕若厉"。"威仪"，朱子解释为"威，可畏也；仪，可象也"。君子行为端庄严正，则有威，有威则可畏，令人敬畏，使人无狎昵之心、侮慢之意；君子仪态文雅郑重，道德高尚，富有尊严，则能感召众人，使众人歆慕而仰之，并以之为道德榜样，此为"可象"。

百姓见君子之德行，望君子之威仪，无不敬畏叹服，无不歆慕向往，故景从之，效仿之，如此则民心化，民风淳，此君子亲民、化民之功也。朱子讲"可畏可象"，然而未揭示出"可畏可象"与"亲民"之关系，这一层不揭出，就难以展现《大学》中君子"明明德"与"亲民"的内在关系。实际上君子之"可畏可象"，正是君子"亲民"之方式，君子通过这种无形的道德感召，虽不言而能感化众人，化育百姓，敦化爱民，此乃治国平天下之最高境界。

君子体态上的典重端严，既是君子人格之外在表现，亦是君子学问道德之根基。无此威仪，则学不能固，德不能持，性不能贞，欲得德学之贞固，欲恒久持守德学，必有此庄重严饬之行止风范。"君子不重则不威，学则不固。"（《论语·学而》）

君子贤其贤而亲其亲

"'有斐君子，终不可諠兮'者，道盛德至善，民之不能忘也。《诗》云：'於戏！前王不忘。'"在颂扬君子的外在风范威仪之庄严端毅、可畏可象之后，此段屡次感叹"民之不能忘"、"前王不忘"、"没世不能忘"，极言君子道德之隆、治道之美，极言老百姓对君子前王的缅怀与敬仰。外在之风范威仪与内在之道德修为，完好地融合在君子身上,展现出一个终身持恒用志于修身明德的君子所能给予百姓的道德感召和精神熏陶,展现出君子的超迈的人格魅力与永恒的道德榜样力量。"道盛德至善",呼应了前面的"明明德"和"止于至善",凸显了我国古代先哲在政治哲学领域对君子道德人格的特殊强调,从而形成了中国特有的将"明德修身"与"治国平天下"相提并论的政治传统。大学中所培养出来的君子,既是道德层面的精神楷模,是"明明德"之典范,同时还要将此"明明德"落实于治国层面,落实于政治行动,从而使道德修为与政治践履完美地融合在一处。"君子贤其贤而亲其亲,小人乐其乐而利其利",实际上就是《大学》中所着重探讨的"亲民"之道、"齐家治国平天下"之道。我们先来讨论"君子贤其贤而亲其亲"。

贤贤,就是尊重那些有才德之贤人,这里的贤人,更多地指没有世袭的尊贵地位然而具备较高才德的人。中国古代,往往把"尊尊"、"贤贤"、"亲亲"并提。尊尊,就是尊敬那些应该尊敬的人,所谓"应该尊敬的人",实际上就是在等级制中有较高等级地位的人。亲亲,就是亲近应该亲近的人,所谓"应该亲近的人",实际上就是在家族内部的亲人。亲亲是在家族内部的伦理原则,只通行于家族内部,强调血缘关系;尊尊是在等级社会中处理不同等级的社会关系时应该遵守之伦理规则,实际上是强调等级尊卑,强调社会中超越家庭的等级秩序;而贤贤则是超越等级社会之世袭身份,主要以尊重才德为处理社会关系的主要准则。《史记·梁孝王世家》中说:"殷道亲亲,周道尊尊",也就是说殷商的治国之道强调亲亲,而周的治国之道强调尊尊。实际上周道乃是亲亲和尊尊并行,只不过更重视尊尊,也就是维护封建等级关系(西周总结殷商之教训而施行分封制度),强调尊卑秩序。到了春秋时期,则亲亲、尊尊和贤贤这三者都是处理社会关系的基本准则,而更加重视贤贤,即更加超越家族关系和封建世袭等级关系而尊重有才德的贤人,说明在春秋之后世袭等级地位的重要性正在下降,而每个人自己的才能受到更多的重视。《大学》中强调"亲亲"和"贤贤",而没有说"尊尊",实际上也是这个时代伦理变迁的一种体现。《淮南子·齐俗训》曰:

> 昔太公望、周公旦受封而相见,太公问周公曰:"何以治鲁?"周公曰:"尊尊亲亲。"太公曰:"鲁从此弱矣!"周公问太公曰:"何以治齐?"太公曰:"举贤而上(通'尚')功。"周公曰:"后世必有劫杀之君!"

周公治鲁,其治国方针是"尊尊亲亲",此乃周之治道;而太公治齐,其治国方针是"举贤尚功",不再强调宗法制下的等级秩序和尊卑观念,也不再强调血缘秩序,而是强调个人的才德和功勋。在这种新的治国理念下,一种新型的社会秩序得以构建,这个新型社会秩序不再重视人的出身门第,不再有世袭贵族和平民的差别,而是以个人的才德和功勋为衡量一个人的主要标准。鲁国执行尊尊亲亲的传统治国方式,其结果是国力渐弱,经三十二代而亡;而齐国后来成为春秋五霸之首,然经二十四代后被田氏取而代之。儒家的治国之道,实际上把尊尊、亲亲、贤贤结合起来,其核心治道乃是贤贤,即强调一个人的道德才能(尤其是道德水准),而尊尊是维系社会等级秩序的基础,亲亲是维系家族关系的基础,也是儒家社会的最根本的伦理基础。故《荀子·大略》曰:"亲亲、故故、庸庸、劳劳,仁之杀也。贵贵、尊尊、贤贤、老老、长长,义之伦也。行之得其节,礼之序也。仁,爱也,故亲。义,理也,故行。礼,节也,故成。"(庸庸劳劳,指酬劳有功劳之人。杀,等级也)荀子所说的儒家社会的仁义礼制,是把贵贵尊尊(以尊卑等级为标准确立的秩序)、亲亲故故(以亲友血缘关系的亲疏确立的秩序)、贤贤庸庸(以个人的才德确立的治理秩序)结合起来的国家伦理秩序。当然,在儒家政治治理中,贤贤仍旧是核心,这是春秋战国之后形成的新的社会秩序伦理,尤其是秦之后,世袭制度消失,这种以贤贤为核心的治理秩序更加巩固了。孟子曰:"尊贤使能,俊杰在位,则天下之士皆悦而愿立于其朝矣。"(《孟子·公孙丑上》)《礼记·中庸》中说:"孔子曰:'为政在人,取人以身,修道以仁。人者仁也,亲亲为大;义者宜也,尊贤为大。亲亲之杀,尊贤之等,礼所生也。'"尊贤和亲亲,是礼制的核心。仁以亲亲为大,亲亲是讲血缘秩序的,故亲亲乃是"人之所以为人"的首要条件。义以尊贤(或曰贤贤)为大,贤贤是构建社会政治秩序的基础,整个社会要形成"尊贤使能"的风气,任人唯贤,而不是任人唯亲。

儒家主张"仁者爱人"(《孟子·离娄下》),那么这个"爱"是不是没有等差之分?否。儒家主张有等差的爱,而不是主张爱无等差。《孟子·尽心上》曰:

> 知者无不知也,当务之为急;仁者无不爱也,急亲贤之为务。尧舜之知而不遍物,急先务也;尧舜之仁不遍爱人,急亲贤也。

智者是无所不知的,但是他要首先知道、首先探究那些眼前急需探究的事物,所以智者的智慧并不是追求遍知一切事物,而是在探究事物时有缓急之分;仁者对天下万物皆怀有爱心,然而他也不可能没有等差地爱一切人,他首先要爱那些身边的亲人和贤者。尧舜这样的圣人,其智慧无与伦比,然而他们也不是遍知万物,而是"急先务",要先知道当前急需探究的事物。尧舜也不是遍爱世人,而是首先爱他们的亲人和身边的贤人,也就是说,尧舜的爱也是有等差的。孟子又说:"君子之于物也,爱之而弗仁;于民也,仁之而弗亲。亲亲而仁民,仁民而爱物。"(《孟子·尽心上》)君子对于万物,怀有爱惜之心但并不仁爱它们,仁爱是专门针对人的,而不是针对物的;君子对于民,仁爱他们但并不亲爱他们,仁爱是针对人民的,亲爱之情是针对亲人的。一个君子，首先要"亲亲"，即亲爱其亲人，由"亲亲"才能"仁民"，即由亲爱自己的亲人进一步拓展到仁爱人民；由"仁民"才能"爱物"，即由仁爱人民进一步拓展到爱惜万物。"亲亲"、"仁民"、"爱物"，是有等差的，是由内向外、由近及远的，是不断拓展的。一个人，不首先亲爱自己的亲人（尤其是父母），则难以做到"仁民"；如果不能做到"仁民"，就难以做到"爱物"。正是在这个意义上，孟子抨击主张兼爱的墨子一派，认为他们是"无父"，乃是"禽兽"。《孟子·滕文公下》曰："天下之言不归杨则归墨。杨氏为我，是无君也；墨氏兼爱，是无父也。无君无父，是禽兽也。"孟子的批评看起来过于严厉，墨子主张兼爱一切人，爱别人的父母跟爱自己的父母一样，何以是禽兽呢？墨子主张的爱无差等，他所主张的绝对利他主义，看起来非常理想主义，墨子本人也极其具有牺牲精神，摩顶放踵而为天下，但墨子的问题出在什么地方呢？

就"爱人"这一点而言，儒家与墨家并不矛盾，儒家也主张"仁者爱人"，儒家和墨家都认同"爱"是理想社会与理想政治的基础，这是儒墨相通处。然而其重大分歧点在于这个"兼"字。儒家认为"爱有差等"，爱自己的孩子、父母必定先于（重于）爱他人的孩子、父母，这两种爱虽然都是爱，然而却有顺序与程度之别，这就是"爱有差等"。从人类心理、生理与认知结构来说，很显然，"爱有差等"的假定一定比"爱无差等"的假定更合理，更符合人类的客观事实，因而也就是一个更加坚实的、真实的、有力的假定。因此由"爱有差等"出发，儒家虽然也承认"利他"行为并倡导"利他"行为，但又认为"利他"行为不是绝对的、没有条件的，而是相对的。所以儒家所倡导的，必定不会是理想主义但没有现实可操作性的"绝对利他主义"，而是更具现实性与客观性的"己他两利主义"（为己利他），它强调的是由"有差等的爱"所推导出来的真实的人类伦理行为。朱熹在《孟子集注》中说："墨子爱无差等，而视其至亲无异众人，故无父。"墨子认为一个人对自己父亲的爱应该等同于对他人父亲的爱,乃至等同于对所有人的爱,这种理想高则高矣,然而如何将对自己父亲的爱等同于对他人父亲的爱?现实中这一"兼爱"如何落地,如何操作?这是墨子所解决不了的理论困境,故墨学在战国之后的式微,并不是没有原因的,其中一个内在原因即是其理论假定所存在的内在困境,这一困境导致其兼爱之说难以具备向下落实的能力,难以真正在社会中普遍推行实践。儒家由亲亲,而至仁民,进而至爱物,遵循着一个由内而外、由近及远逐级拓展的伦理顺序,这一伦理拓展顺序,是符合人类道德的真实状况的,也是符合人类情感和心理实际的。儒家在"爱"的问题上不踏空,不故作高言,而是立足于人类情感与认知的实际,故其根深而固。

"亲亲"是一切社会关系的发端处,也是一切人类伦理道德的发端处。所以说,"亲亲"乃是人类社会道德之根,无此根,则不可能长成人类道德的参天大树。《传习录》中有一段学生与阳明先生关于墨子兼爱说的对话十分精彩:

> 问:"程子云:'仁者以天地万物为一体。'何墨氏兼爱,反不得谓之仁?"先生曰:"此亦甚难言,须是诸君自体认出来始得。仁是造化生生不息之理,虽弥漫周遍,无处不是,然其流行发生,亦只有个渐,所以生生不息。如冬至一阳生,必自一阳生,而后渐渐至于六阳,若无一阳之生,岂有六阳?阴亦然。惟有渐,所以便有个发端处;惟其有个发端处,所以生;惟其生,所以不息。譬之木,其始抽芽,便是木之生意发端处;抽芽然后发干,发干然后生枝生叶,然后是生生不息。若无芽,何以有干有枝叶?能抽芽,必是下面有个根在。有根方生,无根便死。无根何从抽芽?父子兄弟之爱,便是人心生意发端处。如木之抽芽,自此而仁民、而爱物,便是发干、生枝、生叶。墨氏兼爱无差等,将自

> 家父子兄弟与途人一般看，便自没了发端处。不抽芽，便知得他无根，便不是生生不息，安得谓之仁？孝弟为仁之本，却是仁理从里面发生出来。"

仁的最高境界，乃是程颐所说的"仁者以天地万物为一体"。然而阳明先生认为，仁作为"造化生生之理"，虽然具有周遍万物的特点，然而这种生生不息乃是"有渐"的，是有个"发端处"的，这个发端之处就是"仁之根"。而父子兄弟之爱，就是这个极端重要的仁之发端处，就是这个"仁之根"。有了这个根，才能渐次抽芽，长出枝叶，才能生生不息。墨子将对自己的父子兄弟之爱等同于对其他人的爱，正是斩断了这个重要的"根"，使人类的仁爱丧失了"发端之处"。所以儒家认为，基于父子兄弟之爱的"孝悌"，乃是仁之根本，有了这个发端，才能爱他人，进而爱万物，进而臻至"仁者以天地万物为一体"的境界。故《论语·学而》曰："君子务本，本立而道生。孝弟也者，其为仁之本与？"有了孝悌这个"仁之本"，这个发端，就可以进而渐次拓展其他人类道德；无此发端，无此根本，则兼爱就成了悬空的伦理道德，反而造成"无父"之伦理崩塌之后果。

小人乐其乐而利其利

"君子贤其贤而亲其亲，小人乐其乐而利其利"，此二句，以君子小人并称，然而"小人"之义，乃民也，老百姓也，无丝毫贬义，与本章第一节所述"小人闲居为不善"之"小人"不同。君子乃是负有治国平天下之重大使命的人，他们要通过"亲亲贤贤"来确立国家的伦理秩序和政治秩序，通过明德亲民而教化治理百姓，而百姓则在君子之治下安居乐业，即本章所谓"乐乐利利"，此即为《大学》所倡导之"亲民"之治道。

百姓之"乐其乐",其乐何在?其乐在"甘其食,美其服,安其居,乐其俗"(见《老子》第八十章,《汉书·货殖列传》谓之"各安其居而乐其业,甘其食而美其服")。百姓所乐,在安居乐业,无饥寒之忧,这也是君子治国理政之宗旨。君子不但要在自己的道德心性上不断修炼磨砺,还要在"亲民"上践履自己的"明明德",而"亲民"、"治国平天下"的目标,乃是让百姓过上安定饱足之生活。《论语·宪问》曰:

> 子路问君子。子曰:"修己以敬。"曰:"如斯而已乎?"曰:"修己以安人。"曰:"如斯而已乎?"曰:"修己以安百姓。修己以安百姓,尧舜其犹病诸?"

君子的境界,不仅是"修己以敬",这还是在自我道德修养的层次上;更进一步是"修己以安人",就是修养自己的德性而让自己周边的人感到幸福愉悦安宁;但这仍不是最高境界,君子的最高境界,是在"亲民"的层次上,是在"治国平天下"的层次上,实现"安百姓"的目标,这个目标是建立在"修己"的道德基础上,同时还要落实在百姓的日常生活上,百姓安,则天下安,此是君子之最高境界,尧舜这样的圣人恐怕还做不到呢!孔子以"修己以安百姓"作为君子的最高境界,与《大学》中所倡导的"乐乐利利"的治国方略是一致的。

百姓之"利其利",其利何在?儒家在讲"利"的时候,往往从两个层次来讲。从治国者(君子)的角度来讲是一个层次,从老百姓的角度来讲是另一个层次。从治国者(君子)的角度来讲,儒家强调"义",强调以"义"为主,其义利观的核心是以义(道德)制利,义主利从。《孟子》开篇就提出:"何必曰利?亦有仁义而已矣",这个"何必曰利",不是否认老百姓的"利",而是要求治国者不要言"利",要施行仁政,而治国者施行仁政,正是为了实现老百姓的利。如果能够实现老百姓的"利",能够让老百姓安居乐业,过上快乐无忧的生活,治国者"与民偕乐",则治国者就可以得天下人民之拥戴,达到"王天下"之目标。这就是"乐其乐而利其利"。治国者要从百姓的角度去考虑,让老百姓能拥有自己的财产,有自己的事业,治国者不要去打扰百姓正常从事的事业与生产,同时还要施以教化,从而实现善治。《孟子·梁惠王上》曰:

> 是故明君制民之产,必使仰足以事父母,俯足以畜妻子,乐岁终身饱,凶年免于死亡。然后驱而之善,故民之从之也轻。今也制民之产,仰不足以事父母,俯不足以畜妻子,乐岁终身苦,凶年不免于死亡。此惟救死而恐不赡,奚暇治礼义哉?王欲行之,则盖反其本矣。五亩之宅,树之以桑,五十者可以衣帛矣;鸡豚狗彘之畜,无失其时,七十者可以食肉矣;百亩之田,勿夺其时,八口之家可以无饥矣;谨庠序之教,申之以孝悌之义,颁白者不负戴于道路矣。老者衣帛食肉,黎民不饥不寒,然而不王者,未之有也。

"乐岁终身饱"、"勿夺其时",就包含着"乐乐利利"的思想。孔子说"君子喻于义,小人喻于利"(《论语·里仁》),从治国的角度来说,这句话也许可以理解为:担负治国之使命与责任的君子,要重义轻利;老百姓对"利"更重视,故从治国者角度来说,要尊重老百姓对"利"的追求的合法性,要从国家治理的高度去增加老百姓的"利",使老百姓用益饶富,使他们获得更多的利,过上富足之生活,同时还要教化他们,使之明理尚德,孝悌忠信。《论语·子路》篇曰:

第四章 三纲八目的实践

> 子适卫，冉有仆。子曰："庶矣哉！"冉有曰："既庶矣，又何加焉？"曰："富之。"曰："既富矣，又何加焉？"曰："教之。"

庶之，乃是指人口繁庶。人口繁庶之后如何？孔子认为应该"富之"，这个"富之"，实际上就是国家利用各种政策手段，鼓励老百姓发展生产，让老百姓获得更多的利，从而致富。"富之"，就是"乐其乐而利其利"。"富之"之后如何？孔子认为还要"教之"，就是教化老百姓，以孝悌之道熏陶化育之，如此则老百姓就不但是富裕之民，而且是礼义之民。"庶之"、"富之"、"教之"，代表着治理国家的三个不同的阶段，三个不同的层次。

在如何看待老百姓的"利"上，司马迁提出了"善因论"。他认为，"天下熙熙皆为利来，天下攘攘皆为利往"（《史记·货殖列传》），追求利，是人的正常行为，是人之常情，不能否认。治国者应该肯定和尊重老百姓的正当逐利行为，并加以引导，司马迁说："善者因之，其次利道之，其次教诲之，其次整齐之，最下者与之争。"对于老百姓为善的一面，要加以因循；其次，要以利来引导人民向善为善；再其次，是对老百姓进行教诲、化育，也就是进行道德伦理方面的教导，此即孔子所说"教之"；再其次，对于老百姓的逐利行为进行某种纠偏，使之规范；最下者，是与民争利。

至治之极，乃是每个人各得其所，各乐其乐，各利其利。"我无为而民自化。我好静而民自正。我无事而民自富。我无欲而民自朴。"（《老子》第五十七章）这是道家的无为而治、顺其自然的治国理念，实际上，儒家也并不否定这样的理念。《论语·卫灵公》篇曰："无为而治者其舜也与！夫何为哉？恭己正南面而已矣。"舜治理国家的最高境界，就是无为而治。无为而治的秘诀，就是"乐其乐而利其利"。治国者要因势利导，不违逆人之常情，不否定和遏制老百姓的正常的追求利益的行为，鼓励其发展生产，同时又不与民争利，这就是尧舜之治。

"君子贤其贤而亲其亲，小人乐其乐而利其利"，里面包含着一整套治国哲学，深刻地揭示了君子的"亲民"之道。"乐乐利利"，是《大学》中教导君子的特殊课程，即如何"亲民"，如何"治国平天下"。"明明德"，不能悬空去讲，而是要落实到实践的层面，就是要治理好百姓、治理好国家。亲亲，乃是确立家庭秩序，贤贤是确立社会秩序，乐乐利利，乃是导民以利，尊重百姓的意愿，使百姓各得其所，各自安居乐业。

朱子《大学章句》在谈到第四章第二节的宗旨时说："引诗而释之，以明明明德者之止于至善。道学自修，言其所以得之之由。恂栗、威仪，言其德容表里之盛。卒乃指其实而叹美之也。"这个解释并不全面。实则此节引用《诗经》，全面讨论了格物致知、正心诚意、修齐治平的诸多方面。既有诚中形外（"瑟兮僩兮，赫兮喧兮"）的论述，也有格物修身（"切磋琢磨"）的论述，也有关于如何"亲民"、如何平治天下之方略（亲亲贤贤、乐乐利利）的论述，内容比较丰富，宜深玩之。

第三节　明德与知本

《康诰》曰："克明德。"《大甲》曰："顾諟天之明命。"《帝典》曰："克明峻德。"皆自明也。

汤之《盘铭》曰："苟日新，日日新，又日新。"《康诰》曰："作新民。"《诗》曰："周虽旧邦，其命惟新。"是故君子无所不用其极。

《诗》云："邦畿千里，惟民所止。"《诗》云："缗蛮黄鸟，止于丘隅。"子曰："于止，知其所止，可以人而不如鸟乎？"

《诗》云:"穆穆文王,於缉熙敬止。"为人君,止于仁。为人臣,止于敬。为人子,止于孝。为人父,止于慈。与国人交,止于信。子曰:"听讼,吾犹人也。必也使无讼乎?"无情者不得尽其辞。大畏民志,此谓知本。

【译文】

《尚书·康诰》说:"能彰显德行。"《尚书·太甲》说:"要时刻省察天所明白赐予的旨意。"《尚书·尧典》说:"能彰显伟大的德行。"这些话,说的都是要自己彰显德行。

商汤的沐浴盘上铭刻着这样的话:"如果诚然能每天沐浴、洗涤染污,以每天自新,那么就要天天自新(即让自己洁净如新),如此坚持不断地沐浴去污以自新。"《尚书·康诰》说:"要鼓舞人民,使之成为自新之民。"《诗经·大雅·文王》说:"周虽然是一个历史悠久的邦国,然而却受天命而不断成为自新之国。"因此,君子也要尽一切力量(自新并鼓舞人民日新),以达到至善的境界。

《诗经·商颂·玄鸟》说:"王者之都,方圆千里,都是人民居住的所在。"《诗经·小雅·缗蛮》说:"黄鸟唧啾,栖止在丘陵一角。"孔子说:"黄鸟都知道在应当栖止之处止息,人难道可以不如黄鸟吗?"《诗经·大雅·文王》说:"德行端穆深远的文王啊,永远保持光明诚敬。"作为国君,要以仁为依归;作为臣子,要以敬为依归;作为儿子,要以孝顺为依归;作为父亲,要以慈爱为依归;与国人交往,要以诚信为依归。孔子说:"处理讼狱案件,我也和别人差不多。(但说到最高境界,)一定要使天下没有诉讼才好啊!"(治国者要彰显光明之德行,)使那些无实之人不敢编造虚妄荒诞的说辞。(治国者若有光明德行,)使民众的心志自然敬畏服膺,这就叫作知道根本。

克明德

"克明德"出自于《尚书·康诰》。卫康叔名封，是周武王的同母少弟，也是周公的弟弟。《史记·卫康叔世家》曰："周公旦以成王命兴师伐殷，杀武庚禄父、管叔，放蔡叔。以武庚殷余民封康叔为卫君，居河淇间故商墟。周公旦惧康叔齿少，乃申告康叔曰，必求殷之贤人君子长者，问其先殷所以兴所以亡，而务爱民。"《康诰》就是周公旦代表成王向康叔作的训词，这篇训词的目的，乃是总结殷商之所以兴起、之所以亡国的经验教训，使康叔通达爱民仁民之道，"务爱民"，即《大学》所表彰之"亲民"之道。《尚书·康诰》曰：

> 惟三月哉生魄，周公初基作新大邑于东国洛，四方民大和会。侯、甸、男邦、采、卫百工、播民，和见士于周。周公咸勤，乃洪大诰治。王若曰："孟侯，朕其弟，小子封。惟乃丕显考文王，克明德，慎罚；不敢侮鳏寡，庸庸，祗祗，威威，显民。"

"三月哉生魄"，即三月初。基，谋也。三月初，周公开始谋划在东方洛水建造新都城，四方诸侯合会于此觐见周公。侯、甸、男、采、卫各邦国之诸侯以及百官、臣民都来觐见，服事于周。百工，即百官。播民，即随同诸侯觐见周公之臣民，或曰殷商之遗民。见士，即见事。咸勤，皆慰劳之也。洪，代替之意，指周公代成王宣告治国之大道。王（指周公）说："诸侯之长，我的弟弟，年轻人封啊（封就是周公的弟弟康叔）！只有你伟大显赫的父亲文王，能够显明其崇高德性，谨慎地施行惩戒；不敢欺侮那些孤寡无依的老人，任用那些应该被任用的人（庸，用也），尊敬那些应该得到尊重的人（祗，敬也），威惩那些应该被惩戒的人，并将这些治国之大道显明于人民。"

"克明德"，是周公颂扬文王的话，赞颂文王能够修明道德，在人民面前彰显弘扬其高尚品德，以为人民之楷则。人民见文王之高尚德操，无不心仪而影从之，天下人皆受其教化。文王内修文德，外施教化，抚慰孤苦无告的鳏寡孤独之人，这就是孔子所说的"修己以安百姓"、"修己以安天下"。文王在国家治理方针上，赏罚并重，很有原则性。他任用那些贤能之人，让他们为国家天下服务；他尊敬那些有德之人，使他们为国民树立道德榜样。而对于那些作奸犯科、邪僻放侈之人，则施以惩戒，此即"威威"，使这些人知刑法之威，产生敬畏心理，而不会放纵自己、无所约束。"威威"，也就是下面所说的"大畏民志"。然而"威威"也有限度，圣人之仁政，重在教化，所以文王"慎罚"，不是滥施刑罚，不是严刑峻法，而是谨慎为之，施罚有节度。庸庸，即贤贤也，祗祗，即尊尊也。贤贤、尊尊，则贤者在位，有德者施化，如此则国治而天下平。《康诰》开头这一大段，讲的就是《大学》所说的"亲民"之道，即治国平天下之道。"克明德"乃是"内圣"，"亲民"、"治国平天下"乃是"外王"；"修己"乃是"内圣"，"安百姓"、"安天下"乃是"外王"。一个君子在大学中所学的，就是内圣外王之道。

顾諟天之明命

"顾諟天之明命"出自《尚书·太甲》（《大学》中称为"大甲"）。大甲，即太甲，是商代第五代王，是商代开国帝王成汤的孙子，是汤的长子太丁的儿子。太甲即位三年，不遵循祖父成汤的治国之道，纵欲而败德，辅佐成汤建立商朝的伊尹放逐太甲于桐宫。桐宫作为一个离宫，位于汤之葬地，伊尹把太甲放于桐宫，目的是让太甲在祖父的墓地里，时时面对祖父在天之灵，时时反省自己的过失，并以祖父成汤为榜样，效法成汤之德行，践履成汤治国之道。现在河南偃师发现商城遗址，北大考古系邹衡先生认为偃师商城遗址即为太甲所放之桐宫，这是考古界的一种观点。伊尹作为臣子，放太甲于桐宫，这是中国政治史上的一件标志性的事件，古往今来引起很多人的争议。《尚书·太甲》乃是伊尹的一篇对太甲的训词，记录了伊尹放逐太甲的过程，阐述了伊尹的治国思想。一个臣子放逐了帝王，还发表对于帝王的训词，这在中国政治史上实在是一个极不寻常的事件。伊尹冒着被指责篡位叛乱的风险，放太甲三年，令其悔过，而在太甲悔过修德之后，伊尹又迎回太甲，仍然让太甲作帝王。要理解"顾諟天之明命"，我们先要了解伊尹到底是怎样一个人，同时也要了解伊尹的治国理念（当然也代表了商汤的治国理念）。《史记·殷本纪》曰：

> 太甲，成汤适长孙也，是为帝太甲。帝太甲元年，伊尹作《伊训》，作《肆命》，作《徂后》。帝太甲既立三年，不明，暴虐，不遵汤法，乱德，于是伊尹放之于桐宫。三年，伊尹摄行政当国，以朝诸侯。帝太甲居桐宫三年，悔过自责，反善，于是伊尹乃迎帝太甲而授之政。帝太甲修德，诸侯咸归殷，百姓以宁。伊尹嘉之，乃作《太甲训》三篇，褒帝太甲，称太宗。

太甲刚刚即位的时候，伊尹做了三篇训示，其中《伊训》是伊尹对太甲的告诫与训导，劝诫太甲以夏桀之灭亡为镜鉴，施行仁德之政。《肆命》是"陈政教所当为也"（郑玄），而《徂后》是商汤的法律制度，"言汤之法度也"（郑玄）。现在唯有《伊训》保留下来，后两篇的文本已经佚失。从伊尹的三篇训词来看，他是要太甲谨记历史教训，恪守成汤的治国理念，从一开始就要深刻省察自己，才能继承其祖先的基业。《伊训》曰："今王嗣厥德，罔不在初。立爱惟亲，立敬惟长，始于家邦，终于四海"，也就是继承成汤之仁政德治，不能不从即位之初就省察克治，树立仁爱之心从自己的至亲开始做起，树立恭敬之德从敬爱尊长做起，这样就可以使自己的德政从自己的家邦开始，最终施行于天下。"立爱惟亲"就是亲亲，"立敬惟长"就是贤贤尊尊，从亲亲贤贤尊尊开始，就可以近安家邦，远抚四海，这与《大学》中所表彰的治国之道是一致的。伊尹还在《伊训》中告诫太甲要远离"三风十愆"：

> 敢有恒舞于宫，酣歌于室，时谓巫风。敢有殉于货色，恒于游畋，时谓淫风。敢有侮圣言，逆忠直，远耆德，比顽童，时谓乱风。惟兹三风十愆，卿士有一于身，家必丧；邦君有一于身，国必亡。

所谓"三风"，就是"巫风"、"淫风"、"乱风"。"巫风"就是在宫室之中酣醉歌舞，耽于享乐；"淫风"就是贪求财货与女色（殉，求），沉溺于游乐田猎（畋，田猎）；"乱风"就是狎侮圣人之言，拒绝忠直之士之谏言，远离年高德劭之人，而亲近那些顽劣愚昧之人。"十愆"，就是舞、歌（属于巫风）、货、色、游、畋（属于淫风），再加上属于乱风的侮、逆、远、比。如果染上这"三风十愆"中的任意一项，那么卿士大夫必丧家，诸侯国君必亡国。太甲放纵货色之欲，暴虐无道，违逆先祖之遗志，正是亡国丧家之兆。故伊尹决定放逐太甲于桐宫，促其深刻反省悔悟。伊尹放太甲三年，而后迎太甲回都城，还政于太甲，从这些行动，可以看出伊尹的亮节高风。伊尹放太甲是出于公心，期望太甲能够省察自己的失德之处，以继承成汤之德操仁政，此中并无任何私心私欲，故伊尹能促太甲幡然改悔；而太甲悔过之后，伊尹断然还政，对王位无丝毫犹豫与留恋，他并没有把天下据为己有，把天下看作是自己的私物，他在让天下中表现出来的洒脱无私，在中国历史上可谓独一无二。孟子曾经跟他的学生万章有一段关于伊尹的著名对话，孟子认为，伊尹之所以在放太甲与迎归太甲的过

程中表现出极高的道德水准,其根本原因在于伊尹乃是一个极有使命感的人,是以天下为己任的人。《孟子·万章上》曰:

> 万章问曰:"人有言,伊尹以割烹要汤,有诸?"
> 孟子曰:"否,不然。伊尹耕于有莘之野,而乐尧舜之道焉。非其义也,非其道也,禄之以天下,弗顾也;系马千驷,弗视也。非其义也,非其道也,一介不以与人,一介不以取诸人。汤使人以币聘之,嚣嚣然曰:'我何以汤之聘币为哉?我岂若处畎亩之中,由是以乐尧舜之道哉?'汤三使往聘之,既而幡然改,曰:'与我处畎亩之中,由是以乐尧舜之道,吾岂若使是君为尧舜之君哉?吾岂若使是民为尧舜之民哉?吾岂若于吾身亲见之哉?天之生此民也,使先知觉后知,使先觉觉后觉也。予,天民之先觉者也。予将以斯道觉斯民也。非予觉之,而谁也?'思天下之民,匹夫匹妇有不被尧舜之泽者,若己推而内之沟中。其自任以天下之重如此,故就汤而说之以伐夏救民。"

万章认为伊尹是以厨艺来故意接近成汤而谋取高位的,而孟子认为不然。伊尹以尧舜之道为乐,如果不符合道义原则,即使把天下作为俸禄给他,他也不屑一顾,即使有四千匹马放在那里,他也不看一眼。他不屑于"得天下",也不吝于"让天下"。如果不符合道义,他一丝一毫也不给予别人,也一丝一毫不从别人那里索取,这就是"一介不以与人,一介不以取诸人"。可见伊尹是一个自律甚严的人。汤派人带上布帛礼物,去聘请伊尹(出来当官),伊尹却淡然处之,宁愿在山野之中以尧舜之道为乐。汤三次派人持聘礼见伊尹,伊尹才改变主意:"我与其住在乡野之中,由此以尧舜之道为乐,又何不让这位君王成为尧舜那样的君王呢?又何不让老百姓成为尧舜的老百姓呢?又何不通过这些努力而亲身见到尧舜之治呢?天生养人民,就必定让那些先知先觉的人来教化后知后觉的人。我，乃是上天所生养之民中的先知先觉者，我也应当以（自己觉悟到的）尧舜之道来教化那些（尚未觉悟的）民众。如果不是我来教化民众使之觉悟，谁又能让他们觉悟呢？"伊尹的道德境界极高，格局极大，他有一种与生俱来的使命感，他认为自己是"天民之先觉者"，故担负着"以斯道觉斯民"的道德义务和使命，故伊尹说"非予觉之，而谁也"，颇有"舍我其谁"的气概。伊尹一想到天下的老百姓还有不曾享受尧舜之治的惠泽的，好像是自己把老百姓推到沟里一样。伊尹就是这样一个"自任以天下之重"的人，他身上的使命感极为清晰，担当意识极为强烈。孟子对伊尹评价很高，认为伊尹是"圣之任者"，即圣人中"自任以天下之重"的人，是以天下为己任的人，是有使命感的人。《孟子·万章下》曰：

> 伯夷，圣之清者也；伊尹，圣之任者也；柳下惠，圣之和者也；孔子，圣之时者也。

苏轼的《伊尹论》对伊尹的评价甚为精彩：

> "办天下之大事者，有天下之大节者也。立天下之大节者，狭天下者也。夫以天下之大而不足以动其心，则天下之大节有不足立，而大事有不足办者矣。""孟子曰：'伊尹耕于有莘之野，非其道也，非其义也，虽禄之天下，弗受也。'夫天下不能动其心，是故其才全。以其全才而制天下，是故临大事而不乱。古之君子，必有高世之行，非苟求为异而已。卿相之位，千金之富，有所不屑，将以自广其心，使穷达利害不能为之芥蒂，以全其才，而欲有所为耳。""夫太甲之废，天下未尝有是，而伊尹始行之，天下不以为惊；以臣放君，天下不以为僭；既放而复立，太甲不以为

专。何则？其素所不屑者，足以取信于天下也。彼其视天下眇然不足以动其心，而岂忍以废放其君求利也哉？"

伊尹乃是以天下为己任的人，他"狭天下"、"小天下"，并不把"得天下"放在眼里，故他能"立天下之大节"，有极高的道德节操；正因为他能"立天下之大节"，故能"办天下之大事"。伊尹不以得天下为意，故"天下不能动其心"，因此"临大事而不乱"。他的心极为辽阔宽广，故穷达利害不能扰其心。放太甲，这是天下没有人干过的事，然而伊尹却行之天下，而天下人并不惊讶；臣子放逐君主，天下人并不认为伊尹将篡夺僭越君主之位；待到太甲修德悔过，伊尹则欣然迎太甲复位，太甲也不认为伊尹独断专行。这是什么原因？乃是因为伊尹本不屑于"禄天下"，所以能"取信于天下"，天下都不能使其动心，这样的人怎么会利用放逐君主来求一时之利呢？这就是伊尹的操守，这就是伊尹的格局，这就是伊尹的抱负。理解了伊尹这个人的道德操守，我们就可以更深刻地理解《尚书·太甲》中伊尹对太甲的"顾諟天之明命"的训诫。《尚书·太甲上》曰：

惟嗣王不惠于阿衡，伊尹作书曰："先王顾諟天之明命，以承上下神祇，社稷宗庙罔不祗肃。天监厥德，用集大命，抚绥万方。惟尹躬克左右厥辟，宅师，肆嗣王丕承基绪。惟尹躬先见于西邑夏，自周有终，相亦惟终；其后嗣王，罔克有终，相亦罔终。嗣王戒哉！祗尔厥辟，辟不辟，忝厥祖。"

王惟庸，罔念闻。伊尹乃言曰："先王昧爽丕显，坐以待旦。旁求俊彦，启迪后人，无越厥命以自覆。慎乃俭德，惟怀永图。若虞机张，往省括于度，则释。钦厥止，率乃祖攸行。惟朕以怿，万世有辞。"

王未克变。伊尹曰："兹乃不义，习与性成。予弗狎于弗顺。

营于桐宫，密迩先王其训，无俾世迷。"

王徂桐宫，居忧，克终允德。

在这一大段训词中，伊尹主要追述了成汤的德政业绩，总结了夏朝创业时期兴盛和后来衰败的经验教训，说明了伊尹放太甲于桐宫的原因。阿衡，本来是商朝的官名，"言天下之所倚平也，亦曰保衡，或曰伊尹之号"（蔡沈《书集传》），阿，就是倚，衡，就是平，阿衡在这里指代伊尹。太甲继承王位之后，放纵暴虐，不顺于伊尹，也就是不遵循伊尹和成汤所制定的治国方略，故伊尹做训词劝勉之。"顾諟天之明命"，说的是先王成汤顾念谨守上天之大命，不敢违逆天命，以极其恭敬之心奉承天地神灵，在对待社稷宗庙的事上无不恭谨严肃（祗，恭敬）。上天察视成汤之德政（监，视），因此赐予成汤以天命，让他安抚天下四方（用，以；集，降；大命，天命；绥，安）。上天之所以降下大命给成汤，不是因为别的神秘原因，乃是因为上天看到了成汤的"德"，德乃是上天"授天命"的根本原因。这就点出了"天命"与"德"的内在关系。谁能承受天命，谁可能丧失天命，其关键不在于那些神秘的力量，而在于其人之德。伊尹亲身辅佐成汤（左右，辅佐；辟，君），使民众安居乐业（宅，安；师，众；宅师，安民也）。成汤的"德"，并不是仅仅体现在恭敬地奉祀天地神祇，恭谨地对待宗庙社稷之事，而是主要体现在"宅师"即"安民"上，能够使百姓过上安定的生活，能够使他们安居乐业，这才是成汤德政的核心，这就体现了《尚书》中的德政思想和民本思想。也就是说，天命思想，在成汤那里，就是德政，就是民本。这是了不得的一种政治思想的演变。远古时期大家相信天命，而在成汤伊尹这里，天命被转换成了德政，并进而转换成了民本。"宅师"，就是安民爱民，就是《大学》中讲的"亲民"，就是使"小人乐其乐而利其利"。

伊尹接着讲到夏朝的兴衰治乱之根源。他说自己亲见夏王（夏的中心在商人之西，即今山西南部与河南西部一带，故商人称夏为"西邑夏"）因为有忠信之德而善终（周，忠信），其大臣也有善终；而后来的夏王桀却没有善终，其大臣也没有善终，所以伊尹训勉太甲说："嗣王戒哉"，就是"你一定要引为警戒啊！"你要对你的君位保持恭敬、敬畏，如果你作为君主不能尽君道，那你的君位就保不住了，你就会给先祖带来羞辱。"辟不辟"，就是"君不君"，就是为君者不守君道，若君不君，则国不国，此是亡国之兆也。可以说，伊尹此时的心情是非常忧虑的，他见到太甲胡作非为，不能恪守君道，不能克绍祖德，内心忧急，故其训词也是言之谆谆，可谓苦口婆心，煞费苦心。但是太甲对伊尹的训诫根本置若罔闻，"庸罔念闻"就是"守常不改，无念闻伊尹之戒"（《孔传》），庸就是常。伊尹还是继续劝说太甲能够改邪归正，他讲到成汤在治国方面的光辉榜样，成汤天不亮就起来思虑天下大事，坐着等待天亮好去施行其德政（昧爽，就是天将亮未亮之时；丕，乃；显，宪也，思也）。现在"坐以待旦"成为一个成语了，伊尹用这个词形容成汤的勤政爱民。成汤在治国方面，重视人才，广泛搜求贤能之人（旁求，即广求；俊彦，卓越之人也）；他教导年轻人（启迪后人），培养其品德；他生活谨慎简朴，眼光长远，有深谋远虑（永图者，思虑长久也）。成汤非常自律，非常恭谨慎重，伊尹用虞人（主管山林之官）射箭打了一个比方：虞人射箭，在扣动机括之前，必往察看机括是否合于法度，合于法度则射，如此则百发百中（省，察；释，发）。伊尹以成汤的榜样来劝勉太甲，希望太甲敬重自己的志向（钦，敬；止，至，即目的、志向之意），并遵循先祖的言行楷范（率，循）。伊尹说，如果你能做到这样的地步，我就会十分喜悦（怿，悦），老百姓也会千秋万代赞颂你。可是太甲仍旧不为所动，没有改过悔悟之意，于是伊尹就说，你悖德不义，作恶成性（"兹乃不义，习与性成"，即"习行不义，将成其性"，见《孔传》），我是不能轻视你这种不顺道义、不循祖德的行为的（狎，轻视，轻忽）。于是就营造桐宫于成汤墓地，使太甲能够亲近自己的祖先，时时反省，时时接受训教（迩，近也），以免终生陷于迷途（世，终生）。于是太甲就前往桐宫"居忧"，"居忧"就是服治丧之礼，伊尹希望其能成就诚信之德（允，信）。

三年后，太甲幡然悔悟，伊尹迎太甲，复王位。《尚书·太甲中》曰：

> 惟三祀十有二月朔，伊尹以冕服奉嗣王归于亳，作书曰："民非后，罔克胥匡以生；后非民，罔以辟四方。皇天眷佑有商，俾嗣王克终厥德。实万世无疆之休！"王拜手稽首，曰："予小子不明于德，自厎不类。欲败度，纵败礼，以速戾于厥躬。天作孽，犹可违；自作孽，不可逭。既往背师保之训，弗克于厥初；尚赖匡救之德，图惟厥终。"伊尹拜手稽首，曰："修厥身，允德协于下，惟明后。先王子惠困穷，民服厥命，罔有不悦。并其有邦，厥邻乃曰：'徯我后，后来无罚。'王懋乃德，视乃厥祖，无时豫怠。奉先思孝，接下思恭。视远惟明，听德惟聪。朕承王之休无斁。"

桐宫的三年（三祀，三年），太甲居丧反省，终于改邪归正，深刻认识到以往暴虐不德给自己带来的罪过。伊尹带着君王之礼服礼帽奉迎太甲归返亳都，并且写下一段非常感人的话，这段话的主旨，乃是说明帝王与民众的关系以及天命与修德的关系。老百姓和君主是什么关系？"民非后，罔克胥匡以生；后非民，罔以辟四方"，老百姓没有君主，就难以相互匡助以生存；君主失去老百姓，就难以君临四方、统一天下。"俾嗣王克终厥德"乃是伊尹对改过自新之后的太甲的赞许之词，强调的重点仍然是君主要修德，要对老百姓施仁政，也就是《大学》所谓"明德"、"亲民"。太甲在伊尹面前做了沉痛、深刻而真诚的反省，反省的重点也是"不明于德"。太甲说自己"不明

105

于德，自厎不类"，就是说自己不能明德，自致不善（厎，至；不类，不善），放纵奢欲而败坏礼法，故招致罪过（戾，罪）。太甲认为自己作孽，应受责罚，"天作孽，犹可违；自作孽，不可逭"，上天降下灾祸，尚可避之，而自己造成灾祸，则不可逃避。太甲后悔自己一开始违背师保（指伊尹）教诲，不能从一开始就改过自新（克，责怪），故此感谢伊尹的"匡救之德"，希望自己能够善终。伊尹则勉励太甲修身砺德，以诚信之德协和臣下（允，信），努力做一个明君（明后即明君）。伊尹再次以成汤作为榜样来教导太甲，先王爱民如子济困扶贫（子惠困穷），故人民悦服拥戴，当成汤兼并方国之时，邻邦之人皆盼望其来，"徯我后，后来无罚"，即期待我王早来，王来了，我们就不再遭罪（徯，等待）。伊尹希望太甲"懋德"（勉励德行）、"听德"（听从德言），如此就可以达到国治民安，"我（伊尹指自己）就可以承王之美而无所厌倦了"（斁，厌）。这当然是劝勉的话，伊尹的口吻恭敬而又敦厚，既谆谆告诲又充满期冀，贯穿这篇训词始终的，仍然是劝导君主修身明德、亲民惠民，而不要纵欲败德。

天命与德

天命和德是什么关系？天命会眷顾什么样的人？这样的问题，在伊尹给太甲的训词中已经说得很清楚了，《尚书·太甲下》曰：

> 惟天无亲，克敬惟亲；民罔常怀，怀于有仁；鬼神无常享，享于克诚。天位艰哉！

上天于人，无有亲疏之别，也就是说，天命不可能固定不变地青睐和眷顾某一个人，上天只眷顾和青睐那些恭敬他的人；人民也不会固定不变地归服某一个人，他们只归服那些仁德之君主；鬼神也不会固定不变地护佑某一个人，他只护佑诚敬之人。"天位艰哉！"伊尹一声长叹，要守住上天所赐予的君主之位，实在是太难了！因为上天不会永远无条件地护佑你、眷顾你，天命无常，君主要永远以诚信之德对待上天，才能得到他的护佑眷顾。伊尹这一感喟，当然是因为他亲眼看到了夏桀的溃灭，看到了天命并没有永久地赋予夏桀以合法性，而是让成汤取而代之，天命无常在伊尹那里是血淋淋的现实。而太甲若不继承先祖之遗德，若不明德亲民，就必然重蹈夏桀之覆辙。

《尚书·伊训》曰：

> 惟上帝不常，作善，降之百祥；作不善，降之百殃。尔惟德罔小，万邦惟庆；尔惟不德罔大，坠厥宗。

"上帝不常"，也就是天命无常，也就是上天无亲。上帝（天）不会恒常不变地赐天命于某一个人，上帝是否赐予天命，要看你的行为，你行善，上帝就降下福祥，你作恶，上帝就降下灾殃。你行善，哪怕再小，万邦都会庆幸；你作恶，哪怕再小，也会招致失去宗庙的灾祸。蔡沈《书经集传》曰："勿以小善而不为，万邦之庆积于小"，"勿以小恶而为之，厥宗之坠不在大。盖善必积而后成，恶虽小而可惧"。《易传·文言传》曰："积善之家必有余庆，积不善之家必有余殃。"亦此理也。

"惟天无亲"、"上帝不常"的观念的出现，乃是对传统"天命观"的颠覆性的变革。"天命"不再是决定"天位"的恒定不变的、神秘的、绝对的力量，"天命"是靠不住的，也是变动不居的，"天命"垂青于谁，要看这个人的"德"（以及与"德"有关的"仁"、"诚"、"善"），如果"不德"，"天命"就要改变。

《尚书·咸有一德》清楚地提出了"天难谌，命靡常"的思想，并

进而提出了"一德"之说:

> 天难谌,命靡常。常厥德,保厥位。厥德匪常,九有以亡。夏王弗克庸德,慢神虐民。皇天弗保,监于万方,启迪有命,眷求一德,俾作神主。惟尹躬暨汤,咸有一德,克享天心,受天明命,以有九有之师,爰革夏正。非天私我有商,惟天佑于一德;非商求于下民,惟民归于一德。德惟一,动罔不吉;德二三,动罔不凶。惟吉凶不僭在人,惟天降灾祥在德。

"咸有一德"乃是伊尹劝勉太甲在复位后能够持守纯一之德,以恒心施行德政。伊尹再次提出"天难谌,命靡常",上天难以相信(谌,信),天命无长久。只有恒久施行德政,才能保住上天赐予的君位,如果不能恒久施行仁政,行善积德,那么自己掌管的九州之地就会丧失(九有,九州)。夏桀就是前车之鉴,他不能常保德行(庸,常),亵慢上天,残虐人民,于是就丧失天下,天命也不再眷顾他。上天(皇天)不安,它临视天下,启迪能承受天命之人,关注持守纯一之德的人,使其作祭神之主(即赋予其天命)。伊尹说,只有我和我辅佐的成汤,皆能持守纯一之德,能顺上天之意志,秉受上天之大命(明命即大命也),因而获得九州之人的拥戴,变革夏政,代替夏桀治理天下。为什么成汤能够得天下?为什么桀会失去天下?并不是因为上天偏爱成汤,天是无私的、无亲的,天只佑护那些持守纯一之德的人;众人都归顺成汤,不是因为成汤恳求人民归服他,而是因为人民只归服那些持有纯一之德的人。天佑商,是因为汤有一德;民归商,也是因为汤有一德。"一德"论,最后实际上还是落实到"民"身上,只有亲民爱民仁民的人,才能"动罔不吉",做什么事都吉利如意;而那些不能持守纯一之德、不能亲民爱民仁民的人,"动罔不凶",做什么事都遭殃。这就是"惟上帝不常,作善,降之百祥;作不善,降之百殃"。上天降下吉凶，总是没有差错（僭，差），它降下灾还是祥，根本原因"在德"。到了周朝，这种观念更加明显，《尚书·召诰》中也说："惟不敬厥德，乃早坠厥命"（夏桀不能敬守德行，所以过早丧失上天赋予的大命），没有德，就没有命；又说："王其德之用，祈天永命"，召公劝勉成王要施行德政，才能祈祷上天永远赐予大命。天命和德的新型关系，至此清清楚楚，无可置疑。

从相信天命到相信"一德"，中国人的政治哲学和生命观念发生了深刻的变化。天命是外在的神秘力量，而"一德"乃是治国者的自我德行修养；天命是人力无法改变的，而"一德"能够靠自己的努力来获得。伊尹在《咸有一德》中第一次以如此明确的方式否定了天命，而肯定了人的道德力量，肯定了人类自我心性的力量，从而确立了一种新型的政治哲学，那就是：一个君主能否获得天命的垂青，不是依靠什么神秘的上天的赐福，而是依靠自我的道德修养，常保此德，才能常保此位，才能"受天明命"。也就是说，所有的所谓天命，都是建立在人的道德基础上的，只有"咸有一德"，才能获得天命。无疑地，这种政治哲学是革命性的，当一个君主不能修德的时候，那么此时就是天命抛弃他之时，如此则汤武革命就有了合法性，这也就是中国民本主义政治哲学萌发的最初逻辑。所谓天命，即是君主能否修德保民，明德仁民，敬事爱民，如果能做到这些，就能获得天命，故"明德"在这里就是"亲民"，而不仅仅是指治国者个人的私德修养。由此看来，《大学》之中所表彰之"明明德"、"亲民"，实际上说的是一件事。"受天明命"在于"明德"，而"明德"在于亲民爱民。

天命与民

《尚书》中的《伊训》、《太甲》、《咸有一德》诸篇，集中探讨了天命与德的关系，而这种探讨，最终落实于"民"，也就是说，探讨"天命"与"德"的关系，实际上就是讨论"天命"与"民"的关系。一个治国者的德，不是什么孤立的、个体化的身心修养，而是关系到治国者与人民的关系，"君民"关系才是天命的根本。《尚书·泰誓中》曰：

> 天视自我民视，天听自我民听。百姓有过，在予一人，今朕必往。

上天所看到的，来自人民所见，也就是说，上天是通过老百姓的眼睛来看的，老百姓看不顺眼的，上天也不会眷顾；上天所闻听到的，来自人民所闻，也就是说，上天是通过老百姓的耳朵来听的，老百姓不愿意听的、听不顺耳的，上天就不再眷顾他。上天是否给你天位，是否赐你天命，不是看别的，而是看人民如何看待你，你能得到老百姓的衷心拥护，则天命必垂顾你，否则天命就会抛弃你。周武王伐商，大会诸侯，率领大家盟誓，这几句话，就是武王的誓词，而誓词的主旨，是要阐明"天"与"民"的关系。天既然通过民来检验一个治国者是否合格，那么治国者的灾祥就不是天决定的，而是民决定的。反过来说，一个治国者只要爱民仁民亲民，就必顺天，就必然得天命眷顾。"百姓有过，在予一人"，表现了武王的道义担当，百姓若有责难，我愿一人担当，意谓若百姓有所批评抱怨，则我必深刻反省，改过迁善，自己担当一切。《尚书·汤诰》亦曰："尔有善，朕弗敢蔽；罪当朕躬，弗敢自赦，惟简在上帝之心。其尔万方有罪，在予一人；予一人有罪，无以尔万方。"即是说，如果你们有善行，我不敢隐藏；如果我有罪过，我不敢自我赦免，因为上帝检阅考察得清清楚楚（简，阅。蔡沈曰："简阅一听于天"）。若四方诸侯有罪，我一人承当；我有罪过，则不连累四方诸侯（以，用）。《泰誓》中的"百姓有过，在予一人"与《汤诰》中的"万方有罪，在予一人"，表达的语句基本一致，体现了武王和成汤这些一统天下的圣人的道义担当。

孟子在跟学生万章探讨尧禅让于舜这件事的时候，也用了《泰誓》中的"天视自我民视，天听自我民听"这句话。《孟子·万章上》曰：

> 曰："敢问荐之于天而天受之，暴之于民而民受之，如何？"
> 曰："使之主祭而百神享之，是天受之；使之主事而事治，百姓安之，是民受之也。天与之，人与之，故曰：天子不能以天下与人。舜相尧二十有八载，非人之所能为也，天也。尧崩，三年之丧毕，舜避尧之子于南河之南。天下诸侯朝觐者，不之尧之子而之舜；讼狱者，不之尧之子而之舜；讴歌者，不讴歌尧之子而讴歌舜，故曰天也。夫然后之中国，践天子位焉。而居尧之宫，逼尧之子，是篡也，非天与也。《太誓》曰：'天视自我民视，天听自我民听'，此之谓也。"

孟子一直跟万章说"天子不能以天下与人"，也就是说，尧不能将天下给予舜，也就是说，舜的天子之位，不是尧给予的，而是"天与之"，是上天给予的。万章接下来就问，那上天到底是如何给予的呢？孟子说，是尧"荐之于天而天受之，暴之于民而民受之"，就是说，尧向天推荐舜，天接受了；尧向老百姓显示舜的德能，而老百姓接受了，所以舜就继承了天子之位。孟子在这里，不露声色地把刚开始时"天与之"的答案转换为"天—民共与之"，即"天与之，人（民）与之"。天是怎么给予的呢？尧让舜主祭神而众神享用了舜的祭祀之物，这就是上天接受了舜。人民是怎么给予的呢？尧让舜主持天下大事，舜把每件政事都处理得井井有条，百姓安宁祥和，故拥戴归服舜，这就是人民接受了舜。这就是"天与之，人（民）与之"，即"天—民共与之"，就是说，是天和人民共同把天子之位给了舜，而不是尧把天子之位给了舜。尧逝世之后，舜在三年之丧后，为了避开尧的儿子而到南河之南，可是天下诸侯无论朝觐还是诉讼，都到舜这里来，人民也都到舜那里歌颂他，而不到尧的儿子那里去。在这种情况下，舜才回到都城（"之中国"），履天子之位，而没有采取逼迫尧的儿子、篡夺天子之位的做法。人民选择了舜，所以孟子说"天子不能以天下与人"，是"天与之"，更是"民与之"，因为"天与之"归根结底还是"民与之"。孟子引用《泰誓》中的话"天视自我民视，天听自我民听"来解释这个道理，这就把"君位神授"的传统"天命观"改造为"天—民共与之"的新型"天命观"。新型天命观的核心是"民"，不能亲民仁民，不能得到人民之拥戴归服，则天亦不能授天子之位于人。天要看民之所看，要听民之所听，天以人民为标准来判断治国者，那么治国者应该如何行动就是显而易见的了：治国者也必须以人民为中心来行动，这就是天子之德。这就是伊尹所说的"一德"的实质。

克明峻德

"克明峻德"见于《尚书·尧典》。《尚书·尧典》记载了尧时的政治社会情况。《书序》云："昔在帝尧，聪明文思，光宅天下。将逊于位，让于虞舜，作《尧典》"。

> 曰若稽古，帝尧曰放勋，钦明文思安安，允恭克让，光被四表，格于上下。克明俊德，以亲九族。九族既睦，平章百姓。百姓昭明，协和万邦。黎民于变时雍。

《尧典》的开头，极力赞颂尧帝的高尚德行与治理天下的功绩。稽古，即考古,"曰若稽古,帝尧曰放勋",就是我们仔细地考辨古史,尧帝名放勋。"钦明文思安安",用现代的说法,就是恭敬明达、仪态文雅而思虑安详(钦,郑玄曰:"敬事节用谓之钦"。明,明达。文,文雅。思,谋虑。安安,晏晏,《尔雅》:"晏晏,柔也",安安即温和的意思)。你看尧居于天子之位,不是居高临下,不是傲视天下,而是那么恭谨,那么开明,那么文雅,那么柔顺。他的内心从不懈怠,他以谦让之心待贤能之人(允,诚然。恭,郑玄曰:"不懈于位曰恭。"克,能。让,让贤。《国语·晋语》:"让,推贤也。"郑玄:"推贤尚善曰让"),所以能得到众人的拥护,能得贤能之人之支持。这样的一个天子,他的人格魅力令天下人折服,故"光被四表,格于上下",就是说他的美德光耀四海(郑玄:"尧德光耀及四海之外"),他的人格使上下归服(格,至)。尧能够显明其高尚德行(明,明扬,显明。俊,大,《大学》中写作"峻"),使九族之人都能够拥戴之、归顺之(九族,依马融、郑玄说,九族乃同宗,以自己为本位,上自高祖、曾祖、祖、父,下至子、孙、曾孙、玄孙,合称九族。近人多认为九族乃是"尧之氏族",参姜亮夫《〈尧典〉新义》)。所有氏族成员都宾服之,百官都拥戴之并各司其职(平,即骈,辨也,别也。章,明。百姓,《孔传》云:"百姓谓百官族姓",即各氏族部落联盟公共权力机关的公职人员,一般由各氏族部落首领组成,称为百官),同时万邦之民也都团结在尧周围(万邦,万国,尧统治之部落联盟有众多氏族部落,号为万国),天下一统,老百姓都和谐相处,人心凝聚(黎民,即万邦的氏族成员。时,是。雍,和)。尧的德行,不是表现为私德,而是表现为对待人民的态度,他的"钦明文思安安",他的"允恭克让",他的"克明俊德",都不是个体意义上的道德修养,而是亲民仁民爱民的表现,自"九族",至"百姓"(百官),再至"万邦",最后至天下"黎民",自内而外,不断拓展,他的美德不断向外衍伸开去,犹如水波漾开,不断泽及更广大的群体,最终使天下人民皆共享其治,黎民百姓皆和乐无疆。

《大学》在引用"克明德"、"克明峻德"之后，加了一句"皆自明也"。什么是"自明"？就是要求治国者能够自己了悟"明明德"之义，自己反省自己的德行，而后自己修明德行，磨砺德操。"自明"乃是强调道德主体的自我努力，而不是在外界的道德压力下进行道德修养。"自明"乃是发自道德主体内心的在道德上的自我反省、自我儆戒、自我修正、自我批判，一切省察克治之工夫，皆来自于"我"（不来自于"他"），来自于"内"（不来自于"外"），皆来自于道德主体的自我道德要求与自我道德追求。有了这个无比强大的道德自我要求与道德自我追求，才会有"明明德"，才会有"亲民"，才会有"止于至善"。"自明"就是孔子所言"欲仁仁至"，就是孟子所说"求得舍失"。

日新

汤之《盘铭》曰："苟日新，日日新，又日新。"盘乃是成汤之沐浴盥洗之器。日新，就是天天洗澡以涤除污垢，每天作一番去污除垢的工夫，如此恒久不懈自我更新，则身体每天皆洁净如新。"日新"喻君子之修行，当每日省察克治，惩忿制欲，改过迁善，务使自己的过失每日得到及时的纠正，自己内心的不善每日得到反省涤除。《大学》言"明明德"，就包含"自新其德"的意思，君子内心的道德良知一旦觉悟，则身心自新，自然作一新人矣。故日新乃是明德之题中应有之义。朱子以"日新"为释"亲民"（新民），亦有理。

"日新"的思想，在《尚书·咸有一德》中也提到了：

今嗣王新服厥命，惟新厥德。终始惟一，时乃日新。任官惟贤才，左右惟其人。臣为上为德，为下为民；其难其慎，惟和惟一。德无常师，主善为师；善无主，协于克一。俾万姓咸曰："大哉王言！"又曰："一哉王心！"克绥先王之禄，永厎烝民之生。

伊尹在这篇训词中劝勉太甲在刚刚担负上天赋予之大命时，要"惟新厥德"，即更新自己的德行，改过自新。"终始惟一，时乃日新"，就是要始终如一，恒久持守高尚之德行，时时刻刻谨记要天天更新自己的德行。以下的内容就是"日新"和"惟一"的具体举措：要任人唯贤，任用忠信之人；你所任用的那些臣子，奉上时要帮助君主施行德政，勤修德行；治理下属之时，要爱民仁民，为人民服务。这里面主要强调了君主任用贤人的重要性和困难性，故此要特别慎重，要任用那些能够和谐相济之人，选择那些能够始终如一之君子。实施德政没有一定的标准，关键是要行善、行仁，也就是要施仁政（无常者，不可执一也。主善，即以善为准则）。行善也没有恒定的法则，关键在于能够持守纯一之德，恒久坚持，永不懈息（协于克一，即合于能一，协即合也）。君主若能如此，则百姓就会信服他，归服他，"大哉王言"乃民众赞叹王言之崇伟可信，"一哉王心"乃民众赞叹王德之纯一恒久。如此，你（太甲）就可以继承你祖先成汤所受的上天赋予的福禄，永远使人民过上安定幸福之生活（厎，致；烝民，众民）。这篇训词中所说"日新"，实质上就是行德政、行善举，实质上就是"亲民"，就是仁民爱民。

《尚书·仲虺之诰》也讲到"德日新"：

佑贤辅德，显忠遂良，兼弱攻昧，取乱侮亡，推亡固存，邦乃其昌。德日新，万邦惟怀；志自满，九族乃离。王懋昭大德，建中于民，以义制事，以礼制心，垂裕后昆。予闻曰："能自得师者王,谓人莫己若者亡。好问则裕,自用则小。"呜呼!慎厥终,惟其始。殖有礼,覆昏暴。钦崇天道,永保天命。

仲虺是成汤的大臣。成汤灭夏,放桀于南巢,自惭德行不及古代帝王,仲虺劝解之,认为商代夏乃是天意。贤德者辅之佑之,忠良者显之用之(显,显扬。遂,进用);弱小者兼并之,昏昧者攻伐之(兼,兼并。昧,昏乱);混乱者取之,将亡者伤之(侮,伤。蔡沈曰:"诸侯之弱者兼之,昧者攻之,乱者取之,亡者伤之,所以恶恶也")。"推亡固存,邦乃其昌",《孔传》曰:"有亡道则推而亡之,有存道则辅而固之,王者如此,国乃昌盛。"成汤得天下,乃是遵从天意,那些应该存活的就让他存活,那些应该灭亡的就让他灭亡,贤德忠良之诸侯则兴之存之固之,那些弱昧乱亡之诸侯则亡之,亡与存,主要还是看"德"。下面就讲到"德日新",即德行日日更新,能做到这一点,则"万邦惟怀",天下诸侯都会来归附(怀,来归),若骄傲自满,氏族内部之九族就会背离你。仲虺劝勉成汤要勉力昭明大德(懋,勉力),昭德即明德也,要在民众中建立中道,要以义(合宜)裁断事务,要以礼约束内心,以这样的美德留传后代,则绰绰有余(垂,传。裕,宽裕、绰绰有余)。蔡沈曰:"以义制事,则事得其宜;以礼制心,则心得其正。内外合道而中德立矣。如此,非特有以建中于民,而垂诸后世者,亦绰有余裕矣。"仲虺还劝勉成汤要谦虚,不要自以为是,刚愎自用,"能自得师者王,谓人莫己若者亡",能够自己求得老师来效法的人就会得天下,成汤得伊尹为师则得天下;而若自以为是,以为谁都比不上自己高明,则必失天下。孟子曰:"汤之于伊尹,学焉而后臣之,故不劳而王"。作天子者,还要慎终如始,上天总是扶植那些谨慎守礼、谦恭有德的君主,而覆灭那些昏暴贪虐之人(殖,扶植。覆,覆灭)。你要保持天命,就要"钦崇天道",就是要敬畏天命,遵奉天意。敬畏天道者,则得天命;不敬畏天道者,则失天命。而什么是天命？无外乎"德日新"、"昭大德"而已。

作新民

"作新民"来自于《尚书·康诰》，这是周公申告康叔的训词，康叔是武王的同母少弟。《史记·卫康叔世家》曰：

> 卫康叔名封，周武王同母少弟也。……周公旦以成王命兴师伐殷，杀武庚禄父、管叔，放蔡叔，以武庚殷余民封康叔为卫君，居河、淇间故商墟。周公旦惧康叔齿少，乃申告康叔曰，必求殷之贤人君子长者，问其先殷所以兴，所以亡，而务爱民。告以纣所以亡者以淫于酒，酒之失，妇人是用，故纣之乱自此始。为梓材，示君子可法则。故谓之康诰、酒诰、梓材以命之。康叔之国，既以此命，能和集其民，民大说。

所以这篇《康诰》（以及《酒诰》、《梓材》），乃是周公旦担心康叔年轻，没有治国经验，又担心他因为年少而耽于享乐，很容易重蹈殷商之覆辙，所以申述这一篇训词来告诫他，使这个年轻的治国者可以了解殷商兴亡之经验教训，勿骄勿纵，修德而爱民。周公在《康诰》中说：

> 王曰："呜呼！小子封，恫瘝乃身，敬哉！天畏棐忱；民情大可见，小人难保。往尽乃心，无康好逸豫，乃其乂民。我闻曰：'怨不在大，亦不在小；惠不惠，懋不懋。'已！汝惟小子，乃服惟弘。王应保殷民，亦惟助王宅天命，作新民。"

周公说，年轻人封啊（封是康叔的名字），殷地的病痛疾苦都压在你身上（恫，痛；瘝，病），这个地方不好治理啊，你要十分谨慎戒惧啊！天命辅助那些诚信之人（天畏，天命，天威；棐，辅助；忱，诚），而民众之愿望清晰可见，他们的性命难以保全，故你要尽心尽力，不要安于逸乐享受（康，安；豫，乐），这样你才能治理好那里的老百姓（乂，治）。孙星衍作的疏解释得很清楚："天威之明，惟诚是辅，验之民情，大可见矣。小民不易安也，汝往尽心，毋苟安而好佚乐，乃治民之道。"接下来，周公说，我听说民怨不在大，也不在小，意思是你要重视民情，倾听民意，即使是极小的民怨都要重视。治理的目标，乃是让那些不顺服（不惠）的人都心悦诚服地顺服你，让那些不努力（不懋）的人都努力起来。年轻人啊，你所服事之使命，乃是极为重大的，你要好好保护殷地的民众，帮助周王按照天命行事（宅，图度之义），使殷地之民众能够成为周朝的新臣民。

所谓"作新民"，当然不是让康叔自己作一个新民，而是让康叔好好治理殷民，使殷地之民众成为新民。"作"乃是"作育"之义。殷地之民众，在商纣之统治下，过着暗无天日之生活，故民怨沸腾，终于使殷商丧失天命。故殷商之民，乃旧民也，而周朝之民，乃新民也，要使殷商之旧民成为新民，就要求周的新的治国者汲取殷商丧失天命之教训，要敬畏民意，洞察民情，要"用康保民"、"德裕乃身"（均出自《康诰》），即要使民众过上安康的生活，要施行德政仁政，而不要"好逸豫"。所有这些，都是申说《大学》中所说的"亲民"，只有亲民爱民仁民，才能使殷商之民成为"新民"，故《大学》之"在亲民"，乃是教那些将来承担治理天下重任之君子要亲民仁民爱民，只有这样，才能作育新民，而不是使承担治理天下重任之君子自己成为"新民"。这才是"作新民"三个字的真正意蕴。

其命惟新

"周虽旧邦，其命惟新"出自《诗经·大雅·文王》。其诗曰：

> 文王在上，于昭于天。周虽旧邦，其命维新。
> 有周不显，帝命不时。文王陟降，在帝左右。
> 亹亹文王，令闻不已。陈锡哉周，侯文王孙子。
> 文王孙子，本支百世。凡周之士，不显亦世。
> 世之不显，厥犹翼翼。思皇多士，生此王国。
> 王国克生，维周之桢；济济多士，文王以宁。
> 穆穆文王，於缉熙敬止。假哉天命，有商孙子。
> 商之孙子，其丽不亿。上帝既命，侯于周服。
> 侯服于周，天命靡常。殷士肤敏，祼将于京。
> 厥作祼将，常服黼冔。王之荩臣，无念尔祖。
> 无念尔祖，聿修厥德。永言配命，自求多福。
> 殷之未丧师，克配上帝。宜鉴于殷，骏命不易。
> 命之不易，无遏尔躬。宣昭义问，有虞殷自天。
> 上天之载，无声无臭。仪刑文王，万邦作孚。

《诗经·大雅·文王》旧说是周公作此以诫成王，诗中追念文王的盛德，并告诫周王要继承祖先之遗范，勤勉修德以配天命。诗里面有很多我们熟悉的名言警句，试意译如下：

> 文王高高在上天，光明照耀在天庭。周朝虽为旧邦国，然而已享新天命。
> 周朝光耀又显赫，上帝之命最英明。文王在天升或降，左右相从侍上帝。

文王治国尚勤勉，美誉四方传不停。上天施布大恩赐，文王子孙旺又兴。

文王子孙旺又兴，本宗支系历百代。凡是周朝之百官，累世显赫传荣名。

累世显赫传荣名，仍然思虑要周慎。卓异人才处处有，成长在我王国中。

王国培育好人才，都是周朝之栋梁。人才济济多爱惜，文王心安国太平。

文王庄严又和美，人格光灿又可敬。伟大天命赋予他，殷商后人要谨记。

殷商遗留众子孙，其数何止上亿众。上帝已经赐新命，你们都要臣服周。

你们都要臣服周，天命哪能永不更。殷商后人美而聪，助王献祭到镐京。

酌酒献祭助周王，常穿礼服戴殷帽。周王任用作大臣，勿再顾念你先祖。

勿再顾念你先祖，每天修养好品德。德行永远配天命，自己努力求福报。

殷商未失民众时，尚能配得上帝命。应该借鉴殷商事，常保天命不容易。

常保天命不容易，自己努力不要停。弘扬昭明好声望，思考殷商天命事。

上天行事很特别，往往无声也无味。效法文王行德政，天下万邦都信服。

这一大段赞词，极力颂扬文王的德政，又对后来的治国者提出告诫。文王"亹亹穆穆"，勤勉庄严而又亲民仁民，他的人格光明灿烂而又恭敬仁慈。"天命靡常"（即《尚书·伊训》所说"上帝不常"，《尚书·咸有一德》所说"天难谌，命靡常"），故文王总是兢兢业业，不敢懈怠，常修仁德，所以此诗的作者也希望以后的治国者"永言配命，自求多福"。"自求多福"就是通过自己的勉力修为、通过自己的日夕儆醒反思、通过自己的仁政美德，来跟天命相配，这样才能求得天命之佑护，才能多福，这个天命、这个福报，不是上天轻易赐给你的，是自己通过最大的努力争取来的。这八个字也被孟子多次引用。诗中还告诫治国者，一定要汲取殷商的教训，"宜鉴于殷，骏命不易！"上天赐给你的这个"大命"，是非常不容易的，不要轻慢上天之命，不要放纵骄奢，要珍惜上天之命，不断地自我更新，才能配得上天命，才能永久得到天命之眷顾。

"周虽旧邦，其命维新"这句话，三千年来已经成为影响中华民族最大的警言之一，对中国人民的民族性格的塑造起着极为重大的作用，已经融入整个中华文明的血液之中。所谓"旧邦"，是指周始祖后稷在舜时教民稼穑，与大禹同为辅佐舜的大臣，从后稷到文王，周之世代已逾千载，故曰"旧邦"。后稷有很高的品德，有为民奉献的精神，为周的治国精神奠定了基础，孟子对后稷评价很高："稷思天下有饥者，由（通犹）己饥之也。"（《孟子·离娄下》）周虽然是一个古老之邦国，然而其使命乃是不断地革新、不断地适应新的历史阶段而焕发自己新的生命，不断进行自我反思和自我改造，不断以变革的精神来面对未来的不确定性。这样的民族，这样的人民，这样的文明，才能数千年维持生生不息的生命，才能在久远的历史中不被历史所淘汰。中国人历来被西人认为是守旧、保守之民族，然而自商汤盘铭之"日新又新"，自《尚书》之"作新民"、"德日新"，到《诗经》之"其命维新"，这种变革精神、日新精神、创新精神几千年以来一以贯之，这才是支撑中华民族数千年文明不断、生生不息之奇迹之内在密码。《易传·系辞上》曰："富有之谓大业，日新之谓盛德，生生之谓易"，这展现在我们面前的丰富璀璨的天地万物，是如此盛大，如此富有生命力，其生命力之源泉乃是天地之日新精神，它不断更新，新新不已，故生生不息，无有尽时，这就是易的精神，也是中华民族整个民族性格和文明精神的写照。

天地日新，故生生不已；人也要效法天地，日新其德，使自己的生命不断有成长，有进步。"日新"有两个层次。就个人心性修养的层次而言，"日新"就是要时刻反省自己的缺点，日知其不足，故能修正自己的不良德行，使自己的德行日臻于进步与完善。日新的前提是自我省察，日新的动力乃是不断追求进步的内在需求，日新的本质是惩忿制欲、迁善改过。就国家治理者的层次而言，"日新"就意味着作为一个治国者，要以极其谨慎戒惧的心态，对待上天所赐予的大命，要时刻儆醒奋发，时刻勤勉敬业，时刻敬天保民，时刻更新自己的德行以配天命，惟日新乃能自求多福，惟日新乃能克享天命。《大学》中引用"日新"所要说明的，包纳这两个层次，但是重点放在第二个层次，重点在于告诫治国者要日新其德，要时刻保持一种儆醒精神，时刻保持危机意识，要知道"天命靡常"，要修德爱民才能保住自己受赐于天的大命。故"日新"实质就是"明德"，就是"亲民"。

"日新"需要极其强烈的内在愿望与道德冲动，一个君子，一个治国者，要以极高的道德标准来要求自己，内心充满强大的向善之动力，就像舜一样，"闻一善言，见一善行，若决江河，沛然莫之能御也"(《孟子·尽心上》)。他要尽一切努力，尽自己所有的力量，发挥自己所有的能动性，以最大的愿力、执着和冲动去反省自己、完善自己、改造自己、更新自己、锤炼自己，日日成就一新我，"是故君子无所不用其极"。正因"君子无所不用其极"，故能"止于至善"，至善似永不可臻至之目标，然而君子当尽其所能，极力追求至善之境界。朱子曰："自新新民，皆欲止于至善也"，以此解释"无所不用其极"，甚是甚是。"无所不用其极"也意味着君子要恒其志，在反身修德、改过迁善上从不间断，持之以恒，要像汤一样，日新又新，新新不已，从无懈怠。朱子曰："汤以人之洗濯其心以去恶，如沐浴其身以去垢。故铭其盘，言诚能一日有以涤其旧染之污而自新，则当因其已新者，而日日新之，又日新之，不可略有间断也。"（《大学集注》）"日新又新"，乃心之力也。若无持恒之心，无追求至善之志，则半途而废，终不见道。子曰："我未见好仁者，恶不仁者。好仁者，无以尚之；恶不仁者，其为仁矣，不使不仁者加乎其身。有能一日用其力于仁矣乎？我未见力不足者。盖有之矣，我未之见也。"（《论语·里仁》）孔子说"我未见力不足者"，没有一个人是因为力不足而不能"好仁"的，那些不能修德行仁之人，是因为缺乏恒心，缺乏对自己的信心，一个没有内在的强大的自我道德期许与矢志不渝的求道之心的人，是不可能成为一个君子的，也是不能达到至善之境的。唯有君子才能"无所不用其极"，用尽自己的心力、凭藉自己最大的愿力去追求至善，去完成自己的道德人格。

知其所止

"邦畿千里，惟民所止"，出自《诗经·商颂·玄鸟》，诗曰：

> 天命玄鸟，降而生商，宅殷土芒芒。
> 古帝命武汤，正域彼四方。
> 方命厥后，奄有九有。
> 商之先后，受命不殆，在武丁孙子。
> 武丁孙子，武王靡不胜。
> 龙旂十乘，大糦是承。
> 邦畿千里，维民所止，肇域彼四海。

> 四海来假，来假祁祁，景员维河。
> 殷受命咸宜，百禄是何。

这首诗写得很有力量，朴重而有气势。方东润在《诗经原始》中赞曰："诗骨奇秀，神气浑穆而意亦复隽永，实为三《颂》压卷，周诗所不能及，况在《鲁颂》？"诗中追述了商的创始与成汤开国，复赞颂武丁继承成汤之功业。试意译之：

> 上天命令神燕至，神燕降临生商契，居住殷之辽阔地。
> 上帝命令商汤王，征服疆土有四方。
> 商汤广令众诸侯，拥有天下并九州。
> 商朝先祖代代传，承受天命不懈怠，传至孙辈名武丁。
> 孙辈武丁承大业，汤王功业皆胜任。
> 龙旗载车有十辆，夏人贡奉祭祀粮。
> 王都周围上千里，皆是人民安居地，四海始是商疆域。
> 四海诸侯来朝觐，朝觐之人何其多，景山四周及黄河。
> 商受天命皆合宜，承受上天福禄多。

"邦畿千里，惟民所止"（惟亦作维），表面上是说殷商首都幅员千里，皆为民之所居，然而此"止"之一字，大有深意，非简单的"栖止"、"居住"之义。其更深的意蕴是说，我殷商之国土，皆为人民所愿居，且皆为人民所宜居，皆为人民所乐居，皆为人民所安居，这样来理解"止"，其意义就更加深远广大了。人民所愿居、宜居、安居、乐居之地，是什么样的国土？一定是一片平安、祥和、幸福之国土。故商王富有四海之土，"正域彼四方"，"奄有九有"，"肇域彼四海"，可谓国土广大，富有之极，然而商王占有这么多土地有什么用？如果没有人民的安居乐居，如果人民厌恶在他的土地上生活，如果他的国土上人民流离失所、饥寒交迫，那么这样广阔的国土、这样的"邦畿千里"、"殷土芒芒"，又有什么用呢？只有人民在商王的国土上安居乐业，才会有万民归服，才会有"四海来假，来假祁祁"的局面，才会"近悦远来"。所以"邦畿千里，惟民所止"八个字，其主旨并不在于说"民止其所止"，而在于点明"殷受命咸宜，百禄是何"的根本原因所在。天命赋予商，其根本原因在于殷商之君能够使自己的四海疆土、千里邦畿，都成为老百姓乐居安居之地，也就是说，殷商之所以受命于天，是因为殷商能行仁政。《孟子·离娄上》曰：

> 桀纣之失天下也，失其民也；失其民者，失其心也。得天下有道：得其民，斯得天下矣；得其民有道：得其心，斯得民矣；得其心有道：所欲与之聚之，所恶勿施，尔也。民之归仁也，犹水之就下、兽之走圹也。故为渊驱鱼者，獭也；为丛驱爵者，鹯也；为汤武驱民者，桀与纣也。今天下之君有好仁者，则诸侯皆为之驱矣。虽欲无王，不可得已。

所以使汤王得天下的，不是"玄鸟"和"古帝"，而是人民，正因汤王能得其心，故能得其民；能得其民，故能得天下。"邦畿千里，惟民所止"，老百姓都愿意住在这片国土上，也就是"民之归仁"。是谁把人民驱赶到商汤那里来的？当然是夏桀。故"邦畿千里，惟民所止"，实际上说的仍是《大学》中一再谆谆教诲之的"亲民"之道。

"缗蛮黄鸟，止于丘隅"（缗通绵，缗蛮乃鸟声也）出自《诗经·小雅·绵蛮》，其诗曰：

> 绵蛮黄鸟，止于丘阿。道之云远，我劳如何。
> 饮之食之，教之诲之。命彼后车，谓之载之。
> 绵蛮黄鸟，止于丘隅。岂敢惮行，畏不能趋。

> 饮之食之，教之诲之。命彼后车，谓之载之。
> 绵蛮黄鸟，止于丘侧。岂敢惮行，畏不能极。
> 饮之食之，教之诲之。命彼后车，谓之载之。

此诗表达了行役者在路途劳苦中渴望被善待帮助的心情。试意译如下：

> 小小黄鸟来，栖止于山谷。道路多遥远，使我倍劳苦。
> 给他吃和喝，教诲加劝勉。命令后车辆，承载人和物。
> 小小黄鸟来，栖止于山角。哪敢怕行路？唯恐不快走。
> 给他吃和喝，教诲加劝勉。命令后车辆，承载人和物。
> 小小黄鸟来，栖止于山头。哪敢怕行路？唯恐赶不到。
> 给他吃和喝，教诲加劝勉。命令后车辆，承载人和物。

这个行役者，背着重物，长途跋涉，可能路途中还要遭遇风雨饥渴，身心极为困顿疲惫。他因看到小小的黄鸟而感叹，因为小鸟总知道栖止于树木丰茂之幽谷山间，而自己却一路颠沛劳苦，饥渴交加。路途遥远，他还要忍饥挨饿地赶路，唯恐耽搁时间而受罚。在这种困顿疲惫的境况之中，他内心产生了强烈的愿望，希望有人能给他饮食之助，教诲劝勉他，鼓舞他的意志，并为减轻他的劳作，用车辆来承载他以及所负之物行路。这当然是他的幻想。所以这首诗歌写法很特别，这六行诗句，实际上每两行组成一个对话，总共是三组对话。每一组对话的前一行乃是以"我"的口吻说话，是真实的境况；而后一行乃是以"他"的视角说话，是虚幻的想象。对于诗歌之主旨，《诗序》曰："微臣刺乱也。大臣不用仁心，遗忘微贱，不肯饮食、教、载之，故作是诗也。""绵蛮黄鸟，止于丘隅"，表面上说的是小小黄鸟栖止于其当止之处，这个当止之处乃是树木葱郁之山谷。而行役之人渴望如黄鸟般，亦能够过上无忧无虑、不愁饮食之生活，他幻想有仁慈的当政者能够减轻他的劳苦。此诗假行役者之口，对不施仁政的治国者提出了委婉而深刻的控诉。故《大学》引用此诗，其用意在于通过黄鸟之"止于丘隅"，而阐明治国者当"亲民"之要义。

子曰："于止，知其所止，可以人而不如鸟乎？"孔子的这句话，可以作不同的理解。孔子是《诗》三百篇的主要编辑者、整理者，他当然应该理解此诗所真正抒发的情感，也应该深刻理解此诗所反映的历史背景与社会境况。故孔子的话可以理解为，黄鸟都知道止其所止，选择树木最郁茂之处栖息，难道人还不如黄鸟吗？人当然亦知道应当栖止于何处，每个人都希望安居于当居之处，然而这个行役者的命运，还不如一只黄鸟呢！他在漫长的行役之途中饥寒交迫，疲乏劳顿，没有人顾念他，因而这个可怜的行役者对那只在山谷中啁啾盘桓的黄鸟充满羡慕之情，他还幻想着有人能施以援手，给他救助与安慰。"人而不如鸟"，孔子此语乃是借此诗来说明治国者当"亲民"之义。这是一种理解方式。还有一种理解，乃是一种基于"知其所止"的延伸涵义而做出的理解，这种理解就脱离（即超越）了此诗所表达的具体情感和历史背景，而把"知其所止"作为一种抽象的理念来理解，即一个人当知道自己当止于何处，应该知道自己所追求的道德目标，连黄鸟都知道自己止于何处，难道人还不如一只鸟吗？人亦应当知其所止，知道自己的社会角色以及这种社会角色所规定的道德责任，从而有意识地以这种道德责任作为自己心性修养的目标，这就把黄鸟之"知其所止"延伸到人也要"知其所止"，知道自己的道德使命与道德目的，从而有意识地修养自己的德行，以达到至善之目标，此之谓"止于至善"也。以上两种理解都是有道理的，可以结合起来，从而看到孔子一语双关的内在意蕴，即其中既包含"亲民"之本义，又包含"止于至善"之延伸意义。

《诗》云："穆穆文王，於缉熙敬止。"此句出于《诗经·大雅·文王》，此诗我在前面已经意译全篇。此句盛赞文王庄穆深远，他的人格光明峻伟,并始终保持诚敬而安于所止。止,本为语助词,此处根据《大学》之义,可以理解为一个有实际意义的字,即"止于敬"之"止"。故朱子说:"敬止,言其无不敬而安所止也,引此而言圣人之止,无非至善。"文王尽管被商纣囚禁于羑里,然而他后来并没有推翻商纣,这一点在传统儒家政治伦理中被大大肯定,故文王武王虽皆为圣人,但还是有区别的,所以孔子闻《武》,说"尽美矣,未尽善也"(《论语·八佾》)。文王止于敬,故达于至善。

仁敬孝慈信

"为人君,止于仁。"人君治国治民之术,莫过于仁,仁则得民,得天下。不仁而得天下,未之有也。仁既是指治国者的道德修养,同时又是指治国者的治国实践,前者是个人化的仁德、慈爱,后者是政治治理意义上的仁政、王道。昔程颐为年幼的宋哲宗之讲官,一日哲宗戏折柳枝,程颐进谏道:"方春发生,不可无故摧折。"治国者只有仁爱万物,有生生之德,才能得天下百姓爱戴顺服。《元史·列传之八十九·释老》载:"岁癸未,太祖猎于东山,马踣,处机请曰:'天道好生,陛下春秋高,数畋猎,非宜'","及问为治之方,则对以敬天爱民为本,问长生久视之道,则告以清心寡欲为要"。天道好生,故人君尊天道而兴仁。敬天保民、清心寡欲,乃仁政王道之要。

"为人臣,止于敬。"此"敬"非惟忠君而已,必敬事恪职、忠于所事而后可。兢兢业业,恪尽职守,君之所命,国之所托,皆全力以赴,此臣属之所谓敬。然君仁与臣敬,乃相互依存,缺一不可。君不仁,臣何以敬之?桀纣之君,不仁而天下弃之,"闻诛一夫纣矣,未闻弑君也"(《孟子·梁惠王下》)。

"为人子,止于孝。为人父,止于慈。"父慈而子孝,亦是一种相互依存之关系。父子有尊卑之别，然而此上下尊卑关系仍然包含着一定的对等性，即父慈与子孝相对待而存，方可构成一均衡稳健之家庭伦理关系。虽然大舜孝瞽叟的故事强调那种无条件的、绝对意义上的"孝爱"，然而在真实世界的家庭伦理关系中，父慈与子孝的均衡关系仍然是主流的、可持续的孝爱模式。瞽叟者，耳目不聪、昏聩不明之相也，其昧于伦理、丧于良知者甚明。唯有父慈而子孝，方可建立真正有道德价值的孝爱关系。

"与国人交，止于信。"国人之间，无君臣父子之尊卑上下关系，皆属于"朋友"之范畴。朋友相交，贵诚信而厌伪诈。

在所有以上五种关系中，每一种关系所对应的道德目标是不同的，不同的社会关系必然要求不同的道德标准，并以此道德标准规范不同社会关系中的权利义务关系。能达到这些道德目标，即止于至善矣。故"止于至善"并不是一个抽象的道德目标，而是要具体到、落实到每一种现实的社会关系中，在这些社会关系中，"止于至善"变得有章可循，并不是遥不可及的目标。安于自己的社会角色，履行此社会角色所规定的道德义务，能做到这一点，就是"止于至善"。君子修德，不骛于远，不求于外，而要着眼于眼下之践履，落实到真实世界的社会关系中，面对君主就做一个忠敬之臣，面对臣民就做一个仁爱之君；面对子女就做一个慈爱之父母，面对父母就做一个孝顺之子女；面对朋友，就做一个诚信之友。君君臣臣父父子子，每一个人皆能"止于所止"，则天下定矣。

无讼与知本

接下来，《大学》引用了孔子的一句话："听讼，吾犹人也。必也使无讼乎？"（《论语·颜渊》）前文讲到几个"止"，即"为人君，止于仁。为人臣，止于敬。为人子，止于孝。为人父，止于慈。与国人交，止于信"，此处突然讲到"无讼"，似乎无头无脑，行文颇显突兀。实际上，此处"无讼"，探讨的乃是治国理政的最高境界。治国理政的最高境界，乃是"无讼"，故此处也可以说成是"治国者，止于无讼"。"无讼"是什么境界？无讼则不争，民众不争则无怨。讼狱之事，起于民怨，故无讼则息争止忿。百姓无怨无忿，正是治世之兆。民皆安其居而乐其业，即《大学》所谓"乐其乐而利其利"，则必和谐不争。无讼则民互信而相爱，朋友信，邻里仁，父子慈孝，市廛则无欺诈，仁敬孝慈信各得其所，若达到此种境界，则讼何由起，恨何由生哉？无讼则崇真摒伪，个个回归婴儿，"无情者不得尽其辞"，即人人都不会为了讼狱之争而编造谎言、矫饰文辞。此时人人彼此皆以诚相待，克己自律，摒弃虚伪，揖让宽宏，则何讼之有？若人人皆明明德，有高尚之节操；若上能亲民仁民，使民各"乐其乐而利其利"；若彼此皆能做到"仁敬孝慈信"、"温良恭俭让"，则天下太平，故曰"治国者，止于无讼"。

"大畏民志，此谓知本。"畏者，敬畏也，敬服也，故"大畏民志"乃使民心敬畏、敬服之意。如何才能使人民畏服？必明明德而亲民，施仁政而化民，正己而垂范于民，如文王亹亹穆穆，诚明熙敬，仁民爱物，如此治天下，天下之民怎能不敬畏服膺？故"大畏民志"，明德为本，明德而后乃能亲民。此谓之知本，即知为学为政之本也。明德亲民之本固，则天下之民皆翕然从之，顺服敬畏，各安其事而乐其业，故知本则末具矣。朱子曰："引夫子之言，而言圣人能使无实之人不敢尽其虚诞之辞。盖我之明德既明，自然有以畏服民之心志，故讼不待听而自无也。观于此言，可以知本末之先后矣。""无讼"与"知本"，融亲民与明德于一体，无讼乃亲民，知本乃明德，能明德亲民，则达于至善之境。

第五章　修身在正心

所谓修身在正其心者，身有所忿懥，则不得其正；有所恐惧，则不得其正；有所好乐，则不得其正；有所忧患，则不得其正。心不在焉，视而不见，听而不闻，食而不知其味。此谓修身在正其心。

【译文】

所谓"修养身心就是端正自己的心思"，这句话的意思是说，若自身被愤怒的情绪所困扰，心思就不能端正；若被恐惧的情绪所困扰，心思就不能端正；被喜好的东西所困扰，心思就不能端正；被遭遇的忧患所困扰，心思就不能端正。心思若不在事物上，则眼观而看不见东西，耳听而听不到声响，品尝食物而不知其味道。这就是所谓的"修养身心就是端正自己的心思"。

修身在正其心

修身的关键是"心正"，这个"正"，有端正、中正之意，也有恰当、得当、合宜之意。心处于当处之地，则谓之心正。也就是说，心要保持在一个最合宜、最恰当的位置上，不偏不倚，勿使之过，亦勿使之不及，此时人的情感就处于最佳的、最均衡的状态，以这种最佳的、最均衡合宜的状态接物待人，则人的行动才不会偏离天理圣道。然而"心正"正是修身的最重要环节，是儒家心性修养工夫中最难把捉、最难掌控的环节。心正的境界，须时时磨炼，时时省察，时时操持，时时存养，方能臻至纯熟之地。

王阳明在《传习录上》中与陆澄的一段话谈到正心、情感与天理的关系：

> 澄在鸿胪寺仓居，忽家信至，言儿病危，澄心甚忧闷，不能堪。先生曰："此时正宜用功，若此时放过，闲时讲学何用？人正要在此等时磨炼。父之爱子，自是至情，然天理亦自有个中和处，过即是私意。人于此处多认做天理当忧，则一向忧苦，不知已是'有所忧患，不得其正'。大抵七情所感，多只是过，少不及者。才过便非心之本体。必须调停适中始得。就如父母之丧，人子岂不欲一哭便死，方快于心？然却曰'毁不灭性'，非圣人强制之也，天理本体自有分限，不可过也。人但要识得心体，自然增减分毫不得。"

父子之爱，乃人之常情，无此父子之情，则为禽兽。然此人类至真至诚之情感，也须合乎天理，天理为何？天理就是那个最为合宜、最为均衡、最为恰当的"点"，即《中庸》里面讲到的"中和"之境。孝爱（子女对父母）与慈爱（父母对子女）乃人之至情，自然合于天理，然一旦"过"了某个最均衡、最合宜、最恰当之点，失却中和，则"不得其正"，"不得其正"也乖于天理矣。"不及"和"过"，俱乖于天理，然而现实中更多的情况是"过"，即情感的表现与抒发超过必要的、合适的限度，放纵此情感，使此情感泛滥过度，则适得其反。王阳明认为"过"即不是"心之本体"。人心之本体，合于天理，无过亦无不及，"调停适中"，处于最均衡之状态，一旦不能适中，不能

"中和",则心失其本体。故阳明曰"天理本体自有分限",也就是说天理和人心之本体,代表着一个最佳的点、最均衡的状态,"过"则斫丧天理、失却本体。吾人平常皆认为子孝、父慈、夫妻恩爱乃是天理,殊不知这些人类重要的情感也有"分限"、有一个合适的"度",过此"分限"、超过这个"度",则违背天理本体,这种情感也就走到了其反面。"毁不灭性"就是要求人在宣泄和抒发自己的情感的时候,要保持一个合适的限度,此天理本体所在也。"识得心体,自然增减分毫不得",乃是极其艰深的心性修养工夫,下面所说的"忿懥"、"恐惧"、"忧患"、"好乐"等,皆有天理本体之分限,不可逾越。然此工夫甚难,磨炼之功,正在于此。

身有所忿懥,则不得其正

朱子认为此处的"身",当作"心"。阳明先生认为此处"身"无误,而"则"字后面实际上省略"心"字。吾从阳明先生之说。此处"身"当作"自身"、"己"讲,不可解作"身体"。当自己的情感中出现忿懥的情绪时,当思此忿懥之情绪是否过天理本体之分限,若忿懥之情绪已然过度,超越必要之分限(吾所谓最均衡之点,亦即中和之境),则此忿懥之情绪必摇动心性使之偏离中道,心之本体即丧失。《传习录上》曰:

> 问"有所忿懥"一条。先生曰:"忿懥几件,人心怎能无得,只是不可有所耳。凡人忿懥,着了一分意思,便怒得过当,非廓然大公之体了。故有所忿懥,便不得其正也。如今于凡忿懥等件,只是个物来顺应,不要着一分意思,便心体廓然大公,得其本体之正了。且如出外见人相斗,其不是的,我心亦怒。然虽怒,却

此心廓然，不曾动些子气。如今怒人，亦得如此，方才是正。"

阳明先生肯定"忿懥"、"恐惧"、"忧患"、"好乐"皆人心之正常情感，只是不可"有所"。阳明此言甚妙！"有所"是一个很妙的词，有很微妙的意蕴。"有所"就是"着了一分意思"，就是凝滞于物、执着于物、着意于物，超过最合宜最均衡之点，故非"廓然大公之体"，故不得其正。"有所"是刻意的、着迹的、不恰当的、过度的情感，有了私意，不能"廓然"，不能纯然保持心之本体，心则失其正。"物来顺应"，即在接物之时，情感之抒发与呈现都合乎自然，合乎天理，澄澄澈澈只是心之本体，无有任何凝滞刻意，无有任何放纵，此心廓然中和，此便是"正"。物来顺应而不过，不着意，心方才得其正，此即"不可有所"。"不可有所"，即超越"有所"，达到另一"无所"之境界。

有所恐惧好乐忧患，则不得其正

不得其正的根源在何处？总结起来，略有以下几点：

一曰：过则不得其正。忿懥、恐惧、好乐、忧患，本人之常情，孰能无之？虽有此忿懥、恐惧、好乐、忧患之情，而临事能制其心，不使情过度，则得中和之境。"圣人忘情，最下不及情，情之所钟，正在我辈"（《世说新语·伤逝》），然此情虽钟于我，亦不可放纵之，放纵则过，情过则泛滥不可节制，宜发乎情而不逾中道，时时擒取、时时掣住，不使放纵，则心正。

二曰：造作则不得其正。人之语默动静，纵发心为善，然一有造作，则虚伪之心顿生，人心遂不得其正。

三曰：私则不得其正。人之接物，若全然发自公心，有廓然大公之意，则必处事公明，凡有所行皆能中正无偏。一有私意掺杂其中，则人心必不能澄澈无染，不能得其正大光明之境矣。

四曰：执则不得其正。人处事待人过于执着，犹孟子所言"执一"，则必不能通权达变；不能通变，则生偏执；一有偏执，焉能得其正？

五曰：着迹则不得其正。刻意有为，鼓努用力，着迹经营，不能顺其自然，如此处事，必过其当，不能得其正。心性之修养，亦如此，一着迹则私意生，心不能得其正。着迹，即阳明先生所谓"有所"。

故中则得其正，诚则得其正，无私无我则得其正，去执毋固则得其正，顺其自然、物来顺应则得其正。

心不在焉的两层意蕴

"修身在正其心"，心不正则身不修，然而要达到"心正"的境界，需要极难的工夫。正，即中和，不偏执、不极端、不造作、不刻意，廓然大公，物来顺应，则心自正。人之为人，则必有忿懥恐惧忧患好乐，人心若绝然没有任何情绪、情感，则如槁木死灰，不复为人矣；然人心若执着陷溺于某种情感而必至于极端，而不能对此极端有所省察、有所惕惧、有所超越，则亦不复为全人矣。故既须有情，又须忘情；既须专注其情，又须超越其情；既须在此情之中，又须跳出此情之外；入此情而能不凝滞执着，此乃最佳境界。

故在讲到"身有所忿懥恐惧好乐忧患则不得其正"之后，《大学》第五章提出了"心不在焉"的命题："心不在焉，视而不见，听而不闻，食而不知其味。"人之接物，若心在物上，则视而可见其物之形，听而可闻物之声，食而可知物之味。因此，若心在物上，物之形有美有丑，则吾心有好恶焉；其声有雅有俗，则吾心有好恶焉；物之味有酸甜苦辣，故吾心有好恶焉。人心之好恶，以及由人心好恶而产生的情感，皆因为吾心在物上，物引起吾之心与情之感受。这些感受是真实不虚的，然而又是"形而下"的，是自然情感。人若陷于此自然情感而不能有所省思超越，甚或放纵之使之极端化，则心失其正。如人人好美食而厌恶粗食，人人好美色而厌恶丑陋之人，此人心之自然趋向，无可厚非，然而若于此好美食好美色之心不加警惕省思，不能克制与约束自己的好恶之心，任其纵驰，则必趋于极端，陷于放辟邪侈淫乐纵欲而不能自拔。故"心不在焉"有两层意蕴：第一层意蕴乃是"心在焉"，即心在物上，此是第一境，见山是山，见水是水。作父母，就作一个慈父慈母；作子女，就作一个孝子；彼此作夫妻，就作恩爱之夫妻；彼此作朋友，就作诚信之朋友。然而此境乃是初级境界，虽极其必要且重要，然而究竟不是最高境界，一有私意执着，便会走入极端，不得其正。如为人父母而有私意执着，则或陷于溺爱放纵，或过度束缚子女乃至视子女为私物，遂发生很多可悲可叹之事。第二层意蕴乃是"心不在焉"，心虽即物，然而又超越物，不凝滞执着于物。前一境界，乃是见山是山、见水是水，而后经过一个超越的过程与阶段即见山不是山、见水不是水，最终归于心即物而不执着于物的境界，复又见山是山、见水是水，然而此阶段之"见山是山、见水是水"，已然不是"心在焉"的境界，而是"心不在焉"的境界，在此境而又超越此境，即此物而又超越此物。

心在焉，乃有我之境；心不在焉，乃无我之境。心在焉，是向下落实，是事上磨炼；心不在焉，是向上超越，是明心见性。心在焉，是入世，是有为；心不在焉，是出世，是无为。儒家心法之最高境界，乃是以出世之心成入世之功，以无为之意行有为之事，将有无、色空两个极端打通，融无于有，体空于色。人有好乐，圣人亦有好乐，然圣人之心能超越此好乐之上，不被此好乐所捆缚桎梏，故不陷溺于好乐；人有忧患，圣人亦有忧患，然圣人之心能淡然处此忧患，以无忧无惧之心出离此忧患,超越此忧患,静定自在,故能"无入而不自得"。在忧患好乐之中,又能超出忧患好乐之外,此之谓"物物而不物于物"(《庄子》)。"素富贵行乎富贵",而不陷溺于富贵;"素患难行乎患难",而不忧惧于患难:如此则入"心不在焉"之境。孟子曰:"我四十不动心",孔子曰:"四十不惑",释迦曰:"不忧不怖不畏",皆是此"心不在焉"之境界,到此地步,心在境中又超乎境外,心能转境而不为境所转,故能不动心,故能不惑,故能不忧不怖不畏也。

正心与未发之中

《传习录上》曰:

> 守衡问:"《大学》工夫只是诚意,诚意工夫只是格物,修齐治平,只诚意尽矣,又有'正心之功,有所忿懥好乐,则不得其正',何也?"
> 先生曰:"此要自思得之。知此则知未发之中矣。"
> 守衡再三请。
> 曰:"为学工夫有浅深,初时若不着实用意去好善恶恶,如何能为善去恶?这着实用意便是诚意。然不知心之本体原无一物,一向着意去好善恶恶,便又多了这分意思,便不是廓然大公。《书》所谓'无有作好作恶',方是本体。所以说'有所忿懥、好乐,则不得其正'。正心只是诚意功夫里面体当自家心体,常要鉴空衡平,这便是'未发之中'。"

"着实用意"乃是"心在焉",就是心在此处,于事上磨炼。这是"好善恶恶"、"为善去恶"的基础工夫。此即诚意工夫。然而若停留在这一层面,有所执着凝滞,则是"着意",着了一分意思,便失却本体。心之本体,"原无一物",本来是澄澈而光明的,坦坦荡荡,磊磊落落,廓然大公,没有任何私意掺杂其中,然而一有着意,有了刻意造作,便"多了这分意思",故不得其正。所以阳明先生认为,诚意正心的工夫就是"体当自家心体",也就是体认这一"心之本体",体认这一廓然大公的境界。这一境界,就是"未发之中",如同镜子一样空明澄澈,照见万物而不凝滞陷溺于万物;如同一杆秤一样保持均衡状态,不偏不倚,无过亦无不及,此即"鉴空衡平"。这一"鉴空衡平",即是"未发之中",即是"心之本体"。

正心与无所住而生其心

在阳明先生答陆原静的书信中,谈到《大学》中的"正心"、"心不在焉"与程颢"情顺万事而无情"以及佛氏"无所住而生其心"的关系。《传习录中》曰:

> 来书云:"《大学》以心有好乐、忿懥、忧患、恐惧为不得其正,而程子亦谓'圣人情顺万事而无情'。所谓有者,《传习录》中以病疟譬之,极精切矣。若程子之言,则是圣人之情不生于心而生于物也,何谓耶?且事感而情应,则是是非非可以就格。事或未感时,谓之有,则未形也;谓之无,则病根在有无之间,何以致吾知乎?学务无情,累虽轻,而出儒入佛矣,可乎?"
>
> 圣人致知之功,至诚无息。其良知之体,皦如明镜,略无纤翳,妍媸之来,随物见形,而明镜曾无留染,所谓"情顺万事而无情"也。"无所住而生其心",佛氏曾有是言,未为非也。明镜之应物,妍者妍,媸者媸,一照而皆真,即是"生其心"处。妍

者妍,媸者媸,一过而不留,即是"无所住"处。病疟之喻,既已见其精切,则此节所问可以释然。病疟之人,疟虽未发,而病根自在,则亦安可以其疟之未发,而遂忘其服药调理之功乎?若必待疟发而后服药调理,则既晚矣。致知之功,无间于有事无事,而岂论于病之已发未发邪?大抵原静所疑,前后虽若不一,然皆起于自私自利、将迎意必之为累。此根一去,则前后所疑,自将冰消雾释,有不待于问辨者矣。

陆原静对程颢在《答横渠张子厚先生书》中所说的"情顺万事而无情"的理解是表面的,他理解的意思是"圣人之情不生于心而生于物也",实际上圣人之心应于物、顺于物、观照万物,然而却不执着于物,不为万物所累,而不是"生于物"。阳明先生以明镜来比喻圣人之心体:"圣人致知之功,至诚无息。其良知之体,皦如明镜,略无纤翳,妍媸之来,随物见形,而明镜曾无留染,所谓'情顺万事而无情'也。"圣人致知的工夫,至诚不息,其心体如明镜一般澄澈无染,无任何尘埃污垢遮蔽,故对各类美丑之物,皆能随物而照见其形,物来则照,然而并不主动去照,此庄子所谓"不迎";物去则明镜自空,不留物、不滞物,此庄子所谓"不将",不将不迎,心体自在而不住。程颢的"情顺万事而无情",就是庄子的不将不迎,就是佛氏所说"无所住而生其心",儒释道三家在此可谓殊途而同归也,其旨意是相通的。所以,阳明先生说:"'无所住而生其心',佛氏曾有是言,未为非也。"他是打通来讲的,没有儒释道门户之见,儒释道皆是假名,其归一也。什么是"生其心"?"明镜之应物,妍者妍,媸者媸,一照而皆真,即是'生其心'处。"不论妍媸,明镜皆能如实照见,此乃《大学》所谓"心在焉"也,亦是佛氏所谓"生其心"也。《金刚经》曰:"不应住色生心,不应住声、香、味、触、法生心,应无所住而生其心。"什么是"无所住"?阳明说"妍者妍,媸者媸,一过而不留,即是'无所住'处"。不论妍媸,事过而不留,不凝滞于物,此佛氏所谓"无所住",亦是《大学》所说"心不在焉",亦是庄子所说"不将"(不送)之意。陆原静担心"学务无情,累虽轻,而出儒入佛矣",是以为"无情"之说会陷入佛氏之说,不知儒释道皆假名也,人类在认识万事万物中所形成的最高智慧实际上是相通的。"无情"与"有情"、"应物"与"无住"、"有事"与"无事"、"已发"与"未发",皆融汇无间,不是截然分开的,陆原静之病,不仅囿于门户之见而不能见道,而且执着于有无、"已发"与"未发"、"有事"与"无事",故不能化而通之,故有隔膜教条拘泥之弊。阳明先生尝以病疟为喻,探讨心有忿懥好乐恐惧忧患对正心的影响。然而病疟之除,不能像陆原静那样拘泥于已发未发、已感未感,而是要时时刻刻用功,时时刻刻省察克治,故阳明先生说:"病疟之人,疟虽未发,而病根自在,则亦安可以其疟之未发,而遂忘其服药调理之功乎?若必待疟发而后服药调理,则既晚矣。致知之功,无间于有事无事,而岂论于病之已发未发邪?""无间于有事无事",就是"至诚无息",无有间断,时刻正心诚意,这才是致知的工夫,才是正心的工夫。阳明深刻指出陆原静的病根乃在于"自私自利、将迎意必之为累",若克去私欲,本体湛然,廓然大公,不将不迎、毋意毋必,则心自正。意必,出自《论语》之"毋意毋必毋固毋我",孔子所言"四毋",即是要学者去除内心之执着,要去我执,能去除意必固我四弊,则私欲自克,此即"心不在焉"之境,即"无所住而生其心"之境,即"不将不迎"之境也。此是正心之工夫。

正心与不动心

"心不在焉",心不被"忿懥恐惧忧患好乐"所动,此即孟子所谓

"不动心"。《孟子·公孙丑上》中谈到了"动气"、"动心"、"动志"：

> 曰："敢问夫子之不动心与告子之不动心，可得闻与？"
>
> "告子曰：'不得于言，勿求于心；不得于心，勿求于气。'不得于心，勿求于气，可；不得于言，勿求于心，不可。夫志，气之帅也；气，体之充也。夫志至焉，气次焉。故曰：'持其志，无暴其气。'"
>
> "既曰，'志至焉，气次焉'，又曰，'持其志，无暴其气'者，何也？"
>
> 曰："志一而动气，气一则动志也，今夫蹶者趋者，是气也，而反动其心。"
>
> "敢问夫子恶乎长？"
>
> 曰："我知言，我善养吾浩然之气。"
>
> "敢问何谓浩然之气？"
>
> 曰："难言也。其为气也，至大至刚，以直养而无害，则塞于天地之间。其为气也，配义与道；无是，馁也。是集义所生者，非义袭而取之也。行有不慊于心，则馁矣。我故曰，告子未尝知义，以其外之也。必有事焉，而勿正，心勿忘，勿助长也。"

告子也讲"不动心"，然而孟子的不动心与告子的不动心，有何不同呢？告子之弊在于将心与言、心（志）与气、仁与义隔开了来说，而孟子则是打通了来说。故告子提出"仁内义外"，提出"不得于言，勿求于心；不得于心，勿求于气"，实际上这些命题都是值得商榷的，甚至是有重大缺陷的，说明告子的学问仍旧未到融通之境，不能豁然贯通，故仍然是偏执不全的。孟子认为，不能求理于心，就不要求助于意气，这个说法还是勉强可以的（实际上告子"不得于心，勿求于气"这个说法也未达到透彻通融的境界）；然而说"如果不能在言语上通达，就不要求理于心"，那就陷于谬误了。言者，理也，朱子曰："'言'，只似'道理'字"，"言之所发，便是道理"（《朱子语类》卷五十二）。"不得于言"，即道未明，理未达，如何能不求于心？若在道未明、理未达的情况下"不求于心"，这个"不动心"就是假的、靠不住的"不动心"，非真正的"不动心"。所以孟子所谓的"知言"，实际上是达道、明理、体道，只有达道、明理、体道之后所臻至的"不动心"的境界，才是真正的"不动心"。"不动心"，还要处理好"心志"与"气"的关系。告子只是说"不得于心，勿求于气"，然而这种说法还是没有打通"心"与"气"的关系，仍然将"心"与"气"割裂开来理解。实际上，"心"与"气"是辩证统一的关系，一方面，"心"（即"志"）统帅气（即意气），"志帅气"，"志至气次"，即"心志到了一个地方，意气就会随之而到"；另一方面，"气"也会反过来影响心志，因此孟子说"持其志，无暴其气"，要坚定持守心志，控制心志，同时不要乱用意气，不能让意气反过来干扰心志。心志和意气会相互发生作用，"志一而动气，气一则动志"，心志若专一恒定，则会鼓动意气，如果意气专注于一个地方，那么也会扰动心志，即"气反动其心"。所以要达到不动心的境界，要达到心不在焉的境界，就要把握好"心"与"气"的关系，既要"不动心"，又要"不动气"，因为意气与心志相互作用。孟子"不动心"，是因为他"善养浩然之气"，这种浩然之气，"至大至刚，以直养而无害，则塞于天地之间"，这种气极其阔大，极其刚健，要用正直去滋养它，而不要随意戕害它，这样浩然之气就可以充塞于天地之间。而且这种浩然之气还不是单纯的意气，而是带有道德属性的，"其为气也，配义与道；无是，馁也。是集义所生者，非义袭而取之也"。浩然之气，要用正义和大道去匹配，而且是长期积累正义而产生的，并不是偶然行义而获取的，"集义"就是恒久坚持道德原则，"义袭"就是偶然符合道德原则，这是两种完全不同的境界。具体怎样来培养这个浩然之气？孟子提出"勿正"（即不要太功利）、"勿忘"（内心不要忘记忽视）、"勿助"（不要刻意助长）三个方面。这就是孟子的"不动心"。孟子的"不动心"，乃是"心"与"气"交相养的结果，要不动心就必须养浩然气，而养浩然气乃是恒久"集义"的结果，要坚持不懈、至诚无息、"勿忘"勿怠，同时还要"勿正""勿助"。勿忘，乃心在焉；勿助勿正，乃心不在焉。既要"在焉"，又要"不在焉"，这就是修养的工夫，正心的工夫。

程子（见《二程集》中《遗书》二十五）也谈到"正气"和"正志"的问题：

> 君子莫大于正其气，欲正其气，莫若正其志。其志既正，则虽热不烦，虽寒不栗，无所怒，无所喜，无所取，去就犹是，死生犹是，夫是之谓不动心。

心志若端正，就会达到一个无所执着的境界，"心不在焉"则虽热不烦，虽寒不栗，完全超越喜怒哀乐之情感束缚，对于去就、取舍、生死，都无所执念，这就是"不动心"的境界。故格物致知之工夫，全在于此，读书明理之目的，亦全在于此。阳明曾说："变化气质，居常无所见，惟当利害、经变故、遭屈辱，平时愤怒者到此能不愤怒、忧惶失措者到此能不忧惶失措，始是能有得力处。"（《与王纯甫》，见《王文成公全书》四）王阳明此处说的"变化气质"，实际上就是致知正心的工夫。通过致知正心的心性修养，能达到毁誉不扰于心、喜怒不动于心的地步，就能"无入而不自得"了。他说："外面是非毁誉，亦好资之以为警切砥砺之地，却不得以此稍动其心，便将流于日劳心拙而不自知矣。"（《答刘内重》，《全书》五）阳明先生又说："毁誉荣辱之来，非独不以动其心，且资之以为切磋砥砺之地，故君子无入而不自得，正以其无入而非学也。若夫闻誉则喜，闻毁则戚，则将惶惶于外，惟日之不足矣，其何以为君子！"（《答友人》，《全书》六）因此，所谓"心不在焉"，所谓"不动心"，非是圣人无此情，乃是圣人能把捉此心使之不动，因圣人心体本自湛然澄澈，无有昏昧蔽塞也。阳明先生说：

> 彼此但见微有动气处，即须提起致良知话头，互相规切。凡人言语正到快意时便截然能忍默得，意气正到发扬时便翕然收敛得，愤怒嗜欲正腾沸时便廓然能消化得，此非天下之大勇者不能也。然见得良知亲切时，其工夫自不难。缘此数病良知之所本无，只因良知昏昧蔽塞而后有，若良知一提醒时，即如白日一出而魍魉自消矣。（《与黄宗贤》，《全书》六）

这里面提到"非天下大勇者不能"，意谓能对自己的意气（情绪、情感）有效控制的人，皆需要巨大的道德勇气，无内心之大勇者，绝难于意气腾沸爆发时有所自省与收敛，意气不能收敛而任由其放纵，则是孟子所说的"暴其气"，如此则"反动其心"。所以孟子强调"养勇"，强调"养浩气"，阳明亦言大勇。能在意气激昂、内心忿懥、言语快意时收住自己的"气"，不动气，不动心，一方面需要内心之大勇，但更重要的另一方面乃是"集义"、"致良知"，那些使良知昏昧蔽塞的私欲一旦被扫除廓尽，则意气自归于平正，心自归于平正，此阳明所言不动气不动心之工夫也。恐惧忿懥忧患好乐，其过于常情者，皆源于内心之私欲，必以戒惧儆醒之心常加省察、常加克治，扫荡殆尽，方可还他个廓然大公，此之谓修身在正其心也。

不动心与平常心

心在焉而又不在焉,既有情而又能忘其情,"情顺万事而无情",如此则不动心,此即"平常心"。道家亦言此境,称之曰"平常是道"。清和真人曰:

> "圣人设教于天下后世,惟欲人去妄复性,而不使情欲乱于中,使其心得其平常,为入道之本,圣人岂独无情哉?能自不动其心耳。如天有四时,寒暑运用,雷霆风雨万变于前,而太虚之真体未尝动。学人体究至此,是到平常地也,故有云:平常是道。先保此平常,其积行累功皆由乎己,是在我者也。道之显验,圣贤把握,是在天者也。当尽其在我者,而任其在天者,功行既至,道乃自得。若有心以求,则妄矣。""必心地平常以为本。心平则神定,神定则精凝,精凝则气和,睟然见于面,发于四肢,无非自然,盖初以心地平常为本故也。"(《清和真人北游语录》卷二)

圣人亦不能无情,圣人只是不动其心,不被万事有情所捆缚耳,故能不动心。"去妄复性",就是去其私欲妄念,复其本来真性,佛家谓之真如、佛性,儒家谓之天性、良知,"去妄复性"就是"求放心"、"致良知"。此良知之明,自然而然,不假刻意,"勿忘勿助",不能"有心以求"。若到"心地平常"之境,则恐惧忿懥忧患好乐皆不能动其"真体",不能遮蔽其"良知",雷霆万变于前而不变色,此之谓不动心、不动气,到此则心平神定,精凝气和,以至于睟面盎背,即《孟子·尽心上》中所说的"君子所性,仁义礼智根于心。其生色也,睟然见于面,盎于背,施于四体,四体不言而喻"。"平常心"、"平常是道",不就是《中庸》第十四章讲的"素其位而行"吗?"君子素其位而行,不愿乎其外。素富贵,行乎富贵;素贫贱,行乎贫贱;

素夷狄，行乎夷狄；素患难，行乎患难。君子无入而不自得焉。"视一切境况为平常，任何境遇皆不能动我之心，情顺万事而心不妄动，就可以达到心既在焉又不在焉的境界。"无入而不自得"，即不动心，即平常心也。

第六章　齐家在修身

所谓齐其家在修其身者，人之其所亲爱而辟焉，之其所贱恶而辟焉，之其所畏敬而辟焉，之其所哀矜而辟焉，之其所敖惰而辟焉。故好而知其恶，恶而知其美者，天下鲜矣。故谚有之曰："人莫知其子之恶，莫知其苗之硕。"此谓身不修，不可以齐其家。

【译文】

所谓"家庭安定规范的关键在于修养自己的品行"，这句话的意思是说，每个人都会因各种原因而发生行为上的偏颇：一个人对自己所亲近爱慕的人，就会发生行为上的偏颇；对自己所蔑视厌恶的人，就会发生行为上的偏颇；对自己敬畏尊重的人，就会发生行为上的偏颇；对自己同情悲悯的人，就会发生行为上的偏颇；对自己轻忽怠慢的人，就会发生行为上的偏颇。（而这些偏颇的行为最容易发生在家庭中，因此如果不注重自己的身心修养，避免自己的言行偏颇，就难以使家庭真正安定规范。）因此，喜欢一个人，却能客观察知他的缺点；厌恶一个人，却能客观察知他的优点，天下能做到这一点的人太少了。所以民间有谚语说："人（由于偏爱自己的儿子，所以）很难察知自己的儿子的坏处；人（由于过于贪心，老觉得自己的庄稼长得不如别人，所以）很难知道自己的禾苗长得如此丰美壮硕。"（这样就会发生很多行为上的偏颇，以这种偏颇的行为去管理家庭，家庭就很难真正规范安定。）这就是所谓"如果不能修养自己的品行，就难以使自己的家庭真正规范安定"。

齐家在修其身

"齐家在修其身"，《大学》把"齐家"和"修身"放在一起，而且把"修身"作为"齐家"的前提，这一定位是富有深意的，也彰显了儒家在治家问题上的基本立场。何谓"齐家"？"齐"，有整齐、规范之意，"齐家"者，使家整齐、规范之谓也。整齐之，规范之，则家人行有所范、言有所规，言行不逾矩，则德有本矣。家人德有所本，无邪僻之言行，则家可立矣。故立家之道，端在一"齐"字，"齐"则正，正则固，固则兴。齐家即正家也，家人身修则言行正，正则家道长久。家人若沾染邪僻之气，言行不端正，以至于作奸犯科，则家必败，安可长也？"齐家在修其身"，其第一重意蕴，即是家庭成员之修身，所有家庭成员皆须修身养性，敦品砺德，如此家庭方可稳固兴旺。

"齐家"的关键在于治家者，即家长。一个家，何人去整齐之，规范之，教诲之，引导之，熏陶之？当然是家长，尤其是家中的父亲。今天父母亲在家庭中同担整齐、规范、教诲之责。其实古代中国家庭中，母亲所担负的整齐、规范、教诲之责亦受到高度重视，妇女在家庭中的角色亦至关重要。"齐家在修其身"的第二重意蕴，乃是要求治家者尤当以修身为本。无论一个人处于何种地位，不论其富贵贫贱，上自帝王将相，达官富豪，下至普通百姓，要治理好自己的家，就要首先修好自己的"身"，一个道德败坏之人是绝难治理好自己的家的。一个家长，要教育引导好自己的子女，首先自己就要品行端正，己身正而一家正，己不正而欲正子女，是绝难达到目的的。故作为一家之长，必须注重修养品德，以身作则，率先垂范，言传身教。家长自己游手好闲而欲要求子女勤勉做事，家长自己不孝顺父母而欲子女孝顺自己，家长自己弄私舞弊而欲子女诚实无伪，这是不可能办到的。《大学》中说"自天子以至于庶人，壹是皆以修身为本"，我们也可以说"自天子以至于庶人，治家者皆须以修身为本"，没有这个本，没有这个基础，治家无从谈起，自己不"齐"，自己的言行不能规范，就不可能"齐"其家人。贫贱者治家固难，富贵者治家尤难。古来皆言"富不过三代"，富贵者不能治家而致家道衰败者，代不乏人，镜鉴不远，可不慎欤！

《朱子家训》中所言，尽是中国儒家教导一个人修身成德的"平常之言"，可谓"卑之无甚高论"，并无任何治家"秘笈"可言：

> 见老者，敬之；见幼者，爱之。有德者，年虽下于我，我必尊之；不肖者，年虽高于我，我必远之。慎勿谈人之短，切莫矜己之长。仇者以义解之，怨者以直报之，随所遇而安之。人有小过，含容而忍之；人有大过，以理而谕之。勿以善小而不为，勿以恶小而为之。人有恶，则掩之；人有善，则扬之。处世无私仇，治家无私法。勿损人而利己，勿妒贤而嫉能。勿称忿而报横逆，勿非礼而害物命。见不义之财勿取，遇合理之事则从。诗书不可不读，礼义不可不知。

《家训》所及，皆琐屑小事，并无豪言壮语，然而却是治家之根本，因为"齐家"的基础正在于这一点一滴的修身工夫，正像朱子自己说的，"此乃日用长行之道，若衣服之于身体，饮食之于口腹，不可一日无也"。如果每一个家庭成员皆能在一点一滴上修身养性，如果每一个治家之"家长"皆能在琐屑日用事上锤炼品行，垂范于后，则家人必齐，家业必兴，家道必昌也。

"辟"与"正"

辟，僻也，偏也，不中不正也。一个人的行为出现偏邪不正的情况，既有内在的原因（如德行心性），也有外在的原因（如社会关系的影响）。社会关系对我们的道德行为影响很大，我们往往因人与己之关系之亲疏远近而改变我们的道德行为，我们也往往视人与己之关系之亲疏远近而采取不同的道德原则和道德评判标准。这就会使我们的道德行为出现偏差，使我们在道德评判上难以做到客观公正，从而偏离正道。对与我们亲近之人，对与我们关系好的人，我们就会不自觉地降低道德标准，就会对各种偏邪不正的行为有更大的宽容度；而对与我们关系疏远或关系不好的人，则采取苛刻得多、高得多的评判标准，从而不能内外亲疏一律平等对待，长此以往，则整个社会的道德行为就会出现严重的混乱，其道德秩序即趋于崩溃。

"辟"（偏颇不正）的原因在于私。与我们亲近的人，与我们关系好的人，皆是对我有好处或能够满足我私人欲望之人，故有私则"辟"而偏，无私则公而正。

人之其所亲爱而辟焉

家庭成员之间的关系的亲密性，使得家庭成为我们的道德行为发生偏颇的最重要的场景之一，故《大学》曰"人之其所亲爱而辟焉"。家庭成员中的孩子、妻子、父母，皆我所亲爱者，因此对于他们自然多了一层基于感情的偏爱与宽容，我们对家人往往降低了道德标准，对家人的溺爱和放纵导致家人很容易在道德上丧失自律的精神，从而走上邪路。治家者亲爱其家人，对家人之恶习恶行不加管束，反而纵容溺爱之，以为溺爱纵容就是爱家人的表现，结果却使家人走上不归之路。一高官在父母临死之时，向父母承诺要照顾好弟弟妹妹，结果其弟妹仰仗其兄之官位而四处捞取商业利益，为非作歹，而该高官处处庇护纵容之，最终几个弟妹皆锒铛入狱，高官后悔不已。故治家者爱其家人必有道，爱之故必齐之，使之行为端正，行于正道，平时必严加管束，日日教导熏陶之，如此才是真爱家人，若纵容姑息其恶，则非真爱，乃害之、戕之也。古往今来因溺爱家人子女而致使家人子女走上邪路甚至丧身者，其教训实在是太过惨痛，治家者不可不警惕戒惧之。

《战国策》中"邹忌讽齐王纳谏"篇曰：

> 邹忌修八尺有余，而形貌昳丽。朝服衣冠，窥镜，谓其妻曰："我孰与城北徐公美？"其妻曰："君美甚，徐公何能及君也？"城北徐公，齐国之美丽者也。忌不自信，而复问其妾曰："吾孰与徐公美？"妾曰："徐公何能及君也？"旦日，客从外来，与坐谈，问之客曰："吾与徐公孰美？"客曰："徐公不若君之美也。"明日徐公来，孰视之，自以为不如；窥镜而自视，又弗如远甚。暮寝而思之，曰："吾妻之美我者，私我也；妾之美我者，畏我也；客之美我者，欲有求于我也。"于是入朝见威王，曰："臣诚知不如徐公美。臣之妻私臣，臣之妾畏臣，臣之客欲有求于臣，皆以美于徐公。今齐地方千里，百二十城，宫妇左右莫不私王，朝廷之臣莫不畏王，四境之内莫不有求于王：由此观之，王之蔽甚矣。"

邹忌之妻妾，因亲近敬畏之而"辟"，从而丧失公正客观；邹忌之客，因有私事有求于邹忌而"辟"，从而说出违心之言。有私则辟，辟则不正，若邹忌失去清醒的自反精神，不能自我省察而因妻妾与客人之言沾沾自喜，甚或自傲自大，目空一切，则危殆矣。此谓之"蔽"

也,"辟"则必有所"蔽"也。幸而邹忌有极为清醒的自我认知和自我省察,从而能自知不如徐公,并能够洞察妻妾与客人因"私己"、"畏己"与"有求于己"而使自己陷于被蒙蔽的状态。威王纳邹忌之言,亦省悟到宫妇、朝臣与邻邦之"私己"、"畏己"、"有求于己",故虚心纳谏,终于使齐国大盛,此所谓"战胜于朝廷"。"邹忌讽齐王纳谏"的故事,从一个侧面解释了"人之其所亲爱而辟焉"的道理。有私则生辟(偏颇),辟则生蔽,有所蔽则良知远矣。家人及我们亲近之人的偏颇的评价使我们往往不能保持客观公正的立场,也不能有清醒的自我评价,从而往往处于被蒙蔽之境地而不自知,这对我们的修养和处世是极其危险的事。

之其所贱恶而辟焉

对于我们所轻贱、鄙视、厌弃之人,我们也往往心存偏见,从而难以做出客观公正的道德评判。一个人,因为我轻恶之,则看他一切的言行便不顺眼,于是他整个人在我眼里一无是处。实则我之轻蔑鄙视之态度与道德评判未必客观公正,我之道德评判只是从"我"一个人的视角、以"我"一个人的标准而做出的判断,故"我"之道德评判也许是偏颇的、不客观不公正的。即使我之判断公正客观,彼人确实在人格与道德层面值得蔑视鄙弃,然而此人也未必一无是处,他除了应被鄙弃的缺点之外,也许还有一些优点,甚或有一些美德乃是我所不具备的,是值得肯定的。然而由于我"贱恶之"的态度,于是彻底否定了彼人身上的一切德行。我之主观臆断,正是使自己的道德良知被蒙蔽的根源。故孔子言:"毋意毋必毋固毋我"(《论语·子罕》),就是要我们跳出自我的主观臆断,而以公正客观的眼光看待一切。对自己亲近之人,也要清醒地认识到他的缺点,对于自己所鄙弃之人,也要看到他的优点，去除自己的主观偏见，从自我的圈子跳出来，才能有廓然大公之心，才能见得事物的全貌，也才能接物，才能处世，才能见道。

之其所畏敬而辟焉

我所畏敬者，师尊长上也；师尊长上固宜敬爱、敬畏之，然而也不应因其为师尊长上而违背我们自己内心之道德良知而曲从之，我们在敬爱尊重师尊长上的同时，在学习效仿师尊长上之美德懿行的同时，仍应保持一份清醒的、基于良知的道德判断。"之其所畏敬而辟焉"，对于师尊长上，因为畏敬之，从而蒙蔽了我们的道德判断，从而丧失自我的独立良知和道德标准，而对其道德行为不加辨析地全盘肯定，这对我们的修养与处世是极有害的。吾所贱恶之人，固有我所鄙弃之恶德，然其若有一毫美德，亦不容抹煞之，亦应得到我之肯定尊重；吾所畏敬之人，固有我所畏敬之美德，然其若有一毫恶德，亦不容掩盖之、忽略之，亦应引起我之警惕戒惧。有了这种客观公正的态度，人之良知方不被蒙蔽，人之价值判断才不致紊乱，善则善之，恶则恶之，一切皆以客观公正之态度处之，一切皆依从吾之良知而评判之，如此才不至于使自己的心性德行出现偏邪，不"辟"而归之正道。做到这一点，当然很难，需要我们抛弃任何私欲，抛弃我们的成见、偏见，而纯粹出以公心去判断一个人。孔子说："唯仁者能好人，能恶人"（《论语·里仁》），这样的"仁者"，心底无私，廓然大公，故仁者的善恶判断不夹杂个人情感，没有个人之主观臆断，故其能真正以"正确的态度"来喜好一个人、憎恶一个人，仁者在喜好一个人的时候，不因自己的喜好而掩盖那个人的缺点；仁者在厌恶一个人的时候，不因自己的厌恶而抹煞那个人的优点。仁者的判断，合乎良知，合乎天理，合乎大道，不掺杂私欲，故能得其正而去其辟。《贞观政要》中载，唐太宗曾让王珪评价诸臣长短，王珪说："孜孜奉国，知无不为，臣不如玄龄；兼资文武，出将入相，臣不如李靖；敷奏详明，出纳惟允，臣不如温彦博；处繁治剧，众务必举，臣不如戴胄；以净谏为心，耻君不及尧舜，臣不如魏征；至于激浊扬清，嫉恶好善，臣于数子，亦有微长。"王珪之言，不仅受到太宗之嘉许，亦受到诸臣之赞同，究其原因，在于王珪之评出于公心，不夹杂个人之情感好恶，故能客观公正。

之其所哀矜而辟焉

吾所哀矜之者，鳏寡孤独、老弱妇孺也。哀矜之，故生悲悯之心，欲助之，护之，爱之，而不忍伤之，不忍使之陷入孤苦无告之境地。社会中之弱势群体，理应受到全社会之扶助救济，此乃良治社会题中应有之义。《孟子·梁惠王下》曰：

> 老而无妻曰鳏，老而无夫曰寡，老而无子曰独，幼而无父曰孤。此四者，天下之穷民而无告者。文王发政施仁，必先斯四者。《诗》云："哿矣富人，哀此茕独！"

治国治家者，有此哀矜悲悯怜恤之心，乃仁者之心也，苟发此心"亲亲而仁民，仁民而爱物"（《孟子·尽心上》），则家和而天下定。然而此扶弱济困、怜老爱幼之悲悯同情之心，亦须得其正，要符合一定的道德原则，否则对整个家庭社会之道德风尚都会产生消极影响。先从整个社会的层面来说。对社会上的弱势群体，自然要加以扶助，要关爱之，呵护之，但这种关爱呵护亦要有度有则，在扶助之同时，要培养弱势群体的自尊自爱意识、自立感恩意识。即如当今之扶贫济困，亦须特重扶其志，使其具备自立自强之精神，而非使其全然倚靠他人之扶助，更不能使其因此而生依赖之心、惰怠之心，无感恩之心，甚或对社会产生仇恨心态，如果出现这种结局，则扶贫济困不但没有使社会道德风尚有所改善提升，反而有害于社会良俗。又如，整个社会诚然要大力弘扬爱老、敬老之风，然而同时亦须在社会上大力弘扬老人的自爱自尊意识，要使老人成为社会道德之表率，年轻一代才会敬爱之、效仿之，若老年人丧失自爱自尊精神，倚恃社会对老人的关爱呵护，而缺乏自我修养，甚而破坏社会之良序良俗，则自应受到全社会之一致谴责。社会应关爱老人，但老人亦应自重自爱。当前社会上多有因扶助摔倒之老人而反被老人（及其家人）讹诈之案例，更有一些道德败坏之老者利用年轻人之同情心而故意摔倒，以此行骗牟利，此更是令人不齿之败德行为。故哀矜悲悯老弱孤残固是社会和谐之前提，然而"之其所哀矜而辟焉"，哀矜悲悯的同时若不加正确的道德引导，则会出现社会道德偏颇不正的情况，故既须哀矜之，又须教诲之，要在扶弱济贫、敬老恤幼的同时，培育其自重自爱自尊自强之精神，这就涉及到"修身"的一面。若社会所扶助的老弱孤残等弱势群体没有形成正当的道德人格，没有在精神境界上有所提升，甚至在道德情操方面陷入堕落，这就表明我们没有以正确的方式去"哀矜"和扶助他们，这就表明我们表达怜恤同情的方式偏颇不正，此之谓"之其所哀矜而辟焉"。

　　再从家庭的角度来说。一个家庭中的老者、幼者，往往是受到特别关照与爱护的。然而关照爱护老幼，不光是从物质生活的层面对他们施以特别的呵护，而且更要从心态上、精神上、道德上给以正确的引导。尤其对于家中幼小的孩子，不能因为其幼小而放松对其道德品质和行为习惯的培育，不能忽视对其人格和精神境界的提升。有些父母因孩子幼时体弱而放松对其道德和行为习惯的培养，纵容溺爱，百依百顺，结果导致孩子从小骄纵跋扈，自私自利，对他人无爱心，无感恩心，无责任心，性情孤僻暴躁，行为随心所欲。这样的孩子成年之后往往形成一种反社会人格，其人生必然是失败的。故为父母者，对于幼小的孩子（尤其是体弱的孩子）的爱护，要包摄身心两方面，于身体健康方面自然须多加呵护，但亦须注意培养其意志；于心性道德方面尤应注重培育其自律、自强之精神，培养其感恩之心，训练其生活自理能力与帮助他人之习惯，培育其责任意识，若只关心其身体层面（有些父母关爱孩子身体健康亦不得法，溺爱之而使之多食肥甘厚味，娇惯之而不使之从事强身健体磨炼意志之体育锻炼），而不注重其心性道德层面的培育，则父母之偏爱恰恰害之。有些家长因溺爱骄纵孩子而导致孩子道德沦丧，最终致其名裂身死，酿成家庭之悲剧，慎哉慎哉！哀矜之而导之以正，才是正确的爱子之道。

之其所敖惰而辟焉

敖者，傲也，屑视也。惰者，怠也，轻慢也。敖惰者，轻慢鄙视也。吾所怠慢骄视之人，必有为我所鄙弃轻屑之恶德恶行。然吾之傲惰或出于不正，则吾所轻屑鄙弃之人亦恐非十恶不赦之人也。故于吾之傲惰鄙夷之情，时当有所自反：吾之傲惰鄙夷果出于公心否？是否出于一己之私、一己之偏见而生偏僻不正之心，从而陷入主观臆断而不自知？傲惰之心一起，即须从良知上省察克治。当我们以鄙夷不屑的态度论断他人之非时，即须以他人为镜反照自我，故古人云"静坐常思己过，闲谈莫论人非"，警惕自己"敖惰而辟"，警惕自己因一己之私而发生臆断。若对人有一丝鄙薄厌恶之念，即须将这一念头拿来观照省察，从而克私欲而生公正之心，如此则傲惰之心渐息矣。一家之中，一国之中，皆适用此原则：一旦我对他人（或家人）生傲惰轻慢鄙视之心，即须反躬自省，看自己身上有无值得警惕之缺失，从而时时戒慎恐惧，去除主观臆断，抛掉我执私心，如此则去辟而归正矣。人能做到客观公正是非常不易的，其中的关键工夫即是"自反"。家庭之中，常发生相互指责、相互诿过的情况，夫妻之争吵多由此生，若人人秉此自反精神，意必固我皆去之，各人反省自己之过错，则自能相互谅解和睦，"齐家在修其身"一句所含之心法，大率在此自反二字。

正家而天下定

齐，即正，即各守本分，各归于正。《周易》之《家人》卦，探讨治家之道比较深刻。《家人·彖》曰：

> 《家人》，女正位乎内，男正位乎外。男女正，天地之大义也。家人有严君焉，父母之谓也。父父，子子，兄兄，弟弟，夫夫，妇妇，而家道正。正家而天下定矣。

《家人·彖传》的意思是说：《家人》卦，女子持守中正之道而在内，男子持守中正而在外。这是从卦象上来说的，该卦上巽下离，六二爻（从下数第二爻）是阴爻，柔而中正而居于内卦，代表女子持守中正之道而在内；九五爻（从下数第五爻）是阳爻，刚而中正而居于外卦，代表男子持守中正之道而在外。男女都持守中正之道，这是天地间至大之理，此所谓"天地大义"。家人里有严正的君长，这就是父母。父亲守为父之道，子女守为子之道，兄长守为兄之道，弟弟守为弟之道，丈夫守为夫之道，妻子守为妻之道，这样家道就可以端正了。家道端正，那么天下也就安定了。"正家而天下定"，正就是不

"辟"，家人若都守正道，那么天下就安定了。而家道正的条件是家人各守其正，父亲要像父亲，母亲要像母亲，子女要像子女，夫妻亦要各守其道，这就是家道正。家道正，则家道昌。

牛钮等著《日讲易经解义》曰：

"正家之责，男女之尊者任之，九五男正乎外，六二女正乎内。内外既正，则卦中诸爻，或为父子，或为兄弟，相关而化。自无不正矣。故象辞专言女贞，见正外莫先正内"，"卦辞言正家之道，贵先正乎其内也"，"君子齐家以立教，固莫不欲使内外咸得其正也。然家之不正，恒起于妇人，而家之难正，亦莫甚于妇人，故正家者，必以正内为先务。惟自修其身，以端其本，使一家之中肃然有贞静之风，穆然守宫闱之范，则内正而外自无不正，大化之源，肇于此矣，何利如之？"

实际上《家人》卦对于男女之各守其正都很重视，内外正则家正，男女都要"自修其身，以端其本"。我在《周易心解》一书中曾说，《家人》卦言治家、持家、齐家的精要处，无外乎"尽本分，履正道，交相爱，能反身"。其中的"正"字很重要。家庭伦理乃是儒家伦理的核心与起点，一家正而天下定，一家和而天下安，故家庭之治乃国家治理的基础，而家庭治理讲究"正"。《家人》强调家庭成员各尽本分、各履其职、各正其道，上下尊卑各顺其位，男女夫妇内外有序，而治家宜以刚严为上，强调端严持家，而戒之以纵逸败家，不以正道治家，不能使家人归于正，则家必败。《家人》卦探讨的"身—家—国—天下"关系的顺序，与《大学》相类，反身自治乃修身，尽分履正乃齐家，身修家齐而国治，国治而天下定。"正家而天下定"，正而不辟，家道乃昌，《家人》之道大矣哉！

好而知其恶,恶而知其美

好,喜好也;恶,厌恶也。喜好一个人和厌恶一个人,发自于我们的主观判断,然而这种主观的价值判断是否全面和客观公正,还有待检验。这里面既有一个道德判断的原则问题,也有一个"度"的问题。就道德判断的原则来说,既有普适的道德原则(如一个人撒谎就应该受到谴责),也有根据环境(场景)而变通的特殊原则(如一个人对侵入国土的侵略者撒谎而欲保全人民生命,则此种行为即应该受到褒扬)。就道德判断的"度"来说,当我们喜好一个人时,若只看到对方的某种优点而掩盖其缺点,从而全盘地、绝对地肯定他,则这种喜好就过度了,不客观不公正了,就是"辟"(偏颇);同样地,当我们厌恶一个人时,若只看到此人一方面之恶而彻底否定此人其他方面的善,从而绝对地、彻底地厌恶他,则这种厌恶就是过度了,也是一种偏颇的道德判断。所有这些过度的、偏颇的价值判断,对于我们的心性修养和社会道德体系的维系,都是有害的。我们对于朋友、家人,皆应保持一种客观公正的态度,虽好之,然亦知其恶,以家人朋友之缺点来警示自己,以家人朋友之优点来激励自己,以完善自身之道德;对于我们恨恶之人,亦要客观察知并内心认同其优点,不可以偏概全,不可因其恶而否定其身上的善,"恶而知其美",如此才能以对方之恶为镜鉴来反省自己,同时又看到对方之善来完善自己。能"好而知其恶,恶而知其美",就需要有一种廓然大公的胸怀,能超越一己之私,以客观公正的眼光看待一切善恶。

"知子之恶"与"知苗之硕"之难

上面所说的所有的"辟":"人之其所亲爱而辟焉,之其所贱恶而辟焉,之其所畏敬而辟焉,之其所哀矜而辟焉,之其所敖惰而辟焉",皆是由于吾人之私意、贪欲所生。有私则有偏,有贪则有执。"人莫知其子之恶",其道理在于吾之子乃吾所亲爱者,吾亲爱之,故偏私之,偏私之,故不知其恶而唯知其可爱。若吾之子与他人之子发生矛盾争吵,吾必偏袒吾之子,必以吾之子之言行为是,而以他人之子之言行为非,实则吾之子亦有短处非处,他人之子亦有长处是处,而此时吾之心有所偏私,有所辟焉,故掩吾子之恶而扬其善,而不见他人之子之善而责其恶,其中是非判断皆为私意所生之主观臆断。

"人莫知其苗之硕",自己不知道自己的禾苗长得已然很壮硕,其原因在于自己内心之贪欲,贪得无厌,故不知其硕,非不知也,乃不餍足也,惟望自己的禾苗超过所有人。此种贪欲所导致的价值判断之偏颇("辟"),于治家者尤应引为戒惧。财富之追求没有尽头,若没有知足常乐之心,贪得无厌,则会使治家者尽日殚精竭虑于谋财货,而忽略了一个家庭的道德熏陶,忽视对家人尤其是孩子的道德教化,长此以往,虽家财万贯,亦难以使家道恒久昌盛,古来家业之败,多由于此。

正确的孝道在于修身守身

孝道乃是一个家庭稳固的根本伦理前提,儒家极为重视孝道,以孝悌为人格修养之本,《论语·学而》中就讲到:"君子务本,本立而道生。孝弟也者,其为仁之本与?"然而孝道的前提,并不是简单地随顺父母、侍奉父母,而是一个人真正能够修身、守身,从而真正成就高尚的人格。一个没有人格的人,一个道德败坏的人,即使他对父母非常随顺,也不能算是尽了孝道。故修其身才能行孝,进而才能齐家。

在孟子看来，事亲的前提是"守身"，要"不失其身"，才能真正事亲，《孟子·离娄上》曰：

> 事，孰为大？事亲为大。守，孰为大？守身为大。不失其身而能事其亲者，吾闻之矣；失其身而能事其亲者，吾未之闻也。孰不为事？事亲，事之本也。孰不为守？守身，守之本也。

在这里，孟子明确地将"守身"作为"事亲"的前提，一个人若是"失身"，丧其节操，失其所守，人格泯灭，道德败坏，在道德情操与生命实践中处于"失身"、"失守"的混乱沦落状态，那么他是很难真正履行孝悌之道的。所以孟子把"明善"与"诚身"作为"悦亲"的先决条件："悦亲有道，反身不诚，不悦于亲矣。诚身有道，不明乎善，不诚其身矣。"（《孟子·离娄上》）《孟子·离娄下》中谈到"世俗所谓不孝者五"（五种不孝的表现）时，主要涉及的是一个人的修身：

> 惰其四支（肢），不顾父母之养，一不孝也；博弈好饮酒，不顾父母之养，二不孝也；好货财，私妻子，不顾父母之养，三不孝也；从耳目之欲，以为父母戮，四不孝也；好勇斗很（狠），以危父母，五不孝也。

所有的悖德、败德行为，如懒惰荒怠、赌博酗酒、贪婪好财，生活放纵糜烂、滥施暴力、好勇斗狠等，都是人类所共同摒弃、鄙视的行为，而这些行为最终都伤害了一个人的孝亲行为。这一逻辑本身，既说明一个人修身、"守身"对"孝亲"的"前置性"意义，也更深刻地说明"孝亲"对"守身"的反向价值。也就是说，一个人不能修身、"守身"，固然不能"孝亲"；然而反过来说，一个人为了更好地

"孝亲"，为了"光前裕后"而成为"孝爱"典范，他就必然以更高的道德标准来要求自己：他就必然成为一个有自律精神与自我反省精神的人，成为一个在道德上不断进行自我砥砺、自我锤炼的人，成为一个在人格上实现自我超越与自我升华的人。而这一切的内在动力源泉，仍在于那个生生不息、源源不竭、最本真而又最强大的"孝爱"意识，也正是因为这"孝爱"，他成为了一个"真正的人"（参见拙著《孟子心证》）。所以，正确的孝道，首先要求为人子者要注重修身，要"诚身"、"明善"、"守身"，要在道德层面孜孜以求、止于至善，这样的人才能真正实践孝道，这样的基于守身修身的孝亲才是真正的孝亲，而所有的道德败坏之举，实际上都是危害孝道的，所以要孝顺父母，就要好好修身、守身。身不修不可以孝其亲，不可以齐其家。

《孝经》也强调为人子者在道德上的修养对于孝亲的前置性意义。《孝经·纪孝行章第十》曰：

> 事亲者，居上不骄，为下不乱，在丑不争。居上而骄则亡，为下而乱则刑，在丑而争则兵。三者不除，虽日用三牲之养，犹为不孝也。

侍奉父母者，居上位不骄慢，处下位不作乱，处众人中不忿争。居上位骄慢则会危亡，在下位作乱则会导致刑罚，在众人中引起忿争就会导致兵刃加身。这三样不端之行为若不除掉，则虽每天用三牲来侍奉父母，也照样应视为不孝。这就说明修身对于孝亲的重要意义。不修身不足以行孝也。

对父母孝顺也并非对父母"百依百顺"，对于父母的不符合道德规范的言行，也不能因为行孝而盲目地全盘接受和顺从，而要及时给以提醒，给以耐心的规劝，使之归正，这也是正家、齐家的重要方面。《孝经·谏诤章第十五》曰：

曾子曰："若夫慈爱、恭敬、安亲、扬名，则闻命矣。敢问子从父之令，可谓孝乎？"子曰："是何言与，是何言与！昔者天子有诤臣七人，虽无道，不失其天下；诸侯有诤臣五人，虽无道，不失其国；大夫有诤臣三人，虽无道，不失其家；士有诤友，则身不离于令名；父有诤子，则身不陷于不义。故当不义，则子不可以不诤于父，臣不可以不诤于君。故当不义，则诤之。从父之令，又焉得为孝乎！"

正确的孝行，不仅是孝养父母，而且要在父母"不义"之时给以谏诤、劝导，使之在道德层面有所警醒和提升，帮助父母在道德上达到一个新的境界，而不是听之任之、纵容之、偏袒之。若纵容偏袒而使父母陷于不义，则是最大的不孝，故曰"齐家在修其身"。

正确的夫妇之道在于修身

夫妇之道，乃是人类伦理体系的起点，儒家伦理亦特重夫妇一伦，《周易·序卦》曰：

> 有天地，然后有万物；有万物，然后有男女；有男女，然后有夫妇；有夫妇，然后有父子；有父子，然后有君臣；有君臣，然后有上下；有上下，然后礼义有所错（措）。

有了夫妇之道，才有以后的父子、君臣、上下之道，才有整个人类伦理。夫妇之道大矣哉！然而夫妇之道，不仅是生活中的相濡以沫、相互恩爱，相互呵护，相互尊重，相互扶持，而且更重要的是要在相互恩爱、呵护、尊重、扶持的过程中遵循修身的原则，使夫妇两人在道德修养和人格境界上都有所提升，不断追求至善之目标。有些人可能觉得这种定位"陈义过高"，以为夫妇不过是柴米油盐、日常琐事，不过是在平凡的生活中相互关爱过日子而已。夫妇固然离不开柴米油盐日常琐事，然而正是于此庸常无奇的生活当中，夫妇各自获得了最直接、最真实、最寻常但有时也是最严酷的生命历练与生活考验，在夫妇所共同面对的日常之中，在彼此处理各种矛盾的过程之中，夫妇两人实际上都经历了最扎实、最频繁的修身养性的历练过程。故君子之修身，真正的场景不仅在社会职场、在国、在天下，而且更在寻常日用之间，在家庭的夫妇儿女之间。唯有存此夫妇之道，构建夫妇之真正伦理，才能上至更高的社会角色，才能最终治国平天下。

齐家、治家、正家的根本在夫妇，处理好夫妇关系，父子关系、兄弟关系乃至于对双亲的孝爱关系就比较好处理了。然而真正牢固恒久的夫妇关系，一定是一种高度符合伦理道德原则的关系，一定是一种能够在此夫妇互动关系中增进彼此道德境界的关系，夫妇之间的伦理关系如果不符合道德原则，则必危及父子关系、兄弟关系以及孝亲关系，从而颠覆整个家庭伦理关系，终至家败。故正确的家庭关系必基于修身，即德行的增进。这里面包含着两个层面的德行增进：

第一个层面是自己要修身，在传统儒家家庭伦理关系中主要是要求担负家庭治理重任的一家之长（通常指男主人），当然在现代化的家庭伦理关系中，夫妇乃是同等地位的治家者，都要担负家庭治理之重任，故夫妇各自修身是夫妇伦理关系的基点，只有自己修身，才能以自己的道德行为正面地影响自己的配偶。在夫妻生活中，一个人格低下的人，一个言行邪僻之人，是很难得到配偶的真正的敬重的，也是很难建立正确的夫妇关系的，进而也是很难治家正家齐家的。《孟子·尽心下》曰："身不行道，不行于妻子；使人不以道，不能行于妻子。"你自己不能行道，不能按照正确的伦理之道来行动处事，则那些伦理之道也难以在妻子儿女身上行得通；你自己在役使别人、命令别

第六章　齐家在修身

人的时候不能采取正确的方式，那么你就连自己的妻子儿女也难以使唤得动。这就显示出一个人在夫妇关系中行道、修道、进行人格修养的意义所在。自己行道、修身，则其道近可行于妻子，远可行于社会、国家乃至于天下。

第二个层面是，一个人不但要在家庭关系中自己修身，还要使自己的配偶修身，使夫妇的人格境界在夫妇的互动关系中以及在夫妇共同面对外部世界的挑战过程中都得到提升。这是"齐家"的核心内容之一。夫妇之间，彼此见其恶、见其过，则宜相互规劝，相互儆醒，相互诫勉，使对方改过自新，而不是包庇对方之过之恶，不是纵容对方之过之恶；彼此见其善，见其人格高迈之处，则宜相互鼓励，相互学习仿效，使自己和配偶的精神境界更上层楼。夫妇日常生活之中，讨论别人的是非短长，总要以伦理原则为基点，而不是夹杂一己之私，不可因其"所亲爱贱恶畏敬哀矜敖惰而辟焉"，而在客观公正判断他人之善恶之后，夫妇彼此还要相互诫勉，防止自己与恶者犯同样错误，也激励自己与善者看齐，所谓"见贤思齐，见不贤而内自省也"（《论语·里仁》），如此才能使夫妇两人的道德境界不断提升，而不是终日在家中道人短长以逞口舌之快。夫妇之间彼此砥砺激发，"如切如磋，如琢如磨"（《诗经·卫风·淇澳》），此是君子修身最得力处，若在夫妇关系之中不能修身，亦不能帮助对方修身，而欲在其他社会角色乃至于治国平天下中修养自己的德行，则是舍近而求远。

而夫妇关系也同孝爱一样，是激发一个人内在道德激情的最重要的动力源泉之一。当我们在夫妇关系中以最为诚挚的心爱对方，则就能够以最强烈的道德激情去追求自我道德的完善，就能够以最完善的道德行为去面对自己所遭遇的忧患与苦难，这也是从积极的一面说明"夫妇之道在于修身"的道理。夫妇乃是彼此的一面镜子，通过这面镜子可以照见自己的德行修养，夫妇之间互相镜鉴，自可以修身砺德，完善自己的人格，进而齐家正家。

正确的爱子之道在于修身

教子也是齐家的重要组成部分，家之延续在于子女，子女不教则家道必衰。中国人极其重视家教，自古以来流传着诸多有名的家训，而所有家训的重点，都在于教导子女如何修身养性，如何处事接物，这些家训构成中国儒家伦理中极有特色的一部分。南北朝时期颜之推的《颜氏家训·教子篇》中说：

> 吾见世间无教而有爱，每不能然，饮食运为，恣其所欲，宜诫翻奖，应呵反笑，至有识知，谓法当尔。骄慢已习，方复制之，捶挞至死而无威，忿怒日隆而增怨，逮于成长，终为败德。孔子云："少成若天性，习惯如自然。"是也。俗谚曰："教妇初来，教儿婴孩。"诚哉斯语。凡人不能教子女者，亦非欲陷其罪恶，但重于呵怒伤其颜色，不忍楚挞惨其肌肤耳。当以疾病为谕，安得不用汤药针艾救之哉？又宜思勤督训者，可愿苛虐于骨肉乎？诚不得已也！

"无教而有爱"，只有呵护关爱甚至溺爱而没有严格的道德训诫，这是对子女的失教，失教之子女未有能成才者。孩童时期，正是子女道德观念和行为习惯的形成时期，可塑性极强，此时应及时加以引导训诫，使之在很小的时候就知道何为做事为人之规范，何为宜警戒之事。如果对其不良的行为习惯纵容娇惯不加管束，不加重视，"宜诫翻奖，应呵反笑"，应该警戒子女的时候反而夸奖他，应该呵责之的时候反而嬉笑骄纵之，则日久天长必然导致其偏邪成性，骄慢成习，最终即使鞭挞至死亦无济于事，败德殒身，悔之晚矣。故"教儿婴孩"之谚，乃是说要在子女孩提时代就给他们树立良好的道德标准，打下坚实的修身基础，这样的子女才能成才成德。

第六章 齐家在修身

诸葛亮《诫子书》中以澹泊宁静、养德立志告诫子弟：

夫君子之行，静以修身，俭以养德。非澹泊无以明志，非宁静无以致远。夫学须静也，才须学也，非学无以广才，非志无以成学。淫慢则不能励精，险躁则不能冶性。年与时驰，意与日去，遂成枯落，多不接世，悲守穷庐，将复何及！

曾国藩《诫子书》则以慎独、主敬、求仁、习劳为家族长盛不衰之要诀：

一曰慎独而心安。自修之道，莫难于养心；养心之难，又在慎独。能慎独，则内省不疚，可以对天地质鬼神。人无一内愧之事，则天君泰然。此心常快足宽平，是人生第一自强之道，第一寻乐之方，守身之先务也。

二曰主敬则身强。内而专静纯一，外而整齐严肃，敬之工夫也；出门如见大宾，使民如承大祭，敬之气象也；修己以安百姓，笃恭而天下平，敬之效验也。聪明睿智，皆由此出。庄敬日强，安肆日偷。若人无众寡，事无大小，一一恭敬，不敢怠慢，则身强（体）之强健，又何疑乎？

三曰求仁则人悦。凡人之生，皆得天地之理以成性，得天地之气以成形，我与民物，其大本乃同出一源。若但知私己而不知仁民爱物，是于大本一源之道已悖而失之矣。至于尊官厚禄，高居人上，则有拯民溺救民饥之责。读书学古，粗知大义，既有觉后知觉后觉之责。孔门教人，莫大于求仁，而其最切者，莫要于欲立立人、欲达达人数语。立人达人之人，人有不悦而归之者乎？

四曰习劳则神钦。人一日所着之衣所进之食，与日所行之事所用之力相称，则旁人题之，鬼神许之，以为彼自食其力也。若农夫织妇终岁勤动，以成数石之粟数尺之布，而富贵之家终岁逸乐，不营一业，而食必珍馐，衣必锦绣，酣豢高眠，一呼百诺，此天下最不平之事，神鬼所不许也，其能久乎？古之圣君贤相，盖无时不以勤劳自励。为一身计，则必操习技艺，磨炼筋骨，困知勉行，操心危虑，而后可以增智慧而长见识。为天下计，则必己饥己溺，一夫不获，引为余辜。大禹、墨子皆极俭以奉身而极勤以救民。勤则寿，逸则夭，勤则有材而见用，逸则无劳而见弃，勤则博济斯民而神祇钦仰，逸则无补于人而神鬼不歆。

此四条为余数十年人世之得，汝兄弟记之行之，并传之于子子孙孙，则余曾家可长盛不衰，代有人才。

曾国藩对子女的告诫，可以说包摄《大学》修身心法的各个方面，极为深刻。慎独养心工夫，乃《大学》中所标举的君子修身工夫的核心，能慎独则内省无疚，问心无愧，天君泰然，故曾国藩称之为"第一自强之道，第一寻乐之方"，能内心无愧无怍，宽平自在，此乐何极！主敬对于修身关系极大，"内而专静纯一，外而整齐严肃"，君子"庄敬自强"，则近可修身齐家，远则治国平天下，修齐治平，一主于敬。求仁乃去私成德之道，君子之学，不仅是完成自己的仁德境界，而且要"己立立人，己达达人"（《论语·雍也》），要像伊尹一样，有"以先知觉后知，以先觉觉后觉"（《孟子·万章上》）的精神，有此精神，则人人悦之归之，治平之事何难哉？习劳乃富贵家子弟最宜注意之事，子弟若好逸恶劳，逸乐无度，则败家丧身之日不远矣，必克勤克俭，方能使家道恒久。以上四则，皆曾氏一家数代兴盛之秘诀也，其要在于教导子弟勤于修身自律，慎独主敬，求仁习劳，从自己的道德修养出发，推而及于仁民爱物、拯饥救溺、立人达人、心怀天下。

范仲淹《家训百字铭》中强调"八德"乃子女修身处世之本，八

德者,孝悌忠信礼义廉耻也,其余尊师睦邻、敬长怀幼、谦恭博爱等,皆从此"八德"中出:

> 孝道当竭力,忠勇表丹诚;兄弟互相助,慈悲无过境。勤读圣贤书,尊师如重亲;礼义勿疏狂,逊让敦睦邻。敬长与怀幼,怜恤孤寡贫;谦恭尚廉洁,绝戒骄傲情。字纸莫乱废,须报五谷恩;作事循天理,博爱惜生灵。处世行八德,修身率祖神;儿孙坚心守,成家种善根。

教子是一门艺术,教子以修身为核心,苟父母能自己修身垂范,以身作则,则子女自敬重效仿之,久之自然成就德行、养成操守。故教子既要言传,更要身教。孟子在教子方面,主张"易子而教"(见《孟子·离娄上》):

> 公孙丑曰:"君子之不教子,何也?"
> 孟子曰:"势不行也。教者必以正;以正不行,继之以怒;继之以怒,则反夷矣。'夫子教我以正,夫子未出于正也。'则是父子相夷也。父子相夷,则恶矣。古者易子而教之。父子之间不责善。责善则离,离则不祥莫大焉。"

"易子而教"是因为"父子不责善","父子责善"则"父子相夷"。孟子认为,父子之间若因求善而相互责备,就会使父子的感情疏远,从而伤害父子情感。当然,对"父子不责善"这一观点,亦不可绝对地奉为教条。父教子,必以善责之导之,以适当的方式帮助子女迁善改过,塑造正确的道德观念,形成良好的处世接物之行为习惯;同时,子女对父母之错误,亦当以适当方式指出并劝其归正,就像前面提及的《孝经》所说的"子不可以不诤于父",父子责善,共跻圣道，此是齐家正家题中应有之义也。只不过父子责善，要讲究艺术，不可采取粗暴简单的方式，须知粗暴简单，也是一种治家之"辟"，须力戒之。

身不修不可以齐其家

　　第六章之核心，在于阐明齐家与修身的关系，修身乃齐家之前提与基础。齐家之要义，在于"去辟而存正"，去除自己的主观臆断，去除自己的私意、私欲，而归于理性、客观、公正的价值判断，此乃修身之基，亦是齐家之根本。在家庭中贯彻修身的原则，必须以"正家"作为根本法则，正则不辟，正则易安，尤其是治家者，己正而子女正，夫妇正而一家正。在家庭这一最为私密的"小社会"环境中，最容易发生"人其所亲爱贱恶畏敬哀矜敖惰而辟焉"的情况，故治家之道，在于各正其行，各正其德，各正其位，各安其分，各修其身。家乃修身之最佳道场，也是君子修身之基点。治家者身不修，不可以齐其家，不可以规范整齐其家人子弟；家人子弟亦须各自修身，方能各自完成自己的人格。家庭中夫妇之恩爱、父母对子女之慈爱、子女对父母之孝爱，所有这些家庭伦理关系的核心，皆是基于理性价值判断而去除私意私欲之修身，这种修身贯穿着理性的道德原则，其关键在于克除其辟（偏僻）而归于正道，在于通过"齐家"而臻至廓然大公的精神境界。

第七章　治国在齐家

第一节　孝悌乃治国之本

所谓治国必先齐其家者，其家不可教，而能教人者，无之。故君子不出家，而成教于国。孝者，所以事君也。弟者，所以事长也。慈者，所以使众也。《康诰》曰："如保赤子。"心诚求之，虽不中，不远矣。未有学养子而后嫁者也。一家仁，一国兴仁；一家让，一国兴让；一人贪戾，一国作乱，其机如此。此谓一言偾事，一人定国。尧舜率天下以仁，而民从之。桀纣率天下以暴，而民从之。其所令反其所好，而民不从。

【译文】

所谓"治理好国家必须先规范其家庭"，这句话的意思是说，如果自己的家人没有好好教育规范，却能去教育规范别人，这样的事情是不会有的。所以君子不必走出家庭，就可以在国家成就教化之事。在家里行孝道，这就是在国家服务于君主之道；在家里对兄弟友爱，这就是在社会上对待长辈之道；在家里对子女慈爱，这就是在社会上管理役使众人之道。《尚书·康诰》中说："要像呵护自己的婴儿一样爱护老百姓。"如果治国者充满诚敬之心去追求这样的爱民如子的境界，那么即使不能完全做到，那也距离这个目标不远了。没有一个做母亲的女人是先学会如何养孩子而后才出嫁的（只要她内心怀有诚敬之心，自然就会在养孩子的过程中学会如何养孩子）。如果每个家庭都兴起仁爱之风，那么整个国家就会兴起仁爱之风（或译为：如果国君一家仁爱，一国之人就会受到感化而兴起仁爱之风）；如果每个家庭都兴起礼让之风，那么整个国家就会兴起礼让之风（或译为：如果国君一家礼让，那么一国之人受到感化也会兴起礼让之风）。如果一个人（在家庭中）养成贪婪暴戾的习气（以至于家家相沿成习），那么整个国家就会秩序混乱（或译为：如果国君一人贪婪暴戾，那么一国之人就会受到影响而作乱）。其中隐藏的因果关联的征兆与契机正在于此。这就是所谓的"一句话就会使事情覆败，一个人就可以使国家安定稳固"的道理。尧舜以身作则，以仁爱之心率领天下之人，则人民都追随尧舜（行仁爱之心）。桀纣以暴戾之心率领天下之人，则人民就会被桀纣引导（做坏事）。如果一个治国者所传达的命令与他自己所喜好的东西不相符，那么人民就不会跟从顺服他。

教家而后教人，正家而后正国

　　中国的政治哲学从个人修身齐家讲起，从"亲亲"讲起，将治国平天下根基于家庭伦理，从"亲亲"这一基于血缘的、最根深蒂固的人类情感出发，推而广之，不断拓展，以至于整个社会治理、国家治理乃至于天下治理，这一逻辑理路，与西方迥异。中国的政治哲学不是政治建构主义的，而是基于"亲亲"而推衍出来的一套自发秩序、自然秩序。而西方的政治哲学则强调制度建构、制度设计与权力制衡，强调个人和国家之间的权利义务关系，相对于中国传统儒家的政治哲学，西方并不特别强调个人的道德修养在政治中的作用，也不特别强调处于个人和国家（社会）之间的重要中介——家庭——在政治哲学中的特殊角色。

第七章　治国在齐家

中国人从一己的修身推衍开去，形成一个"己—家—国—天下"的差序共同体格局。这种方法论，即是孟子所说的"推及扩充"之法。人类社会的最小共同体乃是家，当然自古及今"家"的内涵和外延都有了巨大的变化，在中国传统儒家伦理体系中，"家"既可以指一个由父母和子女组成的小家庭，也可以在某种语境下指一个具有血缘关系的大家族。"家"这个最小人类共同体所包含的伦理原则，乃是人类最本真、最本源的伦理原则，因为"家"的构建基于人类的生育繁衍，基于人类的血缘关系，故其根本伦理原则具有一定的恒久性、稳定性。从这种具有恒久性和稳定性的道德伦理原则出发，才可以推衍出其他"次生"的、"衍生"的道德原则，如果其他更广泛的社会关系中的道德原则建立在对这种本源性道德原则的颠覆之上，那么人类社会的道德体系就会极其脆弱而随时陷于崩塌。故中国儒家伦理从"亲亲"开始，到整个社会关系中的"仁民"，再到一切非人类的关系"爱物"，这个逻辑路线乃是一条最符合人类道德原则的、最稳固最恒久的逻辑路线，舍此无他。因此，在儒家式的人类伦理关系设计中，超出家庭之外的一切人类社会关系，都是"模拟的家共同体"，这些人类社会关系的基本伦理原则都是模仿和比照人类的家共同体的，都是家庭中的"孝"、"悌"、"慈"这些伦理原则的复制或者衍生。"家"这一最小共同体的伦理关系如源泉般流淌不绝，其衍生的其他"模拟的家共同体"就永远立于稳固不倒之地。

"所谓治国必先齐其家者，其家不可教，而能教人者，无之。"一个国家的治理者，其国家治理的起点不是参与任何层次的政治治理之事，而是治理一个家。一个国家的治理者，要在一个国家之中施行教化，要使其人民有良好的道德观念，有合宜的伦理行为，其正确的起点也是家。如果一个人在自己的家里都不能推行正确的道德原则，自己不能在家中以身作则履行道德原则，也不能带领家人修身成德，那么这个人也就不可能在国家和社会层面上推行教化，因为他尚没有教导他人的资格。所以齐家乃是治国的前提条件、必要条件，在自己的家里推行教化乃是在一国之中推行教化的前提条件、必要条件，在家不能教子弟修身成德，在外也就不可能教他人修身成德。"天下之本在国，国之本在家，家之本在身。"（《孟子·离娄上》）一个人，在家不能教导子弟和睦相处，不能孝亲敬长，你凭什么号召、倡导国人和睦相处、孝亲敬长呢？如果自己不能治理好一个家，不能使家庭成为文明教化之地，你凭什么来教化国人呢？故古之贤士大夫，必先重治家，必先在一家之中施行教化，俾使孝悌友爱之风洋溢于一家，然后方可教化众人。

不出家而成教于国

所以儒家所构建的政治哲学，不是一套基于契约关系和权利义务关系的政治体系，而是超越这种政治契约和权利义务关系的广义上的伦理体系，儒家政治哲学的基础乃是家，故儒家心目中的政治乃是广义上的家伦理实践。《论语·为政》曰：

> 或谓孔子曰："子奚不为政？"子曰："《书》云：'孝乎惟亲，友于兄弟，施于有政。'是亦为政，奚其为为政？"

孔子心目中的从政，与一般意义上的出仕有所不同，孔子认为，一个人在家奉行孝悌之道，以正确的原则爱他的父母兄弟，这些在一家之中所进行的道德实践，正是一个国家所有政治行为的根基所在，故在家中践履孝悌就是广义上的从政，而且是最根本意义上的从政。一个人不出家门，就可以用自己在家中的道德践履，为整个社会确立正确的伦理原则，奠定整个国家运行的道德基础，这是真正的从政。

如果这不是"为政",那么什么东西才算是"为政"呢?如果仅仅是"出仕",仅仅是出去当官坐衙门,而不真正践行孝悌之道,那么这样的人即使身体在"从政",而实际上这也不能算是真正意义上的"为政",因为这种行为直接破坏了一个国家的政治基础。

自天子至于庶人之孝道

《孝经》强调了"孝"作为国家治理的基本原则,其道理亦在于此。无论天子、诸侯、卿大夫、士还是庶人,当他在一个家庭之内能够正确地践履孝悌之道,就能在更大的社会场景和更广泛的社会关系中扮演好自己的角色。什么是天子之孝?《孝经·天子章第二》曰:

> 子曰:"爱亲者,不敢恶于人;敬亲者,不敢慢于人。爱敬尽于事亲,而德教加于百姓,刑于四海。盖天子之孝也。《甫刑》云:'一人有庆,兆民赖之。'"

天子之孝,就是把自己对双亲的爱敬之心,推广到天下百姓身上而已。他在一家之内能够奉行爱敬,所以他对任何人都能够施行爱敬,故推而广之,就能"德教加于百姓,刑于四海"。也就是说,教化百姓的基础是"成其教于家",唯有能够在一家之中施行教化,才能"成教于国",从而德教布于四海,他为天下人做道德表率,从而规范天下人之行为。

什么是诸侯之孝?《诸侯章第三》曰:

> 在上不骄,高而不危;制节谨度,满而不溢。高而不危,所以长守贵也。满而不溢,所以长守富也。富贵不离其身,然后能

保其社稷，而和其民人。盖诸侯之孝也。《诗》云："战战兢兢，如临深渊，如履薄冰。"

诸侯之孝，在于能够守其本分，在上而不骄慢，保持谦下恭谨之风，生活上能够有所节制而不是放纵无度，故能满而不溢，保其社稷江山，使其民众和睦安详。而此种诸侯之孝，亦出自诸侯对家的正确治理，诸侯必重于治家、正家，使其家庭成员各守本分，履于正道，如临如履，谨慎克制，如此才能长守富贵。若放纵家人，不能节制欲望，则危矣殆矣。

什么是卿大夫之孝？《卿大夫章第四》曰：

非先王之法服不敢服，非先王之法言不敢道，非先王之德行不敢行。是故非法不言，非道不行；口无择言，身无择行；言满天下无口过，行满天下无怨恶：三者备矣，然后能守其宗庙。盖卿大夫之孝也。《诗》云："夙夜匪懈，以事一人。"

卿大夫之孝，亦是守其本分，遵循先王之道，不悖逆先王所遗留下来的道德传统，视听言动皆有法、皆循道，故能无过而不招怨。此即孔子所谓克己复礼之道，《论语·颜渊》曰："颜渊问仁，子曰：'克己复礼为仁。一日克己复礼，天下归仁焉。为仁由己，而由人乎哉？'颜渊曰：'请问其目？'子曰：'非礼勿视，非礼勿听，非礼勿言，非礼勿动。'颜渊曰：'回虽不敏，请事斯语矣。'"卿大夫之恪守本分，必自家始，己正身而家人身正，己慎言而家人不妄语，己行道而家人不邪僻，然后宗庙可守、家道可久。"夙夜匪懈，以事一人"，意思是日夜勤勉不已，殚精竭虑服事天子，此卿大夫之孝也；而卿大夫之"夙夜匪懈，以事一人"，其恪忠天子之道乃源于在家庭中习得的孝行，能行孝于家人，则能行孝于天子，这就是将家庭中的孝亲行为推广扩充至天下的层面。

什么是"士"之孝？《士章第五》曰：

> 资于事父以事母，而爱同；资于事父以事君，而敬同。故母取其爱，而君取其敬，兼之者父也。故以孝事君则忠，以敬事长则顺。忠顺不失，以事其上，然后能保其禄位，而守其祭祀。盖士之孝也。《诗》云："夙兴夜寐，无忝尔所生。"

以服事父亲的心情去服事母亲，其爱心是相同的；用服事父亲的心情去服事君主，其忠敬之心是相同的。对于母亲，用的是孝爱之心；对于君主，用的是忠敬之心；而对待父亲，两者兼而有之（实际上对母亲亦应如此）。所以士在国家的层面上，用孝亲的方式来服事君主，这就是忠；在整个社会的层面上，以尊敬父亲的方式来服事上级，那就是顺。如果能做到忠顺，那么士就能保住自己的禄位，家族之祭祀就不会断绝。推孝亲之心以忠君，推敬父之心以顺上，则整个社会不会有作乱之人，这就是把孝道推广扩充至整个国家社会。《论语·学而》曰："有子曰：'其为人也孝弟，而好犯上者，鲜矣；不好犯上而好作乱者，未之有也。君子务本，本立而道生。孝弟也者，其为仁之本与！'"故士在整个国家社会层面上的忠君顺长之行为，不过是自己在家庭中的孝悌亲爱之道的延伸，只要在家中能够切实践履孝悌之道，就不会在国家社会层面上犯上作乱，故孝悌乃"仁之本"，亦是国家社会安定之本。

什么是庶人之孝？《庶人章第六》曰：

> 用天之道，分地之利，谨身节用，以养父母，此庶人之孝也。故自天子至于庶人，孝无终始，而患不及者，未之有也。

庶人之孝，乃是顺应天地之则，行为谨慎而生活节俭，孝养双亲而保持家庭和睦，故一家行孝则一国安和。自天子以至于庶人，孝道贯穿始终，恒久存在，只要每个人在家中贯彻践履孝悌之道，就能在更大的国家社会的伦理场域中推广扩充这种孝悌之道。因此无论国家社会多么复杂，其伦理之根源只有一个，那就是家庭中涵养习得的孝悌之道，如果丧失了这个根本，那么整个国家社会就会崩溃。

孝悌慈之推广扩充

"孝者，所以事君也。弟者，所以事长也。慈者，所以使众也。"将家庭中的伦理原则推广扩充开去，就形成整个社会和国家层面的伦理原则，因此社会和国家层面的人和人之间的关系，都是在模拟家庭中的成员之间的关系，故社会和国家乃是"模拟的（或曰'扩大的'）家共同体"。以孝亲之道来事君，以敬爱兄长之道来对待社会中的长者，以慈爱子女之道来管理众人，这就是儒家所构建的"模拟家共同体"的伦理学逻辑。

但我们要注意，在国家和社会层面上复制和模拟家共同体的伦理原则，实际上都包含着每一对社会关系中的对等（对待）原则，这一对等原则（不是西方契约中的平等原则）包含着对双方的伦理要求，而不是只对单方的伦理要求。比如君臣关系是在模拟家庭中的父子关系，然而父子关系和君臣关系都不是单方面的，而是包含着对双方对等（而非契约意义上的平等）的伦理要求。《史记·太史公自序》曰：

> 夫不通礼义之旨，至于君不君，臣不臣，父不父，子不子。夫君不君则犯，臣不臣则诛，父不父则无道，子不子则不孝。此四行者，天下之大过也。

君君臣臣父父子子，里面蕴含着每一对社会关系的对等伦理要求。君臣关系中对父子关系的模仿，不是简单的、机械的复制，而是提取了父子关系中伦理原则的精髓，这一精髓就是父子之间的父慈子孝的对等关系（而非平等关系）。君要像君，臣才像臣，君如果不像君，臣就不可能像臣。故孔子说："君使臣以礼，臣事君以忠。"（《论语·八佾》）孟子也说了同样的道理，只不过用语显得更激烈一些："君之视臣如手足，则臣视君如腹心；君之视臣如犬马，则臣视君如国人；君之视臣如土芥，则臣视君如寇仇。"（《孟子·离娄下》）所以臣对君的忠诚顺服，不是无条件的，而是有条件的，这个条件就是君要像君，君对臣的行为要符合一定的道德原则。儒家也不倡导臣对君的完全顺从的关系，而是倡导一种更为理性的、更符合真理的态度，臣的使命在于能够加强君的善而去除君的恶，帮助君治国理政，而不是孟子所抨击的完全顺从的"妾妇之道"，孟子说："以顺为正者，妾妇之道也。"（《孟子·滕文公下》）《左传·昭公二十年》载晏子论君臣关系：

君所谓可，而有否焉，臣献其否，以成其可；君所谓否，而有可焉，臣献其可，以去其否。

国君认为可以的（好的政策，即善政），其中也包含了不可以的（即善政中的不足部分），臣下进言指出其中不可以的（即善政中的不足），使可以的（即善政）更加完备；国君认为不可以的（不好的政策，即恶政），其中也包含了可以的（整体上为不好的政策的某些可取的部分），臣下进言指出其中可以的（可取的部分），而去掉不可以的。臣对君不是言听计从，而是要有独立的判断，帮助君改过迁善，从而达到善治，这跟《孝经》中提倡的子帮父改过的孝亲原则是一致的。到了孟子，更是提倡"君有大过则谏，反复谏之而不听，则易位"（《孟子·万章下》），里面包含着宝贵的民本思想。《孟子·梁惠王下》曰：

> 齐宣王问曰："汤放桀，武王伐纣，有诸？"
> 孟子对曰："于传有之。"
> 曰："臣弑其君，可乎？"
> 曰："贼仁者谓之贼，贼义者谓之残，残贼之人谓之一夫。闻诛一夫纣矣，未闻弑君也。"

孟子所主张的君臣关系已经不再强调臣对君单纯的忠顺，而是要求臣必须履行谏过而使君迁善的义务，这说明在战国时期，士所遵信的君臣关系已经跟孔子的春秋时代有了明显的差异。《荀子·臣道》系统探讨了君臣关系，荀子把臣分为几个类型：

> 人臣之论：有态臣者，有篡臣者，有功臣者，有圣臣者。内不足使一民，外不足使距难，百姓不亲，诸侯不信，然而巧敏佞说，善取宠乎上，是态臣者也。上不忠乎君，下善取誉乎民，不恤公道通义，朋党比周，以环主图私为务，是篡臣者也。内足使以一民，外足使以距难，民亲之，士信之，上忠乎君，下爱百姓而不倦，是功臣者也。上则能尊君，下则能爱民，政令教化，刑下如影，应卒遇变，齐给如响，推类接誉，以待无方，曲成制象，是圣臣者也。故用圣臣者王，用功臣者强，用篡臣者危，用态臣者亡。态臣用则必死，篡臣用则必危，功臣用则必荣，圣臣用则必尊。故齐之苏秦、楚之州侯、秦之张仪，可谓态臣者也。韩之张去疾、赵之奉阳、齐之孟尝，可谓篡臣也。齐之管仲、晋之咎犯、楚之孙叔敖，可谓功臣矣。殷之伊尹、周之太公，可谓圣臣矣。

态臣乃阿谀取宠之臣,篡臣乃结党为私之臣,功臣乃忠君爱民之臣,圣臣乃不仅能尊君爱民而且能教化人民、为民楷则。君要用功臣、圣臣,而去除态臣、篡臣。功臣与圣臣,不仅能忠君、尊君,而且能取得人民之信任,能够帮助君实施教化、化解危难、推行善政,这些功臣、圣臣不是简单的顺君,更不是媚君,而是忠君、尊君、爱君,同时又能爱民、化民,使国家繁荣安固。

《荀子·臣道》又说:

> 从命而利君谓之顺,从命而不利君谓之谄;逆命而利君谓之忠,逆命而不利君谓之篡;不恤君之荣辱,不恤国之臧否,偷合苟容,以持禄养交而已耳,谓之国贼。君有过谋过事,将危国家、殒社稷之惧也,大臣父兄有能进言于君,用则可,不用则去,谓之谏;有能进言于君,用则可,不用则死,谓之争;有能比知同力,率群臣百吏而相与强君挢君,君虽不安,不能不听,遂以解国之大患,除国之大害,成于尊君安国,谓之辅;有能抗君之命,窃君之重,反君之事,以安国之危,除君之辱,功伐足以成国之大利,谓之拂。故谏、争、辅、拂之人,社稷之臣也,国君之宝也,明君之所尊厚也,而暗主惑君以为己贼也。故明君之所赏,暗君之所罚也;暗君之所赏,明君之所杀也。伊尹、箕子可谓谏矣,比干、子胥可谓争矣,平原君之于赵可谓辅矣,信陵君之于魏可谓拂矣。传曰:"从道不从君。"此之谓也。

"从道不从君",与《孝经》中劝父改过的理性主义孝道精神相一致。"从命而利君谓之顺","逆命而利君谓之忠",忠诚和顺从都是从有利于君的角度来说的,这个"利君"不是增加君之私利,而是增加国家之公利。"从命而不利君谓之谄","逆命而不利君谓之篡",那些谄媚之臣、篡位之臣,不考虑有利于君之长远利益与国家利益,而是为了自己的私利，故不论从命还是逆命，都是不好的。而那些"不恤君之荣辱，不恤国之臧否"的人，不顾国君之荣辱、不顾国家之危亡的臣子，乃是"国贼"。而那些"谏、争、辅、拂之人"，虽然劝谏国君，甚至以死相争，尽一切力量矫正国君之恶政，甚至抗君命而除君辱、安国家，这样的臣子，才是"社稷之臣，国君之宝"。故总结中国传统儒家的君臣观，实际上并不是主张愚忠，愚忠与愚孝都是不可取的，正确的忠君之道在于效仿孝道的精髓，即爱君、忠君、尊君的同时，又能谏争辅拂，荣君安国。

如保赤子与心诚

"如保赤子"出自《尚书·康诰》：

> 王曰："呜呼！封，敬明乃罚。人有小罪，非眚，乃惟终自作不典，式尔，有厥罪小，乃不可不杀。乃有大罪，非终，乃惟眚灾，适尔，既道极厥辜，时乃不可杀。"
>
> 王曰："呜呼！封，有叙时，乃大明服，惟民其敕懋和。若有疾，惟民其毕弃咎。若保赤子，惟民其康乂。非汝封刑人杀人，无或刑人杀人。非汝封又曰劓刵人，无或劓刵人。"

这段话是周公旦对年轻的康叔（名封）的告诫，其主体思想是教导康叔要爱民保民，不要滥施刑罚，要使老百姓过上康安之生活，要使老百姓对统治者心悦诚服。"敬明乃罚"，就是慎重刑罚，不滥刑。对于那些有小罪的人，如果他不反省悔过，自始至终行不法之事（"不典"，不法），而且故意一再犯错（"式"，用也，"尔"，如此，"式尔"即故意如此做），这样的人即使罪过比较小，也不得不杀。而那些有大罪的人，不再犯错误（"非终"与"惟终"相反，"非终"就是不再坚持行罪恶之事），而且能诚实反省悔过，这样的人偶尔犯错（"适尔"即"适偶如此"之意），只要他已经彻底交待承认自己的罪行（辜，罪），那么这样的人就不该杀。这就是要求康叔要区分不同的情况慎重刑罚。周公旦告诫康叔说，要顺应这样的规则去行事（叙，顺；时，是），这样的话老百姓就会明于心而诚服，他们就会勉力劳作并和谐共处（敕，劳；懋，勉力）。就像治病一样，要让老百姓完全抛弃他们的罪过（咎，罪）。治病要治根，要使病人痊愈，对待老百姓的过错，也要彻底纠正之。然而在治民的过程中，要像对待婴儿一样（赤子，婴儿），好好地呵护他，此即《大学》中所表彰之"亲民"也。要亲民安民爱民保民，要让他们过上康乐安定的生活（乂，治），不是你封（即康叔）有杀人罚人的权力，也不一定要杀人罚人，不是你封有行劓刵之刑（割鼻割耳）的权力，也不一定要行劓刵之刑。这就是告诫康叔不要根据自己的主观意志滥施刑罚，而是要敬畏手中的权力，一切从亲民安民爱民保民出发，要行德政。此即以慈爱之心治理国家，"慈者，所以使众也"，也就是要求治国者（使众役民者）要以家庭中父母对子女的慈爱之心来对待老百姓，若民之父母。

"如保赤子"，就是要求治国者不要轻易扰动百姓，而要呵护他们、爱惜他们、顾恤人民之疾苦，即"视民如伤"。《左传·哀公元年》中说："臣闻国之兴也，视民如伤，是其福也。""视民如伤"，有两种说法：一种说法是看待老百姓就像看待自己身上之伤痛，要特别呵护顾惜，不要轻易扰动之；另一种说法是视百姓为受伤之人，宜抚慰呵护爱惜之，而不应苛待惊扰之。《孟子·离娄下》曰："文王视民如伤，望道而未之见。"赵岐的注说："视民如伤者，雍容不动扰也"；孙奭的疏说："言文王常有恤民之心，故视下民常若有所伤，而不敢以横役扰动之"。

心诚求之

"心诚求之,虽不中,不远矣。"将孝、悌、慈推广扩充开去,就进入了更为广阔复杂的"社会—国家—天下"领域。对于以成就君子之学、大人之学、以"至善"为依归的大学来说,"社会—国家—天下"领域的最终目标乃是塑造能够"亲民"的真正的君子。君子治民,"如保赤子",其核心乃是以诚意对待百姓,也就是"心诚求之"。君子之治国理政,发心很重要。存廓然大公之诚心,而无一毫之私意,乃能亲民爱民保民安民。此诚意发自衷心,并非法律强制之,亦非契约约束之使之然也。这种对待人民的诚挚之心,就如父母对待幼子之慈心,乃发自内心,无任何虚假做作,亦不含任何勉强逼迫,乃自然而然。一个君子,从修身,到齐家,到治国,到平天下,其心意至诚、至纯、至恒、至坚,以此诚意求之,则虽或未能达到完美境地,然而距离至善之境亦不远矣。

这一"亲民"之诚心,蕴蓄于心而发之于外,君子在"社会—国家—天下"这一广阔领域内的所有行动都基于这一诚心,君子在服务社会国家的过程中,不断以诚心对待百姓,故能在行动中始终贯彻这一诚心,不使之放失沦丧;只要存有这种纯粹无染、廓然大公之诚心,则君子自然能治国,自然能平天下,他不需要先学会治国再来治国、先学会平天下再来平天下,就好像"未有学养子而后嫁者也"。母爱之本质,亦诚也,此诚乃无私之诚,母亲爱自己的幼子,可谓殚精竭虑、甘于奉献牺牲,并无丝毫私欲私利在其中,然而这种诚心又是天然的,无须勉强,无须学习。苟衷心赤诚,则女子必然在养子之过程中学会养育、教诲孩子,没有一个为人母者是先学会养子而后出嫁的。此赤诚之心,存于内心,人人俱有,存养之而不使之放失而已。肩负治国平天下重任之君子亦如此,他的内心存有对百姓的赤诚之心,有了这个发心,则他必会在具体的服务国家社会的过程中尽力完善自己的能力，尽力以爱民之心完成"亲民保民"的使命。在这里，《大学》强调了一个准备投身于治国理政的君子的真诚发心与道德操守，强调了"心诚求之"的巨大作用，而没有把任何具体的"技术性知识"作为治国理政的前提。这也就是中国古代儒家传统中的大学教育与今天的大学教育的根本区别，古代儒家传统的大学教育，强调以正心诚意为前提，君子的"亲民保民"只要具备了这一正心诚意，则具体的技术性知识的准备是不成问题的。伊尹、范仲淹这样的良相，并非先在技术层面学会做良相而后才去任职的，他们具备一种服务国家社会、济世安邦之诚心大愿，故能超脱自我，抛弃私利私欲，以无比之赤诚与廓然大公之心，先忧后乐，终成为一代良相。

一家仁，一国兴仁

对于"一家仁，一国兴仁；一家让，一国兴让；一人贪戾，一国作乱"这句话，传统的解释认为，"一家"指国君一家，如果国君一家仁爱，一国人也会受到感化而兴起仁爱之心；国君一家礼让，一国人也会受到感化；如果国君一人贪婪暴戾，则一国人就会受到他的影响而纷纷作乱。这一解释强调国君在整个国家伦理秩序中的表率作用，认为国君作为治国者，应该做全国人民的道德楷范，若国君在"齐家"的过程中，于一个家庭之内倡导谦让、仁爱、互助、敬孝之风气，把家庭治理得井井有条，则整个国家的人民就会响应影从之，崇尚效仿之，从而使全国人民都兴起谦让、仁爱、互助、敬孝之风，如此则国安邦宁，"犯上作乱者鲜矣"（《论语·学而》）。

当然，对于这句话，在传统解释之外，也可以有更加广义的解释。《大学》所教君子之学、成人之学，是针对每一个即将进入国家治理行列的人的，这些人中只有极少的人会成为国君、天子，然而绝大部分人要承担服务国家社会的各种责任，因此如果把"治国平天下"只看作国君天子的事，看作是国家领袖人物的事，那么《大学》所教君子之学与成人之学所涉范围就非常狭窄了，一般人学习这种君子之学与成人之学也就没有什么意义了。因此，我们在理解"一家仁，一国兴仁；一家让，一国兴让；一人贪戾，一国作乱"这句话的时候，就要有更加现代的解释、更加有包容性的解释。这里的"一家"，在现代的语境（理解）中，乃是指我们的每一个家庭，既包括一般人的家庭，也包括国家领袖人物的家庭；这里的"一人"，既可以指一般的人，也可以指国家领袖人物，只不过在不同的场合有不同的侧重点而已。如果从这种现代的、扩大了的、更具包容性的解释来看，这句话实际上揭示出每一个家庭的正家、教家、齐家、兴家与教国、治国、兴国的内在逻辑关系，只有君子在每个家庭中都倡导一种敬孝、互助、仁爱、礼让之风，并且首先使自己的家庭成为一个"君子之家"，使自己的家庭充满和谐亲爱之氛围，那么所有的家庭都如此相互仿效，家家皆成为"君子之家"，就会在整个国家兴起这种敬孝、仁爱、互助、礼让之风，那么整个国家才能成为"君子之国"。对于国君天子来讲是如此，对于庶人（民众）来讲亦是如此。可以说，自天子以至于庶人，若家家兴仁兴让，则国家天下皆能兴仁兴让。这种现代的解释更加强调我们每一个人、每一个君子的家庭责任与社会责任（更接近今天公民责任的观念），国君天子的表率作用固不可少，然而每一个人的齐家正家才是一国安定兴旺之根本。所以本书在翻译此句时，将两种译法同时列出，希望读者细细体会传统解释和现代解释各自之侧重与意蕴。

第七章 治国在齐家

国家治乱之机

下面讲到"其机如此"。"机"就是"几"。什么是"机"？"机"乃是事物发展的不易被人觉察的几微之处，此几微之处由于只是一种"苗头"，一种"征兆"，故不易被发现，然而此几微之处却影响事物发展之未来，随着时间之衍进，这些"苗头"必将由微弱隐藏变为显明，从而不可阻挡。故当吉祥之事出现几微之征兆，就要抓住机遇促进之；如果不祥之事出现几微之征兆，则要谨慎警惕，将这种不好的苗头扼杀于萌芽之时。《周易·系辞下》曰："几者，动之微，吉之先见者也。"见微知著，洞察几微之处所显示出来的事物的萌芽，从而预见其发展趋势，理解其内在的隐含的发展逻辑。

一国兴亡之机，正隐藏于一些微妙的、不易觉察的事物之中，尤其是隐藏于一些细小的、琐屑的个人好恶修养（修身）与家庭治理（齐家）之中。故古往今来之亡国君主，究其亡国之根源，皆因不能修身与齐家之故。"其机如此"，不可不察也。那些雄才大略之君主，其得天下也难，其失天下也易，败亡之由，皆为贪戾，此所谓"一人贪戾，一国作乱"。《贞观政要·卷一论君道》载贞观十一年（637），魏征上疏太宗言及隋朝灭亡之教训：

> 臣观自古受图膺运，继体守文，控御英雄，南面临下，皆欲配厚德于天地，齐高明于日月，本支百世，传祚无穷。然而克终者鲜，败亡相继，其故何哉？所以求之，失其道也。殷鉴不远，可得而言。
>
> 昔在有隋，统一寰宇，甲兵强锐，三十余年，风行万里，威动殊俗，一旦举而弃之，尽为他人之有。彼炀帝岂恶天下之治安，不欲社稷之长久，故行桀虐，以就灭亡哉？恃其富强，不虞后患。驱天下以从欲，罄万物而自奉，采域中之子女，求远方之奇异。

> 宫苑是饰，台榭是崇，徭役无时，干戈不戢。外示严重，内多险忌，谗邪者必受其福，忠正者莫保其生。上下相蒙，君臣道隔，民不堪命，率土分崩。遂以四海之尊，殒于匹夫之手，子孙殄绝，为天下笑，可不痛哉！

这一段总结了隋朝短命灭亡的主要原因。隋炀帝乃大有为之帝王，文治武功，雄才大略，可谓一代雄主，威震寰宇，使北方之强敌亦俯首称臣。然而，贪欲太盛，私欲过强，以为天下不过是满足自己私欲之工具，生活奢靡而不知检束，苛待百姓而不知爱惜，远贤臣而近小人，使君臣失信，民不聊生，终将一世功业付诸东流，殒身绝祀而失天下。一家不仁不让，奢靡邪僻，则丧失民心，一人贪戾纵欲，则失天下。"彼炀帝岂恶天下之治安，不欲社稷之长久，故行桀虐，以就灭亡哉？"难道隋炀帝这样的有为君主不想天下社稷长治久安，而故意重蹈桀纣之覆辙？显然不是。然而在自我欲望极度膨胀而不知约束的时候，他就想不到那些后果了，以为自己的江山永固，可以为所欲为了，故"驱天下以从欲，磬万物而自奉"，上贪戾则下作乱，最终民怨四起，江山易位。故国家治乱之机，皆在一点一滴的琐事细行之间，皆在修身齐家之日常自律之中，若作为天下之君王而能齐家正家，能自我约束，能时时儆醒戒惧，改过迁善，遏制贪欲，去除自我之私欲，保民爱民"如保赤子"，则人民必将拥护爱戴之，效仿顺服之。

贞观十一年，魏征再次上疏太宗，此即著名的《谏太宗十思疏》：

> 臣闻求木之长者，必固其根本；欲流之远者，必浚其泉源；思国之安者，必积其德义。源不深而望流之远，根不固而求木之长，德不厚而思国之理，臣虽下愚，知其不可，而况于明哲乎！人君当神器之重，居域中之大，将崇极天之峻，永保无疆之休。不念居安思危，戒奢以俭，德不处其厚，情不胜其欲，斯亦伐根

第七章 治国在齐家

以求木茂，塞源而欲流长者也。

凡百元首，承天景命，莫不殷忧而道著，功成而德衰。有善始者实繁，能克终者盖寡，岂取之易而守之难乎？昔取之而有余，今守之而不足，何也？夫在殷忧，必竭诚以待下；既得志，则纵情以傲物。竭诚则胡越为一体，傲物则骨肉为行路。虽董之以严刑，震之以威怒，终苟免而不怀仁，貌恭而不心服。怨不在大，可畏惟人，载舟覆舟，所宜深慎，奔车朽索，其可忽乎！

君人者，诚能见可欲则思知足以自戒，将有作则思知止以安人，念高危则思谦冲而自牧，惧满溢则思江海下百川，乐盘游则思三驱以为度，忧懈怠则思慎始而敬终，虑壅蔽则思虚心以纳下，想谗邪则思正身以黜恶，恩所加则思无因喜以谬赏，罚所及则思无因怒而滥刑。总此十思，弘兹九德，简能而任之，择善而从之，则智者尽其谋，勇者竭其力，仁者播其惠，信者效其忠。文武争驰，君臣无事，可以尽豫游之乐，可以养松、乔之寿，鸣琴垂拱，不言而化。何必劳神苦思，代下司职，役聪明之耳目，亏无为之大道哉！

这篇著名的谏文，其核心在于劝谏太宗竭诚、谦冲、去贪、正身。竭诚而待下，则臣民自顺服而忠信，所谓"心诚求之，虽不中，不远矣"；谦冲则能自律自省，虚心纳谏海纳百川，而傲慢刚愎则贤臣自远；去贪才能时时知足，去奢从简，爱惜民力，则民自归之；正身才能远离谗邪之人，才能使贤者日进，君主才能简能而任，垂拱而治。而所有这些告诫，其核心皆在于劝勉帝王能够自我约束，能够从自己和自己的家庭着手，去贪戒欲，兴仁兴让。国家治乱，系于一人一家。

一言偾事，一人定国

"一言偾事，一人定国"即《论语·子路》提出的"一言兴邦，一言丧邦"：

> 定公问："一言而可以兴邦，有诸？"孔子对曰："言不可以若是其几也。人之言曰：'为君难，为臣不易。'如知为君之难也，不几乎一言而兴邦乎？"
>
> 曰："一言而丧邦，有诸？"
>
> 孔子对曰："言不可以若是其几也。人之言曰：'予无乐乎为君，唯其言而莫予违也。'如其善而莫之违也，不亦善乎？如不善而莫之违也，不几乎一言而丧邦乎？"

"一言兴邦"，道理何在？孔子回答说："说话不可以这样过于简单机械。人们常说：'做国君很难，做臣下也不容易。'假若知道做君上很难，（于是勤勉谨慎地行事，）这不就近于一句话便可使国家兴盛吗？"能知为君之难，则自能去除骄慢懈怠之心，自能谦冲自牧虚心纳谏，自能善始而慎终，如此则自能"一言兴邦"。"一言兴邦"与"一人定国"说的是一个道理，就是一国之君要深刻省察自己的一言一行给国家社稷带来的影响，要时时谨慎勤勉，不可有任何骄慢怠忽，也不可在任何事上放纵自己、不知收敛。

"一言丧邦"，道理何在？孔子回答说："说话不可以这样过于简单机械。人们常说：'我做国君没有什么快乐可言，只不过我说话没有人敢违抗罢了。'如果国君的话正确而没有人违抗，这不是好事吗？但假如说的话不对，却没有人敢违抗，那不就近于一句话便可以使国家沦丧吗？"如果一国之君主沉湎于一言堂的自我虚荣心的满足之中，而不能虚心听取民众与臣子的意见，独断专行，为所欲为，不能敬畏民意，则其覆亡之日不远矣。"一言丧邦"，即"一言偾事"，君主不能慎重对待自己手中的权力，滥施刑罚，妄行恶政，偏听偏信，刚愎自用，乾纲独断，则臣民就会离心离德，如何能保国家而安天下？"其机如此"，可不慎乎？

治国者之表率作用

治国如治家，一家之风，取决于一家之主。一国之风，取决于一国之君。

"尧舜率天下以仁，而民从之。桀纣率天下以暴，而民从之。其所令反其所好，而民不从。"尧舜这样的圣人，以自身的道德情操作为榜样，率领天下臣民行仁义之道，则天下臣民影从顺服，整个社会风气就会向善，此即仁政、善政。此仁政、善政，发自于尧舜之心，始自于尧舜一人一家，然而影响所及，一国之百姓皆受其熏染、受其感召，此所谓"一人定国"。舜推孝悌之心以及于天下百姓，故天下百姓亦以孝悌之心各正其家，如此则天下安和，无作乱悖逆之人。尧舜诚心所至，乃能无为而治天下。桀纣一人贪戾，国家社会之风气亦受其影响而趋恶，如此则礼崩乐坏，国将不国矣。"桀纣率天下以暴，而民从之"，这里的"民从"，不是民顺从、影从，而是民众之风不得不受其污染，非主动敬慕追随之也。难道桀纣不想让自己的天下安定、江山永固、社稷宗庙恒久维持吗？难道桀纣不想让百姓都成为顺服之百姓吗？然而"其所令"者，乃是希望百姓顺服，天下归心，然而"其所好"者，乃是纵欲奢靡、以天下奉一人之欲，那么老百姓怎么会顺从他们的愿望呢？故"民不从"。

故治国者的表率作用极为重要，治国者必先正其家、齐其家、教其家，然后能正其国、治其国、教其国；治国者必修其身、正其身、践履孝悌忠信仁爱之道，然后才能教导人民行孝悌忠信仁爱之道。自己不做表率、行正道，却希望人民做到这些，怎么会有说服力呢？《论语·子路》曰：

> 子曰："苟正其身矣，于从政乎何有？不能正其身，如正人何？"

如果一个人能做到自身端正，那么他从政还有什么难的呢？如果他不能做到自身端正，那么他怎么能去使别人端正呢？苟能正其身，那么治国平天下有什么难的呢？苟不能正其身，又如何教导天下人正其身？所谓化民，先须正己。"治国在齐家"，其意亦在教导君子须先正家、教家、正己、修己，而后才能在国家社会的层面上正人、教人，最终至于正天下、教天下、化天下。《论语·子路》中又说：

> 子曰："其身正，不令而行；其身不正，虽令不从。"

治国者立身处事秉持公正，他即使不用命令老百姓，老百姓也会按他的意志行事；如果治国者立身处事不能秉持公正，那么他即使强迫命令老百姓，老百姓也不会听从顺服他。这就是下面要讲的"君子有诸己，而后求诸人"。

第二节　以恕道齐家，而后治国

是故君子有诸己，而后求诸人；无诸己，而后非诸人。所藏乎身不恕，而能喻诸人者，未之有也。故治国在齐其家。《诗》云："桃之夭夭，其叶蓁蓁。之子于归，宜其家人。"宜其家人，而后可以教国人。《诗》云："宜兄宜弟。"宜兄宜弟，而后可以教国人。《诗》云："其仪不忒，正是四国。"其为父子兄弟足法，而后民法之也。此谓治国在齐其家。

【译文】

所以君子只有自己先具备了某种善德善行，而后才能要求别人也具备某种善德善行；自己没有某种恶德恶行，而后才有资格批评别人。如果不能把隐藏于自己的想法以将心比心、推己及人的恕道施行于别人，却晓谕他人按照自己的意愿去做，这种事情是不可能发生的。（君子在家庭之中行恕道，才能在国家行恕道，）所以君子治理国家必须规范治理自己的家庭。《诗经·周南·桃夭》说："桃树长得美，桃叶多茂盛。女子出嫁了，家人多和美。"让一家人和睦相处，而后才可以教化一国之人都和睦相处。《诗经·小雅·蓼萧》说："做好兄长，做好弟弟，兄弟和睦。"兄弟之间和睦相处，而后才可以教化一国之人和睦相处。《诗经·曹风·鸤鸠》说："威仪严整无差错，才能匡正四方国。"一个人作为父亲、儿子、兄长、弟弟的德行都足以令人效法，而后老百姓才会效法他。这就是所谓"治理国家的根本在于先治理好家庭"。

君子有诸己，而后求诸人

"君子有诸己，而后求诸人"，君子要教别人怎么做，自己首先就要做到；君子要求别人具备什么美德，自己首先就要具备这些美德。"有诸己"，是君子对自我人格的一种期许和要求，如果没有对自我人格的期许和要求，没有提升自我人格的强大内在动力，而只是要求被治理者具备这些人格，则必不能达到目的。治国者首先要以身作则，率先垂范，而后才能要求人民做到。《论语·颜渊》曰：

> 季康子问政于孔子。孔子对曰："政者，正也。子帅以正，孰敢不正？"

季康子向孔子请教为政之道，孔子的回答从"政"的字源开始说起，很高妙。孔子回答说："政字，就是正的意思。你如果率先端正，谁还敢不端正呢？"从事政治治理之人，当然希望人民行为端正，不作乱，不悖逆，然而如果在上者行为邪僻而不端正，如何能要求人民行为端正？《论语·颜渊》中又说：

> 季康子患盗，问于孔子。孔子对曰："苟子之不欲，虽赏之不窃。"

季康子忧虑鲁国盗贼太多，请教孔子如何处理。孔子的回答还是引导到季康子自身的行为上来，孔子说："如果你自己不贪求财物，那么即便你奖赏行窃，老百姓也不会去偷窃。""不欲"，就是治国者首先要自己去除贪欲，不追求奢靡之生活，不放纵自己的欲望，不苛待人民，而后才能要求老百姓不行偷盗之事。若治国者贪戾纵欲，奢侈无度，劳民伤财，夺民之产，则民不聊生，自然盗贼四起。故欲正民，先须正己；欲去窃盗，先去己之贪戾；欲使民风淳厚，先须保民亲民。从正家、正己开始做起，才能进而要求民众、教导民众。还有一次，季康子问孔子关于诛杀无道之人以治理国家的可行性，孔子的回答同样着重强调为政者自己的作为，《论语·颜渊》曰：

> 季康子问政于孔子曰："如杀无道，以就有道，何如？"孔子对曰："子为政，焉用杀？子欲善而民善矣。君子之德，风；小人

之德,草。草上之风,必偃。"

如果杀掉那些坏人,来亲近好人,看起来确实可能是治国的必要手段,然而在孔子的"仁政观"看来,这样的"杀无道以就有道"的方法实际上仍旧是下策,治理国家的最高明手段实际上不是"杀无道",而是治国者做出表率。孔子回答说:"你治理国家,怎么还用得着杀人呢?你如果心里向善,人民就会向善。在上位的君子的品德好比风,在下位的百姓的品德好比草,风吹到草上,草必然随风而倒。""子欲善",是说治国者对自我人格的期许与要求,治国者如果向善、积善、正己、修身,则民自善。君子德风,小人德草,老百姓会受到治国者的行为的巨大感召,治国者道德高尚,行仁义孝悌之事,心中无贪欲,那么百姓就会归善,民风就会淳朴,此即所谓"一家仁,一国兴仁;一家让,一国兴让"也,亦即所谓"一人定国"也。这也就是《道德经》五十七章所说的:

> 我无为,而民自化;我好静,而民自正;我无事,而民自富;我无欲,而民自朴。

在上者无为而治,不用苛烦之政令烦扰人民,则人民自然得到化育;治国者喜好清静,不乱折腾人民,爱惜民力,行仁义之政,则老百姓的行为自然就走上正确轨道;治国者不妄意滋事,政令清简,顺其自然,不过多约束老百姓,则老百姓自然就能积累财富;治国者少私寡欲,时时控制自己的贪欲,则老百姓自然归于真朴,民风自然醇厚。

无诸己，而后非诸人

　　一个人首先要去除自己身上的缺点，然后才能有资格批评别人身上的缺点。这是治家的基本原则。在一个家庭中，作为教育者的家长要以身作则，做出表率。父母勤谨做事，没有懒惰习气，然后再要求子女勤奋读书，不要偷懒；父母清廉守信，不行贪污诈骗之事，然后再要求子女诚实不欺，保持正直本性；父母朴实无华，不奢靡享乐，然后再要求子女生活简朴，不追求奇装异服与酒色享乐。"无诸己"，就是要求自己先去除坏习气，远离恶德，惩忿制欲，改过迁善，保持高度的自律和自省，直面自己的缺点错误并立志改正去除之，达到这样的境界，才能"非诸人"，才能有资格指出别人的错误。父母自己在生活中不知检点自律，纵欲无度，怎么能要求子女读书上进、克勤克俭呢？父母自己在机关、公司中爱贪小便宜，怎么能要求子女洁身自好呢？小孩子偷盗撒谎之习，皆由父母日常熏染而成，父母若想"非诸人"，要想批评子女之错误习惯，必须从改正自己的错误入手。齐家必先正己也。

　　从家庭教育的"齐家必先正己"的原则出发，就可以推而及于整个国家社会的治理原则，这一原则的精髓就是要求治理者首先要去除自己身上的毛病，而后再去纠正下属和民众身上的毛病，若治理者邪僻纵欲，徇私舞弊，却要求百姓守法守信、知足无争，何可得也？"有诸己，而后求诸人；无诸己，而后非诸人"，这一原则首先应用于家庭教育中，而后再由正家推至治国理政，应用于整个社会。治国者能率先垂范，则百姓自然上行下效、草偃而从风。

第七章　治国在齐家

推己及人的恕道

"有诸己，而后求诸人；无诸己，而后非诸人"背后的逻辑，乃是推己及人的恕道。你如果自己就具备某种优点，你再通过推己及人的方法，也希望别人具备某种优点；你如果自己首先去除了身上的某些缺点，你再通过推己及人的方法，希望别人也去除某种缺点，这就是"恕"的伦理和"恕"的逻辑。如果你不用这种推己及人的恕道，就想以自己的主观愿望强加于人，希望别人达到你自己希望达到的样子，则往往事与愿违。作为父亲，你在家教育子女，要施行推己及人的"恕道"，要从自身做起，要自己做表率，给子女做榜样，这样才能晓谕自己的子女应该做什么、不应该做什么。作为治国者，你在国家社会的层面上管理众人，也要施行推己及人的"恕道"，要以身作则，化民先正己，"帅以正"，则民众自会归服追随你。"所藏乎身不恕，而能喻诸人者，未之有也。"这里所说的"所藏乎身"，兼指自己身上所存在的优点与缺点，对于自己身上所存在的优点与缺点，皆应以"恕道"即推己及人的方法，来施行于别人：要使别人具备此优点，自己先具备；要使别人无此缺点，自己先去除。这种治家正家齐家之原则，推而广之，应用于整个国家社会，则形成国家治理的一般原则，"故治国在齐其家"。国不过是家的扩大与推衍而已，故"恕道"乃是构建整个社会秩序和国家治理的基本伦理原则之一。《论语·里仁》曰：

子曰："参乎！吾道一以贯之。"曾子曰："唯。"子出，门人问曰："何谓也？"曾子曰："夫子之道，忠恕而已矣。"

孔子对曾参讲到自己的"道"，说："吾之道，始终贯穿着一个根本观念。"曾子说："是的，老师。"孔子出去，别的学生对孔子与曾参之间的对话茫然不知所指，遂追问曾子，曾子说："夫子之道，只是忠与恕而已。"实际上，"忠"作为一个伦理原则，也要贯彻"恕"的方法论，故归结起来，"恕"乃是构建社会秩序和国家治理的根本原则。《韩诗外传·卷三》这样解释此种基于"推己及人"的治国原则：

> 己恶饥寒焉，则知天下之欲衣食也；己恶劳苦焉，则知天下之欲安佚也；己恶衰乏焉，则知天下之欲富足也。知此三者，圣王所以不降席而匡天下。故君子之道，忠恕而已矣。

这里讲的圣王匡正天下的方法，实际上就是"恕道"。作为治国者，你自己厌恶饥寒，你就可以推而及于天下人，知天下人必欲衣食饱暖；你自己讨厌劳苦，你就可以推及天下人，知天下人必希望自己生活安逸而不受搅扰；你自己讨厌贫乏，你就可以推及天下人，知天下人必向往富足。所以作为治国者，你从自己的愿望出发，就可以推知天下人的愿望，顺应天下人的愿望而行事，你就可以匡正天下，天下就可垂拱而治了，此即《大学》所说"民之所好好之，民之所恶恶之，此之谓民之父母"也。这里面的逻辑乃是"恕"的逻辑，即同理心、同情心、推己及人，也就是孔子屡次谈到的"己所不欲，勿施于人"。《论语·卫灵公》曰：

> 子贡问曰："有一言可以终身行之者乎？"子曰："其'恕'乎！己所不欲，勿施于人。"

子贡问道："有没有一句话可以奉为终身遵循的准则呢？"孔子说："那就是恕道啊！自己所不愿意的事，就不要强行施加于别人。"《论语·颜渊》也谈到"己所不欲，勿施于人"：

> 仲弓问仁。子曰:"出门如见大宾,使民如承大祭。己所不欲,勿施于人。在邦无怨,在家无怨。"仲弓曰:"雍虽不敏,请事斯语矣。"

仲弓问什么是仁,孔子以"己所不欲,勿施于人"答之。孔子说:"出门就像见到贵宾,使用老百姓就像承担重大祭礼,非常恭敬谨慎。自己所不愿做的事情,不要施加于别人。在国家做事没有埋怨,在家也没有埋怨。"孔子认为,假如实践了这种"己所不欲,勿施于人"的"恕道",则就能治理好"家"和"邦"。这样看来,这种推己及人的"恕道",既是"家"的治理原则,也是"邦"的治理原则,能做到这一点,则"在邦无怨,在家无怨"。

《孟子·离娄上》也谈到类似于"民之所好好之,民之所恶恶之"的推己及人的恕道:

> 得天下有道,得其民,斯得天下矣;得其民有道,得其心,斯得其民矣;得心有道,所欲,与之聚之,所恶,勿施尔也。民之归仁也,犹水之就下、兽之走圹也。

得天下在于得民,得民在于得心,得心在于行"恕道",在于尊重老百姓的心愿,要对老百姓持一种理解与同情之心。"所欲,与之聚之,所恶,勿施尔",即《大学》所说的"民之所好好之,民之所恶恶之"。孟子的民本精神的逻辑基础,就是"己所不欲,勿施于人"的"恕道"。作为治国者,你遵循"恕道",不为老百姓所恶之事,而为老百姓所欲之事,则自然得民心、得天下。《大学》后面讲的"絜矩之道",其精髓亦在于此。

"恕道"的价值精髓

"恕道"包含着人与人之间的宝贵的同理心、同情心（所谓同情心，即人类具备共通的情感，可以相互理解与认同，不是狭义的"怜悯"之意）。"己所不欲，勿施于人"，乃是一个底线的伦理，也是一个"消极"的原则，就是你不愿意做的事情，也不要强加于别人；但是，若是从积极的一面出发，我们是不是就可以在整个社会中贯彻"己所欲，施于人"的原则呢？这是需要探讨的。我在《论语心归》一书中曾经探讨过这个问题。比如说，"我"大公无私，是不是也要求所有人都必须大公无私呢？在整个国家社会的层面上，我们还是要尊重合理合法合情的"私"，而不能强行在整个社会层面推行"大公无私"，"大公无私"是对社会中的道德高尚者和先进分子而言的一种道德自我期许，而不宜在整个社会中强制性地要求每一个普通人都"大公无私"。再比如说，"我"拥有的公司富有社会责任感，故经常捐款从事社会慈善事业，然而在整个社会的层面上，我们却不能强制性地要求每个公司都达到这样的伦理水准（可以采取自愿的、量力而行的原则）。所以我认为，在现代国家治理中，除了执行"己所不欲，勿施于人"的底线原则，还要避免走另一个极端，即警惕"己所欲，乱施于人"或"己所欲，强施于人"。你所愿意做、喜欢做的事，也不要一厢情愿地强制性地施加于别人，这也是违背"恕道"的。"恕道"的核心精髓是尊重他人的主体独立性，尊重他人的偏好，尊重个体选择的权利，尊重个体的尊严。所以"己所欲"，也不能"乱施于人"，不能"强施于人"，而是要"慎施于人"，要取得他人的同意，这才是"恕道"的真精神，也是现代民主社会的精神。一旦全社会中的每一个个体都践履这种"己所不欲，勿施于人"的恕道，则天下就能在这样一个具备底线伦理精神的民主原则下，形成一种和谐牢固的共同体，人人彼此尊重，人人自律，既保持各自的独立性，又能与他人达成一种"同情"与和谐。

所以，当我们践行"有诸己，而后求诸人"的"恕道"的时候，也要防止违背"恕道"，对别人形成强制，如果你拥有某种美德（比如你生活极端简朴，甚至低于一般民众的普通生活标准），你也要慎重要求别人拥有这种美德（比如不能强制要求别人也过你这种低于一般民众生活标准的极端简朴生活），也就是"慎施于人"。对于治国者，对于肩负国家社会领导者责任的君子来说，掌握这一原则尤其重要，须知"恕道"的核心乃是一种对他人的主体人格独立性的尊重，这一核心与现代国家社会治理的原则是完全契合的。

之子于归，宜其家人

"桃之夭夭，其叶蓁蓁。之子于归，宜其家人"出自于《诗经·周南·桃夭》：

> 桃之夭夭，灼灼其华。之子于归，宜其室家。
> 桃之夭夭，有蕡其实。之子于归，宜其家室。
> 桃之夭夭，其叶蓁蓁。之子于归，宜其家人。

此诗之主旨在于以桃树为譬喻，祝福新出嫁之女子能够给未来的家庭带来幸福和睦，子孙兴旺，家道昌盛。意译如下：

> 桃树多茂盛，桃花多娇艳。女子要出嫁，和美又兴家。
> 桃树多茂盛，累累结硕果。女子要出嫁，子孙必兴旺。
> 桃树多茂盛，桃叶多繁密。女子要出嫁，家道必盛昌。

女子出嫁，"宜其家人"，她的到来给整个家庭带来吉祥、幸福、安定、和睦，此正是君子齐家正家治家之功。而此齐家正家之功，其根基却是这个"女子"自身所具备的美德，这些美德包括贞正、慈爱、自律、勤谨、节俭、忍耐等等，此正是君子正心诚意修身立德之功。君子修身才能齐家，齐家然后才能将家的治理原则推及扩充至整个国家社会，故"宜其家人，而后可以教国人"。"教国人"的全部奥秘，正隐藏于"宜其家人"的工夫之中。

宜兄宜弟

"宜兄宜弟"出自《诗经·小雅·蓼萧》：

蓼彼萧斯，零露湑兮。既见君子，我心写兮。燕笑语兮，是以有誉处兮。

蓼彼萧斯，零露瀼瀼。既见君子，为龙为光。其德不爽，寿考不忘。

蓼彼萧斯，零露泥泥。既见君子，孔燕岂弟。宜兄宜弟，令德寿岂。

蓼彼萧斯，零露浓浓。既见君子，鞗革忡忡。和鸾雍雍，万福攸同。

这首诗是诸侯歌颂天子之作，《毛诗序》谓此篇诗旨乃颂天子"泽及四海"，以之为宴请远国之君的乐歌。诸侯或远国之君，有幸参加天子之宴乐，得到天子之宠爱，故心怀感激，又亲瞻天子之威仪，故心生崇仰。艾蒿（萧）乃诸侯或远国之君自比，而露珠乃譬喻天子之恩宠。意译如下：

第七章　治国在齐家

艾蒿高又盛，露水来沾润。拜见周天子，我心多舒畅。宴乐多笑语，欢愉又安详。

艾蒿高又盛，露水来滋养。拜见周天子，恩宠多荣光。天子美德久，福寿多绵长。

艾蒿高又盛，露水多丰润。拜见周天子，和乐又平易。兄弟情和睦，美德与寿齐。

艾蒿高又盛，露水多浓郁。拜见周天子，马辔多华美。车铃在鸣响，万福来汇集。

诗歌里的"宜兄宜弟"，是诸侯或远国之君赞美天子与自己之间和睦深厚的兄弟情感，天子虽然与诸侯或远国之君有地位上的差别，然而天子在宴乐之中，态度平易亲和，充满友爱和蔼之亲情，使诸侯或远国之君备受感动，他们既感到受宠若惊，感到荣光荣耀（"为龙为光"，"龙"即宠也），又感到一种兄弟般的恺悌友爱之情谊（"孔燕岂弟"，孔燕者，极其安乐也；"岂弟"，即恺悌，和睦友爱之意）。然而诗歌中亦写到天子之威仪，在"宜兄宜弟"的友爱祥和之外，亦不忘天子与诸侯（或远国之君）在礼乐秩序上的不同地位，不忘表达对天子威仪（"冲冲"、"雍雍"）的敬畏与崇仰（"鞗[tiáo]革冲冲"，形容马辔饰物下垂，"和鸾雍雍"，形容车铃叮当鸣响。"鸾"即"銮"，"和"与"銮"均为铜铃，系在轼上的叫"和"，系在衡上的叫"銮"，形容天子之车队豪华而有威仪）。"宜兄宜弟"，本来是家庭中的兄弟友爱恺悌之道，此处将之扩充至国家（天下）层面，从兄弟恺悌出发构建一套天下秩序。在家兄弟友爱恺悌，在国家（天下）层面亦友爱恺悌，天子待诸侯如兄弟，亲切而不失威仪，诸侯待天子亦如兄弟，友爱而不失尊崇，故在家兄弟恺悌，在国家（天下）则天子诸侯和睦亲爱，如此则国家祥和而天下安定。在家能"宜兄宜弟"，在国家（天下）层面才能教化其国人和睦相处，故国家无犯上作乱之人，故曰"宜兄宜弟,而后可以教国人"。

其仪不忒,正是四国

"其仪不忒,正是四国"出自《诗经·曹风·鸤鸠》,其诗曰:

鸤鸠在桑,其子七兮。淑人君子,其仪一兮。其仪一兮,心如结兮。
鸤鸠在桑,其子在梅。淑人君子,其带伊丝。其带伊丝,其弁伊骐。
鸤鸠在桑,其子在棘。淑人君子,其仪不忒。其仪不忒,正是四国。
鸤鸠在桑,其子在榛。淑人君子,正是国人。正是国人,胡不万年?

朱熹《诗集传》曰:"诗人美君子之用心平均专一。"全诗赞美布谷鸟(鸤鸠)哺育小鸟且为小鸟做出表率,以之颂赞君子能以自己的美德为百姓树立榜样,得百姓敬仰,故能教化百姓。试意译如下:

布谷鸟筑巢桑林,辛勤养育七小鸟。善人君子品德高,仪容端庄恒如一。仪容端庄恒如一,坚守心志多牢固。
布谷鸟筑巢桑林,小鸟嬉戏梅树间。善人君子品德高,腰带镶嵌白丝边。腰带镶嵌白丝边,皮帽美玉来装饰。
布谷鸟筑巢桑林,小鸟嬉戏酸枣树。善人君子品德高,威仪端庄永不变。威仪端庄永不变,各国敬仰又效仿。
布谷鸟筑巢桑林,小鸟嬉戏在树丛。善人君子品德高,匡正国人作榜样。匡正国人作榜样,国人敬祝寿无疆。

布谷鸟有仁慈之德,它尽心尽力照顾呵护自己的孩子,就像治国之君子尽心尽力爱民养民;同时,布谷鸟能够用心专一持恒,始终不变,就像治国之君子坚持自己的节操而不改变;布谷鸟不仅善于养育子女,还善于教育子女,使小鸟们能够按照正确的方式生活,就像治国之君子品德高尚,以身作则,率先垂范,努力作百姓的模范,故四国之人仰慕而追随之,所谓"正是四国",乃是各国之人以君子之美德为楷范法则也,闻一多《风诗类钞》曰:"正,法也,则也。正是四国,为此四国之法则。"肩负治国重任的"淑人君子"之所以能"正是四国"、"正是国人",赢得天下人之归服拥戴,其根本原因在于,他能够将在家庭中倡导的为父之慈、为子之孝、为兄弟之友悌推广到国家,推广到天下,他在家庭中能够尽父之慈、尽子之孝、尽兄弟之友悌,则就能在国家天下的层面上为民众所效法,故曰"其为父子兄弟足法,而后民法之也"。如果你自己在家庭中未能做出表率,不能践履慈孝友悌之德,那么你有什么资格教导百姓、化育百姓呢?此之谓"治国在齐其家"。

治国在齐其家

第七章主旨在于论证"治国在齐其家"。这句话背后的逻辑基础是推己及人的恕道,而这一推己及人的方法,首先要在家庭这一最小的社会共同体中实践和展开,然后才能扩充推及于社会、国家、天下等更广大的人群层面。一个君子在家庭中的慈孝悌的道德实践,实际上就是整个社会、国家、天下道德构建的前提,是社会、国家、天下道德构建的"具体而微"的试验场与出发点。故君子能"不出家而成教于国",孔子即认为一个人在家庭中的孝悌行为就是广义上的"为政",就是君子从事政治活动的起点。故家庭中的道德践履,在儒家的修身次第上极为重要,这一关键环节从根基来说与"修身"紧密相连,从更为广大的拓展来说与"治国"与"平天下"相连,故曰"一家仁一国兴仁",在家"宜兄宜弟",则可教化国人、匡正天下。儒家的天下秩序,正是以家为起点展开的。

第八章　平天下在治国

第一节　絜矩之道

所谓平天下在治其国者，上老老，而民兴孝；上长长，而民兴弟；上恤孤，而民不倍。是以君子有絜矩之道也。所恶于上，毋以使下；所恶于下，毋以事上；所恶于前，毋以先后；所恶于后，毋以从前；所恶于右，毋以交于左；所恶于左，毋以交于右。此之谓絜矩之道。《诗》云："乐只君子，民之父母。"民之所好好之，民之所恶恶之，此之谓民之父母。《诗》云："节彼南山，维石岩岩。赫赫师尹，民具尔瞻。"有国者不可以不慎，辟则为天下僇矣。

【译文】

所谓"平定天下在于治理好国家"，这句话的意思是说，在上位者如果尊敬老者，那么人民就会兴起敬老之风；在上位者敬爱比自己年长的人，那么人民就会兴起敬长之风；在上位者如果怜恤照顾孤幼，那么人民就不会有悖逆之心。所以君子要具备以身作则并推己及人的方法。如果你讨厌居于上位者的做法，你就不要以同样方法对待你的下属；如果你讨厌居于下位者的方法，你就不要以同样方法事奉在上位者；如果你讨厌在前面的人的做法，你就不要以同样的方法对待在后面的人；如果你讨厌在后面的人的做法，你就不要以同样的方法对待在前面的人；如果你讨厌你右边的人的做法，你就不要以同样的方法对待你左边的人；如果你讨厌你左边的人的做法，你就不要以同样的方法对待你右边的人。这就是以身作则并推己及人的处世方法。《诗经·小雅·南山有台》说："喜悦的国君，乃是人民的父母。"人民所喜好的，他也喜好；人民所厌恶的，他也厌恶，这就是人民的父母。《诗经·小雅·节南山》说："南山巍巍，岩石高峻，太师尹氏多显赫，百姓都在望着你。"掌握国家权力的人，不能不行为谨慎，如果行为邪僻，就会被天下人所诛戮。

平天下在治其国者

从修身，到齐家，到治国，到平天下，这一由内到外、由己到人、由小到大、由狭到广的秩序，一步步拓展开来，一步步推向更为广大复杂的人类"场域"，从而形成一个"有机"的人类共同体。这个逐步拓展的"有机"的人类共同体，不是依靠一种相对固定的契约关系来约束和维系的，而是植根于个体的道德修养与人格塑造，故人类"场域"的不断拓展只是为个体的道德行为提供了更广大的践履空间（平台），然而其根本或根基仍然是个体的道德修养与人格塑造。这一人类社会秩序的建构乃是一种"自发秩序"，是一种基于个体道德修养、基于人类最基本的家庭亲缘关系原则（所谓"亲亲"，所谓"孝悌"也者）而推衍出来的"自发秩序"，这种"自发秩序"是"有机"的，不是西方式的"建构主义"的（即依赖契约和法律所建构起来的）。当一个行为个体的"场域"不断扩大之时，他面临着更复杂的人际关系，这些人际关系已然超越了家庭关系共同体的范畴，然而他在这复杂的人际关系中所表现出来的道德行为仍然不过是基于家庭关系的道德行为的一种推衍和扩充。在所有新的、更为复杂的人类

"场域"中，他不必重新学习和适应一套崭新的契约和法律规则以胜任新的"场域"，他的道德行为原则是一以贯之的，那就是孔子所倡导的"忠恕之道"，简单地说就是推己及人的"恕道"。这种"恕道"从自己开始层层推衍开去，依据"己所不欲，勿施于人"的同情心和同理心，而推至极为广大的"场域"。从家，到国，到天下，"场域"扩大了，然而"恕道"的原则没有变化，"平天下在治其国"的原则亦是"恕道"。

从治理者来说，"恕道"就是从自己做起，以身作则，率先垂范，把自己做好了，再来要求别人。治国者要做的，只是做出模范榜样，有了道德榜样，老百姓就会追随之。"上老老，而民兴孝；上长长，而民兴弟；上恤孤，而民不倍"。"老老"，"老其老"者也，就是敬老，就是行孝道，如果在上位者行孝道，则民众就会仿效之，如此则国家孝道大兴，天下则无忤逆不孝之人；"长长"，"长其长"者也，在上位者能尊敬比自己年长的人，则老百姓就会兴起友爱之风，如此则社会和谐，人人友爱和睦；上位者顾恤呵护那些孤苦无依之人，施行仁政善政，则老百姓自然不会生悖逆之心，自然顺从归服。从现代的语境来说，"治其国"相当于我们在各自的"场域"（行业、职业）中遵循道德原则，持守节操，将家庭所倡导的诚、慈、孝、悌等美德推广到各自的领域中去，以推己及人的"恕道"来对待自己所在的"场域"中的相关者，从而构建一个和谐安定、秩序井然的道德理想国。比如你是一个大学的教师，你就要在大学中遵循作为一个师者的道德原则，处处以一个师者的节操来要求自己，践履作为一个师者的责任；在与学生交往的过程中，以推己及人的"恕道"来对待学生，以父母长辈的慈爱之心对待学生，严格教导他们向善力学，呵护他们的身心健康；在与同事交往的过程中，以友悌的原则与之交往，相互尊重，平等亲和，构建一种和谐互信互助的同事关系；在与领导和长辈交往的过程中，尊敬长上，爱护老者，从而上下祥和，相互信任。在任何一个人类社会的具体"场域"之中，这种推己及人的"恕道"都是有效的，因为所有场域的伦理原则都要基于人类的同理心、同情心。这也就是下面要讲到的"絜矩之道"。

君子絜矩之道

什么是"絜矩之道"？"絜"者，量度也。"矩"，即用来画直角或方形的尺子（古人讲"规矩"，"规"是用来画圆形的，就是今天的圆规；"矩"就是用来画方形的尺子，其作用相当于今天能画直角的三角板）。有了矩，我们才能画出直角或方形，"矩"就是一个标准，没有这个标准作为"准绳"或参照，我们就难以画出直角或方形，也就难以衡量别的形状是不是直角或方形；"絜矩之道"就是说，一个人的言行也要有规矩准绳，要像矩一样有示范作用。你自己行动正直，如同矩一样，就可以以此为标准来衡量其他的人；如果自己言行没有规矩准绳，那么就不能衡量别人的言行，也不能要求别人与你一样。"絜矩之道"所引申的含义是说，一个人自己要以身作则，要用推己及人的方法来对待别人，自己先做好了，再来要求别人，要换位思考，"己所不欲，勿施于人"。

"所恶于上，毋以使下；所恶于下，毋以事上；所恶于前，毋以先后；所恶于后，毋以从前；所恶于右，毋以交于左；所恶于左，毋以交于右。此之谓絜矩之道。"上下、前后、左右，都是人类不同"场域"中的互相对立（对待）的一对关系，这些对立（对待）关系的正确处理，关乎整个社会（天下）的安定和谐。在每一对对立（对待）关系中，彼此都要相互尊重、相互理解、相互同情，都要学会从对方的角度来看自己，学会换位思考，如此就可以达成一种和谐互信的社会关系。实际上，人们之场域不同，人们之能力亦有不同，人们所具备之禀赋财富等亦有不同，大小、强弱、多寡之间，若能相互理解，换位思考，则整个社会就能达成和谐。上下级之间，如果你讨厌你的领导如此对待你（比如对你态度骄横、傲慢，对你呵斥、强令，不尊重你的人格），你就不要以同样方式对待你的下属。有些人上面受到领导的压榨和羞辱，然而回过头来他又以同样的方式压榨和羞辱他的下属，这就是恶的循环，如此则上下关系始终处于非常恶劣的状态。前后关系往往发生于不同的职业之间，或同一职场的前后不同程序之间，在这些不同职业之间或同一职场的不同工种之间，如果你用换位思考的方法，往往能够构建和谐的人际关系。如果你希望别人对你诚信友好，你也要对别人诚信友好；你不希望别人苛求你、欺骗你、毁谤你，你就不要苛求别人、欺骗别人、毁谤别人。左右关系亦是如此。学会换位思考，推己及人，学会遵行"己所不欲勿施于人"的恕道，你就会在任何"场域"构建一种和谐的人际关系。这就是现代社会的"絜矩之道"。通过实行"己所不欲勿施于人"的恕道，通过换位思考，实际上就建立了一个现代社会的"底线伦理"。

乐只君子，民之父母

"乐只君子，民之父母"出自《诗经·小雅·南山有台》，诗曰：

南山有台，北山有莱。乐只君子，邦家之基。乐只君子，万寿无期。

南山有桑，北山有杨。乐只君子，邦家之光。乐只君子，万寿无疆。

南山有杞，北山有李。乐只君子，民之父母。乐只君子，德音不已。

> 南山有栲，北山有杻。乐只君子，遐不眉寿。乐只君子，德音是茂。
>
> 南山有枸，北山有楰。乐只君子，遐不黄耇。乐只君子，保艾尔后。

这首诗充满了对君子的赞美祝福之情，试意译如下：

> 南山有苔莎，北山有草藜。君子真喜悦，家国立根基。君子真喜悦，万年寿无期。
>
> 南山有桑树，北山有绿杨。君子真喜悦，家国显荣光。君子真喜悦，万年寿无疆。
>
> 南山有杞树，北山有李子。君子真喜悦，民众之父母。君子真喜悦，美德声名长。
>
> 南山有栲树，北山有菩提。君子真喜悦，理应得高寿。君子真喜悦，美德声名盛。
>
> 南山有枸树，北山有苦楸。君子真喜悦，哪能不高寿。君子真喜悦，后人得福佑。

"乐只君子"，是说君子很快乐。君子为何而乐？君子乐其德也。有德之君子，才能保持一种悦乐的心情，这种心情也感染了百姓，他们见到君子洋溢于外的快乐从容、怡然宽博的样貌，从内心感到欣慰和崇敬，他们相信这样的君子一定会给他们带来福祥，故衷心赞美君子能够万寿无疆。这与《大学》第四章里面说的"'有斐君子，终不可諠兮'者，道盛德至善，民之不能忘也"，是一样的意思。

"乐只君子"，君子的快乐，还在于他能与民同乐，故君子乐之，百姓亦乐之，这就是孟子对梁惠王所说的"与民偕乐"。《孟子·梁惠王上》曰：

第八章　平天下在治国

孟子见梁惠王。王立于沼上，顾鸿雁麋鹿，曰："贤者亦乐此乎？"

孟子对曰："贤者而后乐此，不贤者虽有此，不乐也。《诗》云：'经始灵台，经之营之，庶民攻之，不日成之。经始勿亟，庶民子来。王在灵囿，麀鹿攸伏，麀鹿濯濯，白鸟鹤鹤。王在灵沼，于牣鱼跃。'文王以民力为台为沼。而民欢乐之，谓其台曰灵台，谓其沼曰灵沼，乐其有麋鹿鱼鳖。古之人与民偕乐，故能乐也。《汤誓》曰：'时日害丧？予及女偕亡。'民欲与之偕亡，虽有台池鸟兽，岂能独乐哉？"

梁惠王所问的"贤者之乐"与此处"乐只君子"意蕴相通。梁惠王望着鸿雁麋鹿，问孟子："贤德之人也会享受这种快乐吗？"孟子回答说："贤德之人先有贤德而后才能享受这种快乐，而无贤德之人即使拥有这些东西，也无法享用此乐。"贤者乐之，而不贤者不乐，则此乐无关于鸿雁麋鹿，而与贤者君子的德行相关。孟子接着引用《诗经》中对周文王的赞颂来说明贤者与民同乐的道理："《诗经·大雅·灵台》说：'开始建造灵台，经营又经营，老百姓一齐努力，争取快快建成。文王说建灵台不急，老百姓却更多地来帮忙。文王在鹿苑中，看到母鹿安逸地趴在那里，身体肥胖而毛色光洁，白鸟的羽毛也富有光泽。文王在灵沼边，满池的鱼都在跳跃。'文王虽然征用民力来修建灵台灵沼，可是老百姓都非常乐意去卖力，他们把高台叫灵台，把那池水叫灵沼，看到文王园中的麋鹿鱼鳖也非常快乐。古代君王能够与老百姓一同分享快乐，所以他能够得到真正的快乐。《汤誓》中却记载着老百姓对夏桀的抱怨：'太阳啊，你何时灭亡？我们恨不得与你一同灭亡。'老百姓想要同自称太阳的夏桀一起灭亡，此时的夏桀，即使拥有台池鸟兽，怎么能独自快乐呢？"文王爱民如子，故民能以"欢乐"心情踊跃协助文王修建灵沼、灵台，"乐其有麋鹿鱼鳖"。而夏桀苛待人民，民欲与夏桀"偕亡"，故夏桀即使拥有台池鸟兽，亦不乐。乐与不乐，非关乎台池鸟兽，而关乎君子之德，关乎君子是否"与民偕乐"。

故民众视君子为父母，一方面是因为君子"德音是茂"，因为君子有崇高的道德，另一方面在于君子能爱民仁民，为"民之父母"。父母是如何对待小孩的？父母对于幼子，必仔细呵护之，悉心照料之，全心保护之，深切教导之，从而使幼子之身心都得到健康成长。父母不但要照顾好小孩子的身体，还要引导好小孩子的品德行为，要使孩子成为一个身体健康快乐且品德优良的人。故君子作为"民之父母"，他不但要照顾好老百姓的物质生活，使老百姓富足安定，不会产生生活上的匮乏，而且要使老百姓过上有秩序的、有伦理的、合乎人类道德的生活。这样的君子才能有资格称为"民之父母"。做人家的父母，是有很大的责任的，要担负很重大的使命和繁重的义务的，是要付出巨大的牺牲的，是要有巨大的奉献精神和责任心的，所以中国人称官员为"父母官"，这个名词的主要指向不是说官员有权威，可以对作为孩子的人民发号施令；相反，这个名词的主要意旨是说作为官员要像父母呵护保护教导孩子一样，来呵护保护教导老百姓，他对老百姓的幸福安康负有巨大的责任。

民之所好好之，民之所恶恶之

治国者为"民之父母"，是因为治国者能处处以民众为中心来考虑问题，治国者没有自己的私利，而以百姓的利益为利。《尚书·夏书·五子之歌》中说："民惟邦本，本固邦宁"，以民为本，爱民如子，方能固国之本，国家才能安定。

"民之所好好之，民之所恶恶之，此之谓民之父母"。能做"民之父母"，就要以民之所好为己之所好，故治国者无私好，凡有所好，必以民之利益为依归，民乐之好之，则必为之；治国者要以民之所恶为己之所恶，故治国者无私恶，凡有所恶，必以民之所恶为标准，民恶之，则必去之。治国者抛弃了自己的偏私的、一己的所好所恶，他的一切偏好皆能从民众出发，以民众的利益作为衡量自己政策的标准。这就是孟子所说的"忧乐天下"，《孟子·梁惠王下》曰：

> 乐民之乐者，民亦乐其乐；忧民之忧者，民亦忧其忧。乐以天下，忧以天下，然而不王者，未之有也。

《孟子·尽心上》曰：

> 无为其所不为，无欲其所不欲。

这句话跟"民之所好好之，民之所恶恶之"意思一样。治国者以百姓之乐为乐，则百姓亦以治国者之乐为乐；治国者以百姓之忧为忧，故百姓亦以治国者之忧为忧，如此则百姓与治国者同忧乐，共甘苦，天下必大治。治国者能换位思考，从民众的角度考虑问题，此即"絜矩之道"也。朱子在解释"民之所好好之，民之所恶恶之"时说："言能絜矩而以民心为己心，则是爱民如子，而民爱之如父母矣。"治国者从推己及人的原则出发，己所不欲者，勿施于民，如此就不会苛待百姓，不会横征暴敛、鱼肉百姓；自己希望过无忧无虑的生活，则亦帮助百姓过上安逸生活。故治国者"以民心为己心"，推己及人，由爱己而爱百姓，他无私好，无私恶，一切以百姓为中心，这就是中国儒家民本主义的精髓。

道家也提倡治国者要"以百姓心为心"，要尊重民意，《道德经》第四十九章曰：

> 圣人常无心，以百姓心为心。善者，吾善之；不善者，吾亦

善之；德善。

　　信者，吾信之；不信者，吾亦信之；德信。圣人在天下，歙歙焉，为天下浑其心，百姓皆注其耳目，圣人皆孩之。

圣人"无心"，是说圣人没有私心，没有一己之私的好恶之心，而是以百姓的心为心，这就是《大学》里所说的"民之所好好之，民之所恶恶之"。圣人对每个人都一样，善良的人，圣人善待他；不善之人，圣人也善待他：如此则可使人人从善。有信用的人，圣人信任他；没有信用的人，圣人也相信他：如此则可使人人守信。圣人治理天下，"歙歙焉"，"歙"就是闭藏、收敛，圣人收敛自己的欲望，使天下人的心地变得浑朴，百姓都各用其聪明来自由行事，而圣人则使每一个人都回归到婴儿一样的纯朴自然的状态。

民具尔瞻的两重涵义

"节彼南山，维石岩岩。赫赫师尹，民具尔瞻"来自于《诗经·小雅·节南山》，此诗较长，节录如下：

节彼南山，维石岩岩。赫赫师尹，民具尔瞻。
忧心如惔，不敢戏谈。国既卒斩，何用不监！
节彼南山，有实其猗。赫赫师尹，不平谓何。
天方荐瘥，丧乱弘多。民言无嘉，憯莫惩嗟。
尹氏大师，维周之氐；秉国之钧，四方是维。
天子是毗，俾民不迷。不吊昊天，不宜空我师。
弗躬弗亲，庶民弗信。弗问弗仕，勿罔君子。

这首诗是一首对太师尹的讽刺诗。太师、太保、太傅，为三公，地位显赫。然而太师尹氏位高权重，却勾结小人，不问朝政，欺骗君主，故此诗对太师尹发出激烈的批评。试意译如下：

> 巍巍终南山，矗立大石岩。师尹位显赫，百姓都望瞻。
> 君子忧国政，无人敢戏谈。国运甚衰弱，你却看不见！
> 巍巍终南山，山深树参天。师尹位显赫，有何善可言！
> 上天降祸殃，国家多丧乱。百姓怨声起，你却无愧叹！
> 尹氏老太师，本是周之本。执掌国重权，靠你安四方。
> 上佐天子治，下导百姓路。上天不眷顾，民众忍困穷！
> 你不亲政勤，民众失信任。朝政你不问，欺罔我国君。

"民具尔瞻"有两重涵义。一方面，对于地位显赫、拥有国家治理大权的人，老百姓皆仰望之，并期盼他为国家为民众带来福祉；另一方面，对于这些位高权重之治国者，民众也在时时看着他，监督他，他的一言一行也逃不脱民众的眼睛。如果治国者不能以百姓之好恶为好恶，不能爱民如子，则百姓就会抛弃他。故治国者应处处从推己及人的态度出发，体会百姓之甘苦，与百姓同乐同忧，而不能倚仗手中执掌的特权，处处作威作福、谋取私利、奢靡纵欲，更不能暴虐百姓，滥施刑罚。故"有国者不可以不慎，辟则为天下僇矣"，"僇"者戮也，若治国者行为邪僻，偏离正道，如桀纣般虐民暴民，则天下百姓必齐力戮之弃之。朱子《大学章句》曰："言在上者人所瞻仰，不可不谨。若不能絜矩尔好恶徇于一己之偏，则身弒国亡，为天下之大戮矣。"正因为治国者拥有高位，"民具尔瞻"，大家都仰望你，大家都盯着你，你才要以絜矩之道，处处以身作则、推己及人，处处从老百姓的角度去考虑问题，时时警惕戒惧，不可施苛政，不可弄权徇私。太师尹氏为人民所恨恶，究其根本原因，仍然要回到"絜矩之道"上来分析。

第二节　德本财末

《诗》云:"殷之未丧师,克配上帝。仪监于殷,峻命不易。"道得众则得国,失众则失国。是故君子先慎乎德,有德此有人,有人此有土,有土此有财,有财此有用。德者,本也;财者,末也。外本内末,争民施夺。是故财聚则民散,财散则民聚。是故言悖而出者,亦悖而入;货悖而入者,亦悖而出。《康诰》曰:"惟命不于常。"道善则得之,不善则失之矣。《楚书》曰:"楚国无以为宝,惟善以为宝。"舅犯曰:"亡人无以为宝,仁亲以为宝。"

【译文】

《诗经·大雅·文王》说:"殷商尚未丧失民心之时,行动能够配合上帝的命令。应该借鉴殷商教训,持守天命不容易。"这就是说,得民心就会得到国家,丧失民心就会失去国家。因此君子必须首先慎重地修养自己的德行,有道德才会有人拥戴,有人拥戴才会拥有土地,拥有土地才会有财富,有财富才会足供使用而不匮乏。道德,乃是治国之根本;财富,乃是枝末。假如轻视根本而重视枝末,那么就会与民争利,劫夺财富。因此,治国者若只顾积聚财富,就会失散民心;治国者如果散财于民,那么民心就会凝聚。因此,如果治国者以违背道义的方式发表言论,那么老百姓也会以违背道义的言论对待你;如果治国者以违背道义的方式聚敛财富,那么也必将以违背道义的方式失去财富。《尚书·康诰》说:"天命不是恒常的。"这就是说,行善事就会得天命,不行善事就会丧失天命。《楚书》说:"楚国没有什么宝贝,只有行善才是宝贝。"晋文公(重耳)的母舅狐偃说:"流亡之人(指重耳)没有什么珍宝,只有仁爱与亲情是珍宝。"

第八章　平天下在治国

克配上帝

"殷之未丧师，克配上帝。仪监于殷，峻命不易"，出自于《诗经·大雅·文王》，笔者在第四章解释"周虽旧邦，其命维新"时，已经全文意译过此诗，读者可以参考。此诗赞颂文王的美德与仁政，他能敬畏天命、承受天命，"亹亹穆穆"，勤勉亲民而有威仪，他人格光辉灿烂而能始终以笃敬之心对待上天。文王知道"天命靡常"，天命不是恒常的，故须时时"聿修厥德，永言配命，自求多福"。诗中还讲到要汲取商朝兴亡的经验教训，不要重蹈商的覆辙。殷商在未丧失民心之时，还是能够以敬畏之心对待上帝之命，故能得到上帝之福佑。然而"天命靡常"，商纣王由于施暴纵欲而失去民心，从而失去天命，殷鉴不远，能不慎乎！"峻命不易"，要持守天命，就要顺民意、得民心，得民心者得天下，失民心者失天下。《孟子·离娄上》曰："得天下有道，得其民，斯得天下矣。得其民有道，得其心，斯得民矣。得其心有道，所欲与之聚之，所恶勿施尔也。"所以，"克配上帝"的核心和实质乃是仁民爱民、得民之心，而仁民爱民之基础乃是治国者要懂得"絜矩之道"，要以心比心、换位思考，从老百姓的角度来考虑问题，一切施政都要符合人民之利益，"民之所好好之，民之所恶恶之"，这就是孟子说的"所欲与之聚之，所恶勿施尔"。故民众即是上位者施政治国之规矩准绳，一切以人民为中心来施政，则必得天下归服，天命就会福佑上位者，中国儒家民本主义政治哲学之核心，尽在此"絜矩之道"矣。从此"絜矩之道"推及扩充开去，若人人都行此推己及人之道，则"老吾老以及人之老，幼吾幼以及人之幼"（《孟子·梁惠王上》），一个大同世界就构建起来了；若治国者都能遵循此"絜矩之道"，则"一人定国"，治国者无私好而以民之所好为好，无私恶而以民之所恶为恶，如此则民心凝聚，天下归心，此即下面所说的"得众得国、失众失国"的道理。所有这些的方法论基础，都是"絜矩之道"。

道得众则得国

"道得众则得国,失众则失国。"此处的"道",朱子解释为"言",也可以解释为"治国之道"、"絜矩之道",皆通。治国者能以絜矩之道而与民同欲,与天下百姓同忧,与天下百姓同乐,则能得民众之心;得众人之心者,必得国得天下也。

"是故君子先慎乎德",此句承接第一节所说的"有国者不可以不慎,辟则为天下僇矣"而再次阐发絜矩之理。"先慎乎德",此"德"乃亲民仁民之德也,君子欲治国平天下,先须明此德,此即《大学》开篇所说"明明德"之深意。能以絜矩之道爱民仁民者,必慎乎其德,能时刻从人民之角度出发反省自我之言行,省察己过,施行仁政。而行为邪僻、荒淫不慎者,皆不能遵循絜矩之道,必失国失天下也。在上位者失去天命之福佑,其实质乃是失去民心之拥戴,民弃之,则天弃之,故《尚书·泰誓》曰:"天视自我民视,天听自我民听。"

"有德此有人,有人此有土",此处的"人",国人、人民也;"土",国土,国家也。治国者有此仁德之政,则必得民,得民斯得国土矣。治国者若贪婪于兼并土地,而不能施仁政,不能仁爱土地上的人民,则疆域再广大都会失去。春秋战国时期,各国之间为了争夺土地而频频发起征战,然而若行霸道而不行王道,不能行仁政,则争夺到的广大疆域也是没有用的,老百姓仍然会抛弃治国者。《孟子·尽心下》曰:"不仁而得国者,有之矣;不仁而得天下,未之有也。"(没有仁德而能得到一个国家的,可能会有;没有仁德而能得到天下的,没有这样的事。)有仁德方能得天下,他得的是民心,而不是土地,如果没有人心,没有民众的支持拥戴,土地是没有意义的。孟子曰:"三

代之得天下也以仁，其失天下也以不仁。国之所以废兴存亡者亦然。"（《孟子·离娄上》）

"有土此有财，有财此有用。"有了国土才能产生财富，有了财富才能够供人使用，使人民不再匮乏。"德—人—土—财—用"这五个要素，"德"是源头、是根本、是基础，治国者能够以絜矩之道，从百姓之利益出发来施仁政，仁民爱民，则天下人民皆归附之。得到天下百姓之归附，才会获得更多的土地。有了"人"，就有了丰裕的劳动力；有了"土"，就有了产生财富的条件，故土地乃财富之母，劳动乃财富之父。治国者能够以适当的方式来鼓励老百姓创造更多的财富，并能够以正确的方法使用财富，则财富足用，百姓无匮乏。

德本财末的经济学

"德者，本也；财者，末也。"这里的"德"，主要是指治国者之仁德，其中既包括治国者仁民爱民之"德操"，也包括治国者治国理政之具体方略即"德政"。"德操"与"德政"是相辅相成的，只有德操而没有具体的德政，则仁德不能落实到实际的治国理政之中，徒有仁爱之表，而百姓不能得其实。有了仁德之心，又有了仁德之政，则国家必盛强，财富必足用。

《大学》提出的"德本财末"的经济学思想，其意义是非常重大的。儒家传统的经济学思想，可以概括为"德本主义经济学"、"民本主义经济学"，其基本思想在《论语》、《大学》、《中庸》、《孟子》这四部经典中已经有比较透彻的阐发。中国儒家"德本主义经济学"，强调经济发展（生产、分配、消费、交换诸领域）和经济管理（国家对国民经济的管理措施和经济政策）的伦理特征，即：所有经济发展和经济管理都要符合伦理原则，同时一切经济发展和经济管理的最终结果也要按照伦理原则来评价，也就是道德是评判一切的基础和标准。从经济发展来说，老百姓的生产经营与谋利行为（农业、手工业和商业等一切生产经营行为）必须符合一定的伦理规范，要符合"义"的原则，这就是儒家始终倡导的"见利思义"、"以义制利"的基本原则。从治国者的经济管理来说，治国者管理经济的一切手段，都必须以一定的伦理原则为基础，这些伦理原则的核心，是以人民为中心，仁民爱民保民，使所有经济管理政策都能够增加民众的利益、保护人民的利益。《论语·学而》曰：

> 道千乘之国，敬事而信，节用而爱人，使民以时。

治国者要努力勤勉工作，忠于职事，对人民讲信用；治国者要节制用度，要控制自己的欲望，不奢靡放纵，不过度消耗民力，这样老百姓的吃穿用度就会富足；役使老百姓从事国家公共事务，也要不违农时，不夺农时，不影响老百姓的农业生产，这样老百姓就会有足够的时间创造财富。所以，儒家的主张"德本财末"的"德本主义经济学"，其实质是以人民为中心的经济学，其本质是"民本主义经济学"，因为治国者的一切美好德行，归根结底乃是仁民爱民保民，故治国者的一切经济管理行为，都要以人民利益为依归，提升人民之福利，降低人民之负担，让老百姓能够按照一定的伦理原则，自由地创造财富。治国者的每一个消费行为，都要想到老百姓的利益，想到老百姓的承受能力；治国者的财政税收政策，都要以老百姓的承受能力为标准来制定，而不能为所欲为；而那些减低税收、减免劳役兵役、均分土地的仁民爱民政策，皆为历代盛世必备的经济政策。德为本，实际上是民为本。有了仁德之政，能够以民为本，则民众自然会产生创造财富的动力，同时也具备了创造财富的制度条件，则财富自然就增加了。根本固，则枝末自然繁盛，以德为本、以民为本，就是经济发展的最牢固基础，有了这个基础、根本，则财末自然而然就得到了。所以对于"德本财末"，要有正确的理解，不要理解为传统儒家经济学强调道德，而轻视财富与经济发展，这是完全错误的理解。"财末"这两个字，乃是指向治国者的，教导治国者要以德为本，要有仁德，要仁民爱民保民，而不是以府库充盈为目标，故曰"德本财末"。后面讲的"财聚则民散，财散则民聚"，也是同样道理，都是从治国者角度来说的，其主要目的是教育治国者（君子）要节用爱民，以德为本。

孟子对于儒家德本主义经济学的"德政"部分，论述较多，也比较具体，对于治国理政有着重要的参考价值。《孟子·梁惠王上》曰：

> 不违农时，谷不可胜食也；数罟不入洿池，鱼鳖不可胜食也；斧斤以时入山林，材木不可胜用也。谷与鱼鳖不可胜食，材木不可胜用，是使民养生丧死无憾也。养生丧死无憾，王道之始也。
>
> 五亩之宅，树之以桑，五十者可以衣帛矣。鸡豚狗彘之畜，无失其时，七十者可以食肉矣。百亩之田，勿夺其时，数口之家可以无饥矣。谨庠序之教，申之以孝悌之义，颁白者不负戴于道路矣。七十者衣帛食肉，黎民不饥不寒，然而不王者，未之有也。

"不违农时"，也就是要"使民以时"，其实就是要求治国者要从絜矩之道出发，从老百姓的角度考虑问题，不要违背农时，任何徭役兵役都不要妨害老百姓的生产，这样百姓才会富足，国家才会富足。孟子说，如果在农耕收获时节不乱征兵打仗，不违背农时，那么粮食就会吃也吃不完。如果不用细网到池中捞鱼鳖，那么鱼鳖也会吃也吃不完。砍伐树木要定时，不要随意采伐，那么木材就会用也用不完。如果粮食鱼鳖吃也吃不完，木材用也用不完，那么人民就可以安居乐业，生养死葬都会得到完满解决，没有遗憾。老百姓生养死葬都没有遗憾，这就是王道的开端。"王道之始"，实际上就是"使民以时"、"节用爱民"，就是一切以人民为中心。当然这里头还包含着不过度利用大自然、要实现可持续发展的观念。后面讲的"衣帛食肉、不饥不寒"，其核心仍然是"使民以时"、"节用爱民"，当然孟子后面还讲到更深刻的"谨庠序之教，申之以孝悌之义"，也就是要对老百姓进行道德教化。"在五亩大的宅院中，四周种上桑树，五十岁的老人就能穿上好衣服；按时养好鸡猪狗等牲畜，那么七十岁的老人就不愁没肉吃了。一家人耕种一百亩的土地，当政者不要侵占他们耕种的时间，那么几口人的家庭就可以没有饥饿了。然后好好举办学校的教育，训导年轻人要明白孝顺父母和敬爱兄长的道理，那么老人家就不会背负着重物在路上行走了。七十岁的老人有好衣服穿，有肉吃，老百姓不会饥寒交迫，这样的治国者还不能使天下归服，没有这样的事。"这样的"王道"、这样的"德政"，实际上非常简单，其基本原则就是"絜矩之道"，就是要体谅百姓疾苦，从百姓角度出发来考虑问题。

《孟子·梁惠王上》又说：

> 孟子对曰："地方百里而可以王。王如施仁政于民，省刑罚，薄税敛，深耕易耨。壮者以暇日修其孝悌忠信，入以事其父兄，出以事其长上，可使制梃以挞秦楚之坚甲利兵矣。彼夺其民时，使不得耕耨以养其父母，父母冻饿，兄弟妻子离散。彼陷溺其民，王往而征之，夫谁与王敌？故曰：'仁者无敌。'王请勿疑！"

什么样的治国者可以"王天下"？怎样的人才能"无敌"于天下？孟子的回答很简单，就是"仁者无敌"，仁民亲民者能得天下、无敌于天下。所以他劝梁惠王不要担心自己国土狭小，只要施行仁政，就能得天下，就能抵御强敌。"只要方圆一百里土地的小国，就可以施行仁政而使天下归服了，（更何况像魏国这样的大国呢？）您如果能够

第八章 平天下在治国

对老百姓施行仁政，减少刑罚，降低税赋，使老百姓能够好好耕种土地；年轻人在农闲时节学习孝顺父母、敬爱兄长、待人忠诚信实的道理，在家好好侍奉父母兄长，在外好好服务尊长，如果这样的话，就是制造木棍这样的武器也足以抵御秦国和楚国的坚甲利刃了。那些国家侵占老百姓耕种的时间来驱使他们作战，使他们不能耕种土地来养活父母。父母挨饿受冻，兄弟妻子四处离散。他们使老百姓陷于灾难困苦之中，您若去讨伐他们，谁能跟您相抗衡呢？所以说：'施行仁政的人，没有人敌得过。'您千万不要怀疑我的话！"孟子提出的强国之策、王道之本，即"施仁政于民，省刑罚，薄税敛"，不夺农时，能够让老百姓安心生产，创造财富，同时还要加强道德教化，这样的国家将无敌于天下。

《孟子·梁惠王上》又说：

> 是故明君制民之产，必使仰足以事父母，俯足以畜妻子，乐岁终身饱，凶年免于死亡。然后驱而之善，故民之从之也轻。今也制民之产，仰不足以事父母，俯不足以畜妻子，乐岁终身苦，凶年不免于死亡。此惟救死而恐不赡，奚暇治礼义哉？王欲行之，则盍反其本矣。五亩之宅，树之以桑，五十者可以衣帛矣；鸡豚狗彘之畜，无失其时，七十者可以食肉矣；百亩之田，勿夺其时，八口之家可以无饥矣；谨庠序之教，申之以孝悌之义，颁白者不负戴于道路矣。老者衣帛食肉，黎民不饥不寒，然而不王者，未之有也。

孟子认为，明智的治国者订立发展人民产业的制度，必定要使他们能够上足以赡养父母，下足以抚养妻子儿女，在丰收的好年景能够吃饱喝足，在遇到灾害的坏年景能够不至于冻饿而死。做到这些之后再诱使他们行善事，这样的话老百姓就非常容易顺从国君的治理。要讲礼义之道，就要首先保障老百姓的生产发展，使老百姓财富充足。所以"反其本"，回到治国的根本，仍然是要"无失其时"，"勿夺其时"，不违农时，"节用爱人"，使老百姓具备创造财富的基本条件。

然后，还要重视教化，"重视学校教育，向年轻人反复灌输孝敬父母尊敬兄长的道理，那么头发斑白的老人就不会得不到年轻人的帮助而在路上背负重物了。老年人穿丝绵衣服而且能吃上肉，老百姓不会受到饥寒之苦，如果能把国家治理到这种程度而仍然不能称王的，这是永远不会有的事"。这个治国理政的顺序，与孔子提倡的"庶之"、"富之"、"教之"（《论语·子路》）是一样的。朱子《四书章句集注》曰："庶而不富，则民生不遂，故制田里，薄赋敛以富之。富而不教，则近于禽兽。故必立学校，明礼义以教之。""德本财末"的儒家经济学思想，重视治国者的仁德，同时也重视老百姓的教化，在这个基础上再来谈财富的创造与积累。这种德本主义经济学思想，对于现代经济学亦有重要的借鉴意义，如阿马蒂亚·森（诺贝尔经济学奖获得者）所开创的将经济学与伦理学融合的学术范式，实际上就是"德本主义经济学"（读者可参见商务印书馆版《伦理学与经济学》）。

外本内末，争民施夺

相反，若治国者"外本内末，争民施夺"，那么必丧失民心，从而失国、失天下。"外本内末"就是本末倒置，"外本"即是把根本的东西忽略、放弃了，"内末"即是把不重要的枝末反而当作根本了。内外本末颠倒，则民心散而国危殆矣。

"争民"者，与民相争；"施夺"者，与民夺利。《史记·货殖列传序》曰：

第八章 平天下在治国

故善者因之,其次利道之,其次教诲之,其次整齐之,最下者与之争。

最高明的治国者,对于老百姓的正当的好的行为(或欲望),要因循之、顺其自然,不加任何干预;低一个层次的治国者,对于那些符合老百姓福祉的事,要以利益引导之,使老百姓乐于去做;再低一点的治国者,对老百姓还要进行道德教化,使之走正道,兴仁义,这里既包括学校教育,也包括国家层面的道德训诫;再低一个等级的治国者,对于老百姓中那些有违法规和伦理的行为,要加以一定的约束和规范;最低等级的治国者,也就是最差的君主,是与民争利,跟老百姓抢夺利益,夺农时,滥取民财,搜刮民众财富,实行国家对某些事业的专营独营,不允许老百姓参与经营。"与民争利",就是"争民施夺",就是剥夺民众以肥己,满足一己之私欲。治国者与百姓对立,而不是好民之好,忧民之忧,不是《大学》所说的"民之所好好之,民之所恶恶之",这就是违背了絜矩之道。

《史记·管晏列传》曰:

管仲既任政相齐,以区区之齐在海滨,通货积财,富国强兵,与俗同好恶。故其称曰:"仓廪实而知礼节,衣食足而知荣辱,上服度则六亲固。四维不张,国乃灭亡。下令如流水之原,令顺民心。"故论卑而易行。俗之所欲,因而予之;俗之所否,因而去之。

"俗之所欲,因而予之;俗之所否,因而去之",就是"与俗同好恶"(俗,这里指民众),就是《大学》所说的"民之所好好之,民之所恶恶之",就是"絜矩之道"。其核心就是仁民亲民保民,就是"顺民心"。

财聚则民散，财散则民聚

"是故财聚则民散，财散则民聚。""财聚"者，聚敛民财以自用也；"财散"者，取于民有制而藏富于民，则饶足民用也。治国者若一心搜刮百姓，运用苛捐杂税聚敛财富，则民必困穷，民困穷则民心必散，民心散则民弃之而去也。聚敛财富而丧失民心，则财富亦不长久矣，此老子所谓取予之道也。惟欲取，以至于不择手段，强取豪夺，竭泽而渔，则反不得，民逃之唯恐不及，何暇事生产殖财富哉？圣人治天下，取之有道，有所节制而不纵，赋税合宜而不贪，仁民爱民而能藏富于民，不与民争利，又能于水旱灾殃之年赈济民众，使民众用度不匮，如此则得民心，得民心则天下之民皆趋之归之，若"水之就下、兽之走圹"，财富自丰裕饶足也。《孟子·离娄上》曰：

> 民之归仁也，犹水之就下、兽之走圹也。故为渊驱鱼者，獭也；为丛驱爵者，鹯也；为汤武驱民者，桀与纣也。今天下之君有好仁者，则诸侯皆为之驱矣。虽欲无王，不可得已。

治国者只知道聚敛财富，而任意剥夺百姓之财，此桀纣之政也，财聚之而民心散。治国者以絜矩之道，体察百姓之忧乐，以百姓之心为心，施仁政，厚待人民而薄取之，是尧舜之政也。老百姓归服于仁政，就像水向低处流、野兽向旷野跑一样。所以把鱼赶到深水中的，是水獭；把鸟儿赶到丛林中的，是老鹰；把老百姓赶到汤武那里的，是桀纣。天下国君中有好施仁政的，其他不施仁政之诸侯就会把老百姓赶到他们那里去。聚散之理，取予之道，民心向背之别，正在于此。

"财散则民聚"，包含着儒家一整套民本主义的产业政策和财政政策。从产业政策来说，儒家民本主义和德本主义经济学鼓励人民殖产兴业，因为老百姓有了自己的产业，就有了追求"礼义"的基础，此管子所谓"仓廪实而知礼节,衣食足而知荣辱"之意也。孟子强调要发展经济,要"治民之产",要使老百姓财用富足,"仰足以事父母,俯足以畜妻子,乐岁终身饱,凶年免于死亡"(《孟子·梁惠王上》)。《孟子·滕文公上》则提出了"有恒产者有恒心"的命题:

> 民之为道也,有恒产者有恒心,无恒产者无恒心。苟无恒心,放辟邪侈,无不为已。及陷于罪,然后从而刑之,是罔民也。焉有仁人在位罔民而可为也?是故贤君必恭俭礼下,取于民有制。

儒家民本主义和德本主义经济学的核心之一是承认老百姓自由创造财富、从事生产的合法性,《大学》所谓"小人乐其乐而利其利",实际上就包含着鼓励人民发展生产、增加财富、增进利益的思想,治国者要顺其自然,不要妨害老百姓以正当的方式创造财富。当然,治国者鼓励老百姓创造财富,自己的财富也自然增长,国家(治国者)与民众的利益本来就是一体的,不可分的。不仅如此,治国者还要约束自己的行为,要控制消费,节制欲望,"恭俭礼下,取于民有制",不要巧取豪夺,这里面就包含着《大学》所讲的"如保赤子"、"民之父母"的思想,即治国者要从"絜矩之道"出发,爱护百姓,就像父母爱护子女一样,这样才能使百姓的财富增加。

"财散则民聚",包含着两方面的财政政策:一方面,在财政收入方面,要视人民收入水平和可承受能力而制定相应的税收制度,不能以高税收过度剥夺百姓,这里面就包含着藏富于民的思想;另一方面,从财政支出方面来说,要以增进人民福利为本,如灾荒之年要及时运用财政支出手段赈济灾民,从而避免老百姓冻馁饥困流离失所,如此则财富散之民间,则民心凝聚,天下归心。寡取而多予,财散则民聚。《孟子·离娄上》说:

求也为季氏宰，无能改于其德，而赋粟倍他日。孔子曰："求非我徒也，小子鸣鼓而攻之可也。"由此观之，君不行仁政而富之，皆弃于孔子者也。

孔子的弟子冉求作季氏宰，为季氏聚敛财富，提高赋税标准，孔子鼓励弟子们"鸣鼓而攻之"（《论语·先进》），要把冉求逐出师门。冉求之行动乃是"君不行仁政而富之"的助纣为虐之举，是违背孔子所提倡的民本主义经济思想的。当然，赋税问题是很复杂的，儒家民本主义经济政策主张税率要合适，过高和过低都不好。我在《孟子心证》一书中，认为孟子可能是最早提出"最优税率"理论的学者，《孟子·告子下》中有一段他跟白圭关于最优税率问题的著名对话：

> 白圭曰："吾欲二十而取一，何如？"
> 孟子曰："子之道，貉道也。万室之国，一人陶，则可乎？"
> 曰："不可，器不足用也。"
> 曰："夫貉，五谷不生，惟黍生之。无城郭、宫室、宗庙、祭祀之礼，无诸侯币帛饔飧，无百官有司，故二十取一而足也。今居中国，去人伦，无君子，如之何其可也？陶以寡，且不可以为国，况无君子乎？欲轻之于尧舜之道者，大貉小貉也；欲重之于尧舜之道者，大桀小桀也。"

白圭主张执行二十分之一的低税率，想从降税角度减轻人民负担。然而孟子则认为，执行如此低的税率，乃是"貉道"，即经济文化落后国家之财税模式，不可效仿。孟子在此处以貉国为例，提出一国税收制度安排所必须考量的几个重要因素：一是貉国产业落后，种植业处于非常低级阶段，更不用说手工业；二是貉国尚没有大型城池、宫殿房屋，表明该国经济发展水平尚处于低级阶段；三是貉国没有宗

第八章　平天下在治国

教祭祀的设施与礼节，表明其文化、宗教信仰等尚处于低级阶段；四是"无诸侯币帛饔飧"，即貉国没有国际政治经济交往，为封闭国家；五是貉国无"百官有司"，行政管理的官僚体系尚处于十分不完善状态。综此五条，在貉国这种经济、政治、文化、宗教、国际交往都十分落后的非文明国家，执行二十分之一的税收，也就绰绰有余了。然而对于"中国"（指与蛮夷相对而言的文明国家）来说，由于经济（产业）、政治、文化、宗教、国际交往都十分发达，如果要执行低税率，就难以提供维系这样一个高度发达的文明社会所必需的财政支出费用，就势必"去人伦、无君子"，国家就势必崩溃。所以孟子认为，针对不同情况（即国家经济、社会、政治、宗教、文化等），存在一个最优的税率，它既可以满足国家作为一个文明体的正常运行，又能不过度侵夺老百姓（"取于民有制"），使国家文明运转与人民负担能力之间形成一个很好的均衡，这就是孟子所说的"尧舜之道"。"尧舜之道"代表着符合仁政良治标准的财税政策标准，低于这个标准，则是"大貉小貉之道"，即非文明的蛮夷国家之道，"去人伦、无君子"；若高于这个标准，聚敛过多，不加节制，则是"大桀小桀之道"，必成贪戾残暴之暴政。孟子所采取的"尧舜之道"，是一个符合最优税率原则的"中庸"税收模式，他强调适度，既反对白圭主张的"貉国"模式，也反对冉求的增赋税、重聚敛的行为（详见商务印书馆版《孟子心证》一书）。

货悖而入者，亦悖而出

"是故言悖而出者，亦悖而入"，这里的"言"，乃治国者之"言"。治国者悖其德而出恶言加于百姓，则百姓亦必以悖德之恶言加之于治国者，这就走上了"絜矩之道"之反面。"出"者，治国者之行为也;"入"者,"返"也,人民之反应也。"言"不仅指语言,实际上这里的"言",从广义上可以理解为治国者之施政策略与法令制度。治国者若有悖于仁德而制定严酷的、违背老百姓利益的法令制度,则必引发老百姓之抱怨与反抗,老百姓亦必被迫以悖逆礼义的方式回应治国者。《孟子·离娄下》曰:"君之视臣如手足,则臣视君如腹心;君之视臣如犬马,则臣视君如国人;君之视臣如土芥,则臣视君如寇仇。"我们也可以说,"君视民为赤子,民视君为父母"。君爱民如赤子,则民亦尊崇爱戴其君若父母,这是一种双向的政治伦理关系。

"货悖而入者,亦悖而出","入"者,获得也;"出"者,丧失也。财货若以不正当的、违背道德原则的方式得到,则亦会以违背道德原则的方式丧失。这句话,既可以从治国者的宏观经济管理角度来理解,也可以从生产经营者的角度来理解。第一种理解涉及治国者进行经济管理(主要是财政税收管理)的伦理原则,即今天所说的政府伦理;第二种理解涉及生产经营者的伦理原则,即今天所说的企业伦理。

先分析第一种理解。治国者(或国君、政府)通过什么方式来获得财富呢?当然是通过赋税制度。治国者通过设计一定的赋税体系来达成对于国家财富的积累,这些赋税除了供养治国者之外,还要用于支付公共服务的支出(比如赈灾、国防、教育等)。我们在前面已经分析过"适度"税率(最优税率)和合宜的赋税体系对一个国家经济发展的重要性,这里面实际上涉及到一个国家经济管理(主要是公共财政管理)的伦理原则问题,这些伦理原则主要包括赋税的公平性原则(对不同的纳税者应该是公平的,尤其不能偏袒高收入者而歧视低收入者)、赋税负担的适度性原则(应该考虑到纳税者的承受能力,尤其是低收入者的承受能力)、公共福利原则(赋税体系的设计要考虑到国家的公共利益,而不是仅考虑某些利益群体的私人利益)。孔子、孟子等经典儒家伦理倡导者皆主张治国者应"节用爱人"(《论语・学而》)、"取于民有制"(《孟子・滕文公上》),儒家向往一种"鳏寡孤独废疾者皆有所养"(《礼记・礼运篇》)的理想的社会保障体系,这种社会保障体系的核心是国家应该建立一整套提升弱势群体福利的财政赋税体系。如果治国者设计的赋税体系违背了儒家这些基本伦理原则,悖逆百姓之利益,则必然招致百姓之怨恨反对,以至于揭竿而起推翻旧王朝建立新王朝,中国古代王朝更迭之机,盖存于此。故悖逆仁德而入之财货,最终必将悖德而丧失。

再来分析第二种理解。第二种理解是从生产经营者角度来说的,每个人从事某种事业,或农业,或手工业,或商业,皆须遵守一定的伦理原则,也就是要处理好义利关系。儒家的义利观主张"以义制利"、"见利思义"、"义以生利",也就是将伦理道德置于谋利之前,用伦理道德(义,宜也,即合宜的道德原则)来制约和引导谋利行为,而反对仅仅为了谋利而悖逆道德之行为。儒家不反对殖产兴业,不反对老百姓创造财富,相反,儒家在治国者的角度上是提倡老百姓创造财富的,然而儒家又强调老百姓的生产经营活动必须以符合道义为前提。《论语》里面这方面的论述很多:

"君子喻于义,小人喻于利。"(《论语・里仁》)

"见利思义,见危授命,久要不忘平生之言,亦可以为成人矣。"(《论语・宪问》)

"不义而富且贵,于我如浮云。"(《论语・述而》)

"富与贵,是人之所欲也,不以其道得之,不处也;贫与贱,是人之所恶也,不以其道得之,不去也。"(《论语・里仁》)

我曾经把"见利思义"称作儒家经济伦理第一定理,这是一个底线伦理,也是一个消极原则,即"义"是"利"的前提和底线,每一个谋利行为都必须符合这个底线,否则就是"见利忘义",那是儒家所坚决反对的。而儒家经济伦理的第二个层次是"义以生利",我把这个原则称为"儒家经济伦理第二定理",这是一个更高的经济伦理原则,是一个更为积极的原则。《左传·成公二年》引孔子的话说:

> 名以出信,信以守器,器以藏礼,礼以行义,义以生利,利以平民,政之大节也。

"义以生利"的观点,从现代经济学的视角来看,也是有很深刻的合理性的。"义"作为一种道德准则体系和行为规范,如果被行为主体(无论是个人还是企业)切实地实行,必然为行为主体带来极大的社会声誉,其社会信用度和美誉度就会极大地提升,从而积累极为珍贵的"社会资本"。因此,如果一个行为主体在经济运行和企业实践中遵循了"义",模范地执行了道德准则,为社会创造了价值和福利,则其社会资本就会增多,其成功的可能性就越大,也就是说,"义"直接带来了"利"。这就是用现代经济学和社会资本观点来重新阐释的"义以生利"。"义以生利"对现代社会运行也是有巨大的借鉴意义的。这难道不是企业社会责任的最精彩的阐释吗?可见,中国传统经济伦理与我们今天提倡的企业社会责任理念是高度契合的。相反,如果一个人(或企业)的谋利行为不符合"义"的原则,即《大学》所说的"货悖而入",那么这个人(或企业)所谋取的财富也必将丧失,此即"悖而出"也。一个不能履行社会责任的企业、一个悖逆社会道德的企业,必定短命,其曾经悖逆道德而获取的社会财富也必将丧失。一个企业坑蒙拐骗、以次充好,其社会声誉必然下降,最终必然被消费者所抛弃。说到底,之所以会出现这样的结果,是因为这些企业(或个人)没有履行"絜矩之道",没有从消费者的角度来看问题,只是看到了自己的私"利",而忘记了公众的大"义",故悖入必悖出。悖入悖出的思想,也就是上面说的"德本财末"的经济学思想。有了德,财就随之而来；丧失了德，财也就会随之丧失。

善则得之

"惟命不于常"出自《尚书·康诰》：

> 王曰："呜呼！肆汝小子封。惟命不于常，汝念哉！无我殄享，明乃服命，高乃听，用康乂民。"

周公旦对康叔（名封）说，年轻人啊，天命不是恒久不变的，你要记住这一点！不要断绝祖先之祭祀，要勉力履行你的职责（明，勉也；服，行也），谨慎对待你听闻到的事情（高，敬也，"高乃听"就是敬畏老百姓对你的评价），治理百姓，使之安康（乂，治也）。

天命不是恒常不变的，它不是永远福佑一个人的，它的赐福是要看人的行为的，行为符合天道，则得天命，行为不符合天道，则天命弃之。"道善则得之，不善则失之矣。"善者，有仁德者、施仁政者也，有仁德、施仁政者，则得天命之福佑；不善者，失仁德者、行恶政者也，失仁德、行恶政者，则丧失天命，天必惩之戒之也。

善以为宝

《楚书》曰："楚国无以为宝，惟善以为宝。"《楚书》是楚昭王时的史书，朱子认为就是《国语·楚语》。《国语·楚语》里有一篇《王孙圉论国之宝》，大略记载了王孙圉与晋国赵简子关于国宝的对话，但是《大学》这里所引用的，并不是《国语·楚语》的原话，而是对整个对话的主旨的简要概括。兹录此篇如下：

> 王孙圉聘于晋，定公飨之，赵简子鸣玉以相，问于王孙圉曰："楚之白珩犹在乎？"对曰："然。"简子曰："其为宝也，几何矣。"
>
> 曰："未尝为宝。楚之所宝者，曰观射父，能作训辞，以行事于诸侯，使无以寡君为口实。又有左史倚相，能道训典，以叙百物，以朝夕献善败于寡君，使寡君无忘先王之业；又能上下说于鬼神，顺道其欲恶，使神无有怨痛于楚国。又有薮曰云，连徒洲，金木竹箭之所生也。龟、珠、角、齿、皮、革、羽、毛，所以备赋，以戒不虞者也。所以共币帛，以宾享于诸侯者也。若诸侯之好币具，而导之以训辞，有不虞之备，而皇神相之，寡君其可以免罪于诸侯，而国民保焉。此楚国之宝也。若夫白珩，先王之玩也，何宝之焉？
>
> "圉闻国之宝六而已。明王圣人能制议百物，以辅相国家，则宝之；玉足以庇荫嘉谷，使无水旱之灾，则宝之；龟足以宪臧否，则宝之；珠足以御火灾，则宝之；金足以御兵乱，则宝之；山林薮泽足以备财用，则宝之。若夫哗嚣之美，楚虽蛮夷，不能宝也。"

作为楚国出使晋国的大夫，王孙圉对国宝的理解与赵简子不同。赵简子把纯粹用于赏玩的美玉看作国宝，而王孙圉把观射父、左史倚相这些能够治国安邦的大臣当作国宝，把那些能够给人民带来实际财富积累的东西当作国宝，把那些神圣的能给国家带来福祥的祭祀之物当作国宝，而那些华而不实的美玉，只是国王手里把玩的物件而已，并不能算是国宝。

"楚国无以为宝，惟善以为宝"，善者，善德善政、仁德仁政也。一个治国者，把美玉当作国宝，以供赏玩，必然玩物丧志，仁善贤德之臣必远之，而美玉宝物必自民出，搜刮民财以满足一己之私，必招民怨。治国者所应宝者，善人善政也。有善人佐治，施仁政于民，此所谓"得众则得国"、"善则得之"。懂得"絜矩之道"的人，从百姓的利益出发，乐百姓之乐，忧百姓之忧，任用贤臣，节用爱民，则民众自然归附顺服之；不懂得"絜矩之道"的人，从一己之好恶出发，搜罗金玉财宝以自享，而不顾百姓之福祉，最终神人共弃之。此财本德末、财内德外也，本末内外倒置，国之灾也。

仁亲以为宝

舅犯曰："亡人无以为宝，仁亲以为宝。"这句话出自《礼记·檀弓下》，但《大学》此处并非引用《礼记·檀弓下》原文，而是取其大意，原文是"丧人无宝，仁亲以为宝"。舅犯，即狐偃，是晋文公的母舅、晋国大夫，故又称舅犯。晋国内乱，当时的公子重耳（即后来的晋文公）流亡国外，狐偃随重耳在外流亡十九年。"亡人"、"丧人"，都是指流亡之人、丧家之人，此处指重耳。兹录《礼记·檀弓下》原文如下：

> 晋献公之丧，秦穆公使人吊公子重耳，且曰："寡人闻之，亡国恒于斯，得国恒于斯。虽吾子俨然在忧服之中，丧亦不可久也，时亦不可失也，孺子其图之！"
>
> 以告舅犯。舅犯曰："孺子其辞焉。丧人无宝，仁亲以为宝。父死之谓何？又因以为利，而天下其孰能说之？孺子其辞焉！"公子重耳对客曰："君惠吊亡臣重耳，身丧父死，不得与于哭泣之哀，以为君忧。父死之谓何？或敢有他志，以辱君义。"稽颡而不拜，哭而起，起而不私。
>
> 子显以致命于穆公。穆公曰："仁夫公子重耳！夫稽颡而不

拜，则未为后也，故不成拜。哭而起，则爱父也。起而不私，则远利也。"

在公子重耳逃亡期间，晋献公去世，秦穆公派人过来慰问公子重耳，提醒他此时正是回国执掌政权的关键时候，虽然在丧期，但机不可失，要抓住机会。重耳将此事告知舅犯，舅犯认为应该推辞不干，"丧人无宝，仁亲以为宝"，流亡之人没有什么值得宝贵的，只有仁爱与亲情才是至为珍贵的珍宝。丧父乃是无比痛苦之事，而此时若利用丧父来谋利，则必为天下人所鄙弃耻笑。于是重耳听从舅舅的劝告，没有采纳秦穆公的建议，既向来吊唁慰问的客人表达了感谢，又委婉地表达了自己不能利用父丧之时来谋取王位的决心："父亲逝世是多么令人痛苦的事啊？我哪里还敢有其他的想法（指趁机执掌政权），以辜负您吊唁我之情义呢。""稽颡而不拜，哭而起，起而不私。""稽颡"（读作"起嗓"）是一种非常隆重的礼节，也就是今天所说的"五体投地"之礼，行礼之人屈膝下跪，双手朝前并以额触地。重耳向前来吊唁的客人行稽颡之大礼，表示极度的虔诚，然而没有拜谢，哭着起身，起来之后却不与客人私谈。秦穆公听说之后，感叹说："公子重耳真是一个仁义之人！行稽颡之礼但不拜谢，是他没以晋献公的继承人而自居，所以没有行拜谢之礼。哭着起身，则表示对逝去的父亲的敬爱。起身但不私谈，则表示远离个人利益。"

晋文公雄才大略，最终成就霸业，成为春秋五霸之一。舅犯所说的"仁亲以为宝"，就是教导重耳要懂得仁爱孝亲之道，若能行仁爱孝亲之道，则晋人乃至天下人皆效仿之、崇敬之、仰望之，则王位何足忧哉？本者，仁德也；末者，位禄财富也，内本而外末，则得民心、得天下，若外本而内末，则失民心、失天下。

第八章第二节之主旨，在于阐发治国之道，其核心乃在于发明德政善政之义。用今天的话来说，就是德本主义、民本主义的治国思想。

此节讲"德本财末"、"货悖入而悖出"、"财聚则民散，财散则民聚"、"善则得之，不善则失之"、"仁亲以为宝"、"善以为宝"，其中包含的经济学和政治学思想甚为精彩而丰赡，直到今天仍具有重要的现实意义，值得借鉴。

第三节　好好恶恶，爱人举贤

《秦誓》曰："若有一介臣，断断兮，无他技，其心休休焉，其如有容焉。人之有技，若己有之；人之彦圣，其心好之，不啻若自其口出，实能容之，以能保我子孙，黎民尚亦有利哉！人之有技，媢疾以恶之，人之彦圣，而违之俾不通，实不能容，以不能保我子孙，黎民亦曰殆哉！"唯仁人放流之，迸诸四夷，不与同中国。此谓唯仁人为能爱人，能恶人。见贤而不能举，举而不能先，命也；见不善而不能退，退而不能远，过也。好人之所恶，恶人之所好，是谓拂人之性，菑必逮夫身。

【译文】

《尚书·秦誓》说："假若有一个大臣，心思真诚专一，没有什么特殊的本领，他心怀宽宏，雅量容人。如果别人有本事，就如同他自己有本事一样；别人才华横溢，德行超群，他发自衷心地喜悦，不仅是口头上说说而已，而能够实在地包容悦纳别人的善行优点，（假如任用这样的大臣，）就能够保护我们的子孙，黎民百姓也能得到巨大的利益！（相反，假如另有一个大臣，）别人有什么特殊的本领，他就嫉妒和厌恶人家，别人若才华横溢，德行超群，他就想办法阻抑人家，使之不能通达，（使君主不能知道他，）他实在不能包容悦纳别人的善行优点，（假如任用这样的大臣，）我们的子孙就不能得到保护，黎民百姓也可以说是极其危殆！"因此有仁德之人将这些不能容人的坏人流放到边远的蛮夷之地，不让这些人住在文明开化的中原之地。这就是所谓的只有那些有仁德之人能够以正确的方式爱好人而憎厌坏人。发现有贤德之人而不能举荐选拔他当官，举荐选拔他当官却不能使他得到优先任用，那就是怠慢；发现不好的人而不能罢免他，罢免他又不能把他驱逐到边远之地，这就是过错。喜欢众人所厌恶的，厌恶众人所喜欢的，这就是违背人的本性，灾殃必然要降临到他身上。

断断休休，诚一有容

《秦誓》是《尚书》的最后一篇，学术界大多数认为《秦誓》作于秦晋殽之战之后，表达秦穆公悔过之意。《大学》中所引用的文字与《尚书》原文略有差异，兹节录原文如下，以作对比（注意断句亦有不同方式，"黎民"两句，两种断句方式皆通）：

> 昧昧我思之，如有一介臣，断断猗无他技，其心休休焉，其如有容。人之有技，若己有之；人之彦圣，其心好之，不啻如自其口出。是能容之，以保我子孙黎民，亦职有利哉！人之有技，冒疾以恶之；人之彦圣，而违之俾不达，是不能容，以不能保我子孙黎民，亦曰殆哉！

"昧昧我思"，就是秦穆公暗暗在内心深刻反省自己。"一介臣"即"一个臣"，"断断"者，诚一之貌，"猗"乃语助词，相当于"兮"，"休休"乃宽容之意。这样的臣子，他内心真诚而专一，心中没有杂念，此乃《大学》所表彰之"诚意"也。他虽然看似没有什么特殊的才华，没有什么超人的本事，然而他内心诚敬、专注于自我之使命。《大学》第七章说:"心诚求之,虽不中,不远矣",只要具备这样的诚敬之心、忠信之心,则必能达其使命,利益家国。这样诚敬之臣子,他最大的优点乃是宽宏大度、有容乃大,"休休"就是胸怀宽广、宏阔能容。此"断断休休"、诚一有容之君子,上能忠敬于国家君主,下能宽容凝聚贤能之人,有这样的君子作为国家之重臣,则国必兴。

以絜矩之道悦纳他人

"人之有技,若己有之;人之彦圣,其心好之,不啻如自其口出",此"断断休休"之臣,能够坦然悦纳别人的优点,不遮掩别人的优点,也不嫉妒别人的优点,"人之有技,若己有之",对于别人的才华,欣然视为己有;他从内心里真正崇敬、钦佩和喜好那些拥有超凡德才的俊彦之士,"好之"则亲近之、推举之、选拔之、信任之,如此则必在朝堂之上兴起一种尊贤爱才之风气,贤者自来归依,而小人自远。这样的臣子,他从内心深处好善,见到别人的善行善言就打心眼里高兴,《孟子·尽心上》曰:"(舜)闻一善言,见一善行,若决江河,沛然莫之能御也",舜每听到别人的善言,见到别人的善行,就像江河决堤一样,怀着强烈的向善之心去完善自己,使自己达到至善之境,没有人能阻挡他这种向善之心。《孟子·公孙丑上》曰:

> 子路,人告之以有过,则喜。禹闻善言,则拜。大舜有大焉,善与人同。舍己从人,乐取于人以为善。自耕稼陶渔以至为帝,无非取于人者。取诸人以为善,是与人为善者也。故君子莫大乎与人为善。

子路"闻过则喜",这就是儒家的"自反"、"自省"精神,曾子说"吾日三省吾身"(《论语·学而》),此内求之法也。"人之有技,若己有之;人之彦圣,其心好之",实际上内在地包含着这种自省的精神,他能悦纳别人的优点,必亦能检视自身的缺点;他能欣赏他人超出自己的才德,亦必能见贤思齐而仿效之。大禹听到别人劝勉他的善言,就会向人家敬拜。大舜在为善方面没有自我与他人的分别,从而乐于与天下之人共同分享善,他舍弃自己的不善而顺从别人的善,乐于汲取别人的善而促进自己的善。你看舜的胸怀是多么宽广,他能悦纳所有人的善,并汲取别人的善来促进自己的善,不论是农耕、制陶、打鱼还是做帝王,大舜没有一样优点不是从别人那里汲取过来的。这就是"与人为善",即偕同大家共同行善(注意此处孟子"与人为善"的意蕴与今天的语意有所区别),这就是孟子所倡导的君子最大的善。"人之有技,若己有之;人之彦圣,其心好之",不就是"与人为善"吗?他不嫉妒、不遮掩别人的善,而是要汲取他人之善,从而共同向善,同跻善境。

　　"人之有技,若己有之;人之彦圣,其心好之",亦是从积极的层面来实践"絜矩之道"。《大学》说:"君子有诸己,而后求诸人;无诸己,而后非诸人",这是从一般的底线的层面讲的"絜矩之道",而从积极的一面来说,"絜矩之道"乃是要求君子悦纳他人之善而思"取诸人以为善",同时又要见他人之善恶而反思自己的德行,善则要求"有诸己",恶则要求"无诸己"。见人之善,若己有之,则"见贤思齐"(《论语·里仁》)之意自在其中矣;见人之恶,若己有之,则"见不贤而内自省"(《论语·里仁》)之意自在其中矣。能"见贤思齐",则人人向善,此《大学》"止于至善"之心法也;能"见不贤而内自省",则人人自反,内求诸己,迁善改过,惩忿制欲,君子明德之功自达也。

媢疾以恶之

"人之有技，媢疾以恶之；人之彦圣，而违之俾不通，实不能容，以不能保我子孙，黎民亦曰殆哉！"这样的臣子，胸怀狭隘，嫉贤妒能，排斥那些有贤德卓才之人，看到朝堂上的俊彦之士，则处处设置障碍，阻挠陷害，使之不能上达于君王（"通"或"达"都是指上达于君王），唯恐自己的位置不保。臣子有嫉妒心，则此等小人必倾轧阻挠贤者，使贤者不能进。若君主有嫉妒心，其害更甚，必使贤者不能达，君主蔽于小人而失其聪明，长此以往，国家必招灾殃。这样的小人，不能遵循"絜矩之道"，故不能见他人之贤而迁善，亦不能见他人之恶而改过。

唯仁人为能爱人，能恶人

"唯仁人放流之，迸诸四夷，不与同中国。此谓唯仁人为能爱人，能恶人。"这是讲治国者对于不同的臣子的不同处理方式，此治国之根本。对于那些遵循"絜矩之道"之君子、忠信诚敬之臣，应加以拔擢信任，使之执掌国政；而对于那些不能遵循"絜矩之道"、嫉贤妒能的小人，则应远之，放之于四夷，不要让他们再待在朝堂之中，此即"亲贤臣、远小人"之义。此国君"爱恶"之道也。这就要求治国者自己首先要有仁德，要懂得"絜矩之道"，从而能够以正确的方式对待不同的臣子。《论语·里仁篇》曰："唯仁者能好人，能恶人。"喜欢一个人、憎恶一个人，都需要遵循一定的原则，这个原则就是此人是否符合仁德之要求；然而在"好人"（喜欢一个人）、"恶人"（憎恶一个人）背后，却有着一个更为深刻的"絜矩之道"，你要以同样的标准比照自己和他人，见善则从善如流，"沛然莫之能御"，见不善则内自省，改过自新以达于至善。

"唯仁人为能爱人，能恶人"，还因为仁者内心廓然大公，无私欲之累，故能无私好、无私恶，如此则能得好恶之正。朱子曰："以其至公无私，故能得好恶之正如此。"

好好恶恶

"见贤而不能举，举而不能先，命也；见不善而不能退，退而不能远，过也。好人之所恶，恶人之所好，是谓拂人之性，菑必逮夫身。""命"，郑玄释为"慢"，程颐释为"怠"，皆通。"拂"，违逆。"菑"，即灾。见贤德之人必拔擢信任亲近之，见不善则黜退远离之。"好人之所恶，恶人之所好"，别人厌恶之人，你却喜爱；别人喜爱之人，你却厌恶，你跟别人反着来，是不是得当？如果从个人修养来说，一个人的好恶，当然不能只看众人的意见，而是要有自己的主见，有自己的独立的判断。《论语·卫灵公》篇："子曰：'众恶之，必察焉；众好之，必察焉。'"这里孔子强调的是一个君子在日常生活中的修养，君子要有自己的价值判断，要独立不倚，而不是人云亦云。《大学》在此处说"好人之所恶，恶人之所好，是谓拂人之性"，乃是从治国者角度来说的，这里的"人"，指的是人民，如果治国者的好恶总是与人民反着来，不遵循人民之好恶，而纵容自己之好恶，则必违逆人民之意愿，此所谓"拂人之性"，拂逆老百姓之性，不考虑老百姓的好恶，则民心散矣。这里表达了《大学》的民本主义治国思想，即治国者应超越自己的个人的好恶，要以人民的好恶为好恶，即老子说的"以百姓心为心"，即今天所说的"以人民为中心"。好民之所好，恶民之所恶，乐民之所乐，忧民之所忧，与民同好恶、同忧乐，则天下归心。此处强调的是作为国君的治国之道，要以人民的呼求为中心，体察民情，顺应民意，敬畏民心，而不是执着于满足自己的欲望与喜好。

第四节　以义为利

是故君子有大道，必忠信以得之，骄泰以失之。生财有大道：生之者众，食之者寡；为之者疾，用之者舒，则财恒足矣。仁者以财发身，不仁者以身发财。未有上好仁，而下不好义者也；未有好义，其事不终者也；未有府库财，非其财者也。孟献子曰："畜马乘，不察于鸡豚；伐冰之家，不畜牛羊；百乘之家，不畜聚敛之臣。与其有聚敛之臣，宁有盗臣。"此谓国不以利为利，以义为利也。长国家而务财用者，必自小人矣。彼为善之，小人之使为国家，菑害并至，虽有善者，亦无如之何矣。此谓国不以利为利，以义为利也。

【译文】

因此成就君子人格要遵循大道，秉持忠诚信义就可以获得这种君子人格，骄奢安逸就会失去。君子创造财富也要遵循大道：要使创造财富的人多，而消费财富的人少；要使创造财富的人勤快，而消费财富的人舒缓节俭，这样的话，创造的财富就会永远充足。有仁德的人，以自己所创造的财富（散之众人）来修身，而没有仁德的人，则不惜丧失自身（的品德修养）来发财。没有在上位者喜好仁德，而在下位者不喜好忠义的；没有喜好忠义，而他所做的事情不妥善完成的；没有任何府库里的钱财，不是从正当渠道获得的。孟献子说："拥有马匹车辆的士大夫之家，不会去计较有多少鸡和猪；丧祭之时能用冰的卿大夫之家，不会去畜养牛羊来营利；拥有一百辆兵车的诸侯之家，不会畜养聚敛财富的家臣。与其有聚敛百姓财富的家臣，不如有偷盗自家财富的家臣。"这就是国家不应该以财富为利益,而应该以仁义为利益。国君执掌国家治理之权,却一心想着聚敛财富,必然是从任用小人(并被小人诱导)开始的。执掌国家治理之权的国君还以为他们是好人,假使这样的小人处理国家事务,灾殃祸患就会一齐降临,此时即使有好人来挽救,也无可奈何了。这就是说,一个国家不应该以财货为利益,而应该以仁德道义为利益。

君子之大道

"是故君子有大道,必忠信以得之,骄泰以失之。""君子之大道",乃成人之道,即成就道德人格之道,即《大学》中所标举之"至善"之道。欲成就此君子之道德人格,欲臻至至善之境,则必以忠信得之。"忠"与"信",是孔子极为重视的两个道德范畴,"忠"与"信"常常并称,信者必忠,忠者必信,忠信一本于诚正之心。朱子曰:"发己自尽为忠,循物无违谓信。""自尽"者,尽其心者也,事事皆能发乎己心,尽乎其心,诚乎其意,则谓之忠矣。忠于人,忠于事,实则忠于己,忠于心。"无违"者,无违逆自心也,能守自心而不违,然诺必践,誓愿必履,乃谓之信,信本于诚正,无诚正则无信。信并非循于外物,而是循于自心之诚。朱子之注犹有未尽处。《论语·述而》曰:"子以四教,文行忠信。"忠信之教,是一个人在日常践履中培育和塑造的人格操守与行动习惯,有了"忠信"的行动习惯与人格操守,方可言成人、言成德。《论语·卫灵公》:

> 子张问行。子曰:"言忠信,行笃敬,虽蛮貊之邦,行矣。言不忠信,行不笃敬,虽州里,行乎哉?立则见其参于前也,在舆则见其倚于衡也,夫然后行。"子张书诸绅。

子张问孔子如何才能到处行得通，孔子的回答是忠信方可"行"通，即践履忠信原则才会使自己在人群中间处处通达。言语忠诚信实，行动笃实敬肃，即使在野蛮地区，也行得通。言语不忠诚信实，行动不笃实敬肃，即使在本乡本土，也行不通。孔子教子张，"站立的时候，就似乎看见'忠信笃敬'这几个字出现在眼前；在车子里，就似乎看见这几个字刻在前面的横木上，这样（时刻遵守这几个字）才能到处行得通"。子张把这些话写在衣带上，处处提醒自己"言忠信、行笃敬"。

曾子的修身工夫，即所谓自反，所谓三省，其中两项就是"忠信"，《论语·学而》曰：

> 曾子曰："吾日三省吾身——为人谋而不忠乎？与朋友交而不信乎？传不习乎？"

曾参每天数次反省自己：为他人办事是否忠于承诺而尽心了呢？与朋友们相交往，是否诚实守信了呢？老师传授我的道理是否实践了呢？重然诺、守信用、忠于职事、言行一致、诚一不苟，这就是忠信。《论语》里讲"忠信"的地方很多：

> 子张问曰："令尹子文三仕为令尹，无喜色；三已之，无愠色。旧令尹之政，必以告新令尹。何如？"子曰："忠矣。"（《论语·公冶长》）
>
> 孔子曰："君子有九思：视思明，听思聪，色思温，貌思恭，言思忠，事思敬，疑思问，忿思难，见得思义。"（《论语·季氏》）
>
> 子曰："弟子入则孝，出则弟，谨而信，泛爱众，而亲仁。行有余力，则以学文。"（《论语·学而》）

> 君子义以为质，礼以行之，孙（逊）以出之，信以成之。（《论语·卫灵公》）
>
> 子曰："道千乘之国，敬事而信，节用而爱人，使民以时。"（《论语·学而》）

"忠信"这两个道德范畴，不仅涉及君子在日常生活中的道德修养，更涉及整个社会的伦理构建，涉及更大范围的治国平天下之事。《大学》所说"君子有大道，必忠信以得之"，更多地指向君子在治国平天下即在国家治理中的"忠信"，"忠"就要忠于职事，"信"就要取信于民。《论语·颜渊》曰：

> 子贡问政。子曰："足食，足兵，民信之矣。"子贡曰："必不得已而去，于斯三者何先？"曰："去兵。"子贡曰："必不得已而去，于斯二者何先？"曰："去食。自古皆有死，民无信不立。"

孔子把"民信之"当作比"足食"、"足兵"更重要的事，不是说"足食"、"足兵"不重要，而是说"民信之"乃是国家安定发展的基石，无此基石，则"足食"、"足兵"都是没有用的。你要老百姓信任你，你首先就要做到"忠信"，即忠于职事，取信于民。国君要忠于自己的职事，臣子也要忠于自己的职事，而君臣这些治国者都要取信于民，不能失信于民。苟能取信于民，则虽食不足、兵不足，君民仍可齐心协力，众志成城，共渡难关。越王勾践复国雪耻，乃取信于民也，故可"十年生聚，十年教训"（《左传·哀公元年》），终于君民同仇敌忾，败吴兴越。治国者若希望人民忠诚信实，自己就要首先做到"忠信"，你首先要使自己"值得信任"，别人才能相信你，此亦是"絜矩之道"也。

然而君子修身养志、治国安邦，最忌骄纵任性，一旦骄纵欲望、任性而为，则天怒人怨，国将不国矣。故《大学》说："骄泰以失之"，治国者骄纵而溺于安逸、耽于佚乐舒泰，则没有不败亡的。这里"骄泰"连用，指的是骄纵佚乐。朱子曰："骄者矜高，泰者侈肆。"《论语·子路》说："君子泰而不骄，小人骄而不泰"，这里的"泰"，指的是君子内心的安然从容，与"骄泰以失之"的"泰"意义不同。君子内心安然从容，泰然自若，"素富贵行乎富贵，素患难行乎患难"，"无入而不自得也"（《中庸》）；然而君子从来不骄纵自己的欲望，而是克制自己的欲望，不荒怠、不纵驰，谨慎持守自己的节操，时时自我节制自我警醒。而小人骄纵欲望，为所欲为，不知检束，内心却没有安顿，茫然外骛而不知自反。

"君子有大道，必忠信以得之，骄泰以失之"，这句话从更高的层面来说，应理解为治国之大道，而不仅是君子自我之修身养性。"忠信以得之"，对于治国者来说，就是忠于职事，取信于民，仁民爱民以得民心；"骄泰以失之"，就是告诫治国者勿纵驰欲望，勿聚敛民财，节用去奢，寡取多予。故"忠信以得之，骄泰以失之"一语，实是呼应《大学》前面所说的"财散则民聚，财聚则民散"。忠信则爱民，爱民则藏富于民，藏富于民则财散，财散则民心凝聚；骄泰则聚敛民财，聚敛民财则民心涣散。

生财之大道

"生财有大道：生之者众，食之者寡；为之者疾，用之者舒，则财恒足矣。"这句话包含着丰富的经济学思想。"生财"就是创造财富，这里的"生财"，是从宏观的国家财富增长的角度来说的，不是从微观的个人（或企业）的角度来说的。从国民经济管理的角度来说，如何使国家财富增长？不外乎开源和节流两个方面。从开源的角度来说，就是要鼓励老百姓进行财富的创造，鼓励大家一起来增加生产的投入，从事生产（创造财富）的人多多益善，此之谓"生之者众"。"生之者众"，就是尽量使国家没有闲人，大家都去从事创造财富的活动。"生之者众"，强调财富的创造，强调供给的一面，相当于今天西方经济学中供给学派的观点。如果很多人游手好闲，无所事事，从事财富创造的人少，而消耗财富的人多，则财富很快就被消耗掉，供给不能满足需求，如此则国家财富创造的动力就衰竭了。故要"食之者寡"，也就是要尽可能少养闲人，在一定意义上控制消费，控制需求，这在以农业为主要产业的社会尤其如此。中国古代在很长一个历史时期，其主流的经济学思想就是"崇本抑末"，"本"就是农业，"末"就是工商业。以今天的眼光来看，工商业当然也参与了国民财富的创造。然而在古代农业社会中，工商业的比重过大，则农业产品的消耗就会过快，农业供给就会紧张，故古代经济学的主流思想都是鼓励发展农业，认为农业才是财富创造的主要方面，而在一定程度上要抑制工商，不使之过于发达。

然而从国家宏观经济管理的角度来说，对于"生之者众，食之者寡"还要做更深的理解。从开源来说，你要广开财源，一方面当然需要鼓励更多的人从事农业生产，但这个还不够，另一方面还要让老百姓有充足的财路，还要"广开财路"，要把创造财富的机会充分地给予老百姓，国家不要垄断财路，不要"与民争利"，即《大学》中所告诫的"争民施夺"。不要给老百姓的经营活动设置更多的限制，要顺其自然，因循老百姓的意愿，使他们自由地创造财富，也就是孔子说的"因民之所利而利之"。同时，"食之者寡"的关键还在于要节省政府开支，治国者要生活简朴，不事奢华，这样才能尽量节约财富，若治国者贪暴骄泰，放纵奢侈，则"食之者众"，国家财富就会很快被消耗掉。《论语·尧曰》曰：

子张问于孔子曰:"何如斯可以从政矣?"

子曰:"尊五美,屏四恶,斯可以从政矣。"

子张曰:"何谓五美?"

子曰:"君子惠而不费,劳而不怨,欲而不贪,泰而不骄,威而不猛。"

子张曰:"何谓惠而不费?"

子曰:"因民之所利而利之,斯不亦惠而不费乎?择可劳而劳之,又谁怨?欲仁而得仁,又焉贪?君子无众寡,无小大,无敢慢,斯不亦泰而不骄乎?君子正其衣冠,尊其瞻视,俨然人望而畏之,斯不亦威而不猛乎?"

子张曰:"何谓四恶?"

子曰:"不教而杀谓之虐;不戒视成谓之暴;慢令致期谓之贼;犹之与人也,出纳之吝,谓之有司。"

这段精彩的对话中提出的"尊五美"、"屏四恶",既是君子从政应该注意的主要方面,同时也是一个治国者在治国安邦的层面所应遵循的基本原则。"五美"就是在上位的君子所具备的五项美德,即要施惠于民而又无所费损(惠而不费),役使人民而又不招致怨恨(劳而不怨),有欲望却不贪婪(欲而不贪),安泰而又不骄纵(泰而不骄),有威严却又不暴猛(威而不猛)。其中"惠而不费"就是因循着对人民有利的方向,因循人民的意愿,诱导人民去得到利,使人民可以自由地生财谋利,这就可以做到施惠于民而又不费损了。"劳而不怨"就是选择那些人民应该服劳的事而去役使他们,又有谁会怨恨你呢?这就是孔子的"节用而爱民,使民以时"(《论语·学而》)的思想,这样老百姓就会"劳而无怨"(《论语·里仁》)。"欲而不贪"的意思就是,你的欲望惟在于施行仁政,那你就施行仁政,这又怎能算是贪婪呢?仁民爱民,"取于民有制"(《孟子·滕文公上》),就不会陷于贪婪奢华。"泰而不骄"就是在上位的君子,不论对方或众或寡,或大或小,都不敢怠慢他们,这不就做到安泰而不骄纵吗?此与《大学》所言"骄泰以失之"同义。"威而不猛"就是君子衣冠严整,样貌令人尊敬,仪表整肃而让人望而生敬畏之心,这不就做到有威严而又不暴猛了吗?这就是《大学》第四章所说的"有斐君子"之"威仪",君子内心仁爱肃穆,德行崇高严正,故能使人敬畏。孔子所说的"四恶",就是不先教化人,却使用杀戮来强行推行或制止,这就叫虐;不事先告诫人,却到时候突然检验人家是否完成任务,这就叫暴;先发教令后却并不郑重叮嘱,而后来到期限时又急迫催促硬不通融,这就叫贼;同样要给予别人,却在真正出纳的时候非常吝啬,不够大方,这就是有司即负责具体经营出纳的低职人员之作为了(以上参见拙著《论语心归》)。这里面提出的"惠而不费,劳而不怨,欲而不贪,泰而不骄,威而不猛"的治国理政思想,尤其是"因民之所利而利之"的经济思想,与《大学》之主旨极为一致。"惠而不费"、"因民之所利而利之",老百姓就会更多地去创造财富,从事生产,这不就是"生之者众"吗?治国者"欲而不贪,泰而不骄",都收敛克制自己的欲望,不就是"食之者寡"吗?而"尊五美"、"屏四恶"的内在方法论基础,仍是《大学》所倡导之"絜矩之道",即治国者要时刻考虑老百姓的意愿,从老百姓的角度来制定经济政治方略,使各项政策都有利于人民之利益。

国家财富如要增长,除了要"生之者众,食之者寡"之外,还要"为之者疾,用之者舒",就是创造财富和生产产品很迅疾,很有效率,速度很快,然而使用财富、消费财富却比较舒缓,速度很慢,这样的话,财富就容易积累,国家财富才能恒久满足需求。"为之者疾",包含着劳动生产率的思想,就是要在单位时间投入、单位劳动力投入上,生产创造出更多的产品和财富,这就是"投入—产出"的效率,这一思想是很宝贵的。"为"是生产、是供给,"用"是消费、是需求，生产和消费、供给和需求，要互相匹配，如果消费和需求过大而且消费过快，远超出生产和供给的速度，则财富难以积累。"为之者疾"除了生产者要提高效率、提高技术水平之外，治国者也要为生产者提高效率创造条件，要"使民以时"（《论语·学而》）、"不违农时"（《孟子·梁惠王上》），不占用老百姓生产的时间，那么老百姓生产的效率就会提高，财富就会快速累积。在《管子》、《荀子》、《汉书》等典籍中，也提出了类似的说法，如《管子·臣乘马篇》曰："不夺民时，故五谷兴丰。"《管子·山国轨篇》曰："春十日，不害耕事。夏十日，不害芸事。秋十日，不害敛实。冬二十日，不害除田。"《荀子·富国篇》曰："罕兴力役，无夺民时。"《汉书》曰："不夺民时，不妨民力，则百姓富。"不违农时，不害农事，与民休息，此仁政之要，亦国家生财之大道也。

"用之者舒"，即国家消耗财富的速度要舒缓，也就是要求为政者节约用度，任何财政支出都要谨慎行事，不可贸然做大规模财政支出，更不可劳民伤财进行奢侈性消费，若不能量入为出，侈肆纵欲，则财富消耗过快，远远超过财富增长的速度，则财必速尽，国必速败。朱子《集注》引吕大临曰："国无游民，则生者众矣；朝无幸位，则食者寡矣；不夺农时，则为之疾矣；量入为出，则用者舒矣。"

仁者以财发身

"仁者以财发身"，"发"者，起也，显荣也，"以财发身"，即以财荣身，以财修身，以财富成就仁德。儒家的主流经济学思想并不反对正当的谋利，认为治国者应该鼓励老百姓谋取正当的利益，并应创造条件让老百姓更好地谋取利益、创造财富。然而儒家主流经济学思想始终把财富的创造当作第二位的目标，而把道德和人格当作第一位的目标,把"成就人自身"当作第一位的目标。"以财发身",就是把谋取财利、创造财富,当作修身的手段,当作成就人格的途径,当作践履信仰的方式。生财是为了显荣自己的道德人格。这也是现代儒商的精神,具有重要的当代价值。马克斯·韦伯在《新教伦理与资本主义精神》中所倡导的新教伦理下的企业家伦理,实际上在中国早期儒家经典中早就阐发得极为透彻了。

"以财发身"除了生财以成就道德人格这一层含义之外,还包含着另一层重要的意蕴,就是治国者要散财以得民心,得民心则身荣而德显也,此亦"财散则民聚"之义也。朱子曰:"仁者散财以得民,不仁者亡身以殖货。"

不仁者以身发财

"不仁者以身发财","以身发财"者,牺牲自己的道德人格来赚取财富,即"亡身以殖货"也。一个人不爱惜自己的"身",不爱惜自己的名誉,宁肯牺牲人格、宁肯玷污声誉,来谋取财利,此乃本末倒置也,即《大学》所言"外本内末"也,违背了儒家所倡导的"德本财末"的宗旨。这样的人,即使获得再多的财货,也是不会长久的,因为"悖而入者,必悖而出",以不正当手段赚取的财富,必定会烟消云散。违背道德、戕害人格、悖逆信仰而获致的财富,必不能恒久保持,它来得快,去得也快。那些靠假冒伪劣、坑蒙拐骗得来的财富,不但不能使自己显达,反而"亡身"、祸己、败家,贻害子孙后代。《大学》曰"富润屋",不义之富不但不能"润屋",反而会使家破人亡;又曰"德润身",只有美德、仁德才能使自身显达荣耀,并润泽子孙后代。

从更深的治国理政的角度来说,治国者尤其应警惕"以身发财",

即不施仁政、侈肆贪虐、搜刮民财，以满足一己之私欲，财得而身丧，可不慎欤？此即《大学》所说"财聚则民散"。这就是儒家的财富伦理观。儒家财富伦理所着眼的，乃是财富创造的可持续性与正义性，正是由于始终将伦理标准置于首要的位置而把财富置于从属的、派生的地位，财富创造与积累才是可持续的、永恒的。不论从个人的财富创造来说，还是从治国者的财政政策和治国方略来说，"财"始终应该是为"德"服务的，"财"要显荣"德"、增进"德"，"财"以"德"为前提，并以"德"为条件、为目的。

"以身发财"者，为物所役、为物所累也。财物货利本为人所用，然而"以身发财"者役于物、累于财，被财富所羁绊捆缚，一生逐骛财利而忘其身、忘其德，此舍本而逐末者也。"以财发身"者，役物而不役于物，他能正当地赚取财利，又能合理地使用财利，而赚取财利和使用财利的标准与原则皆看是否有利于他的仁德，是否有利于成就他的人格，他赚取财利和使用财利的目的也是为了显达其道德人格。

《管子·心术下》曰："君子使物，不为物使"；《荀子·修身》曰："君子役物，小人役于物"；《庄子·山木》曰："物物而不物于物，则胡可得而累邪？""物"是第二位的，"己"、"心"是第一位的，物为己所役、物为心所使，而不是心为物所羁、己为物所累。个人于赚取财利时能够超越物欲，不被物欲所羁绊，不以歪门邪道谋取钱财，则能走正道，履行社会责任，如此则身荣而德显，如此得来之财富，自会恒久。治国者获得财富时能够超越物欲，则能薄取于民，清心寡欲，去贪窒欲，散财以得民。《大学》所说"生财之大道"，对于今天我们从企业家（创造财富者）角度理解的"企业社会责任"以及从治国者角度所理解的国家宏观经济管理之伦理，都有极大的启发意义。

上仁而下义

"未有上好仁，而下不好义者也；未有好义，其事不终者也"。这是从国家治理者角度来说的"德财观"。最高的治国者以财富为第二位，而以仁德为第一位，他所有的财政政策（主要是从国民那里获得财富的赋税政策以及用于治国者自身和国家公共服务的财政支出政策）的最终目的都是为了仁德，而不是满足个人的私欲。因而"上好仁"，意味着治国者以仁德为标准对待财富，对人民施以仁政，仁民保民，而不苛待人民，不以不正当手段剥夺人民，使人民皆能安居乐业，所谓"小人乐其乐而利其利"者也。"上好仁"，以仁政治天下，则人民必"好义"，上面的治国者做出了道德榜样，下面的老百姓就会看在眼里（所谓"民具尔瞻"也，见《诗经·小雅·节南山》），就会以之为典范而效仿之，百姓就不会有悖逆伦理的行为。在上者行仁义之道，此为"务本"，在下者就不会"犯上作乱"（《论语·学而》），就会好义而知礼节。在下者能够好义知礼，则凡有政令，皆能执行，故事能善终，政能畅行。其"事终"，用现代语言来说，就是具有可持续性；其"事不终"，就是不具备可持续性。只有治国者以民为本，好仁施仁，爱民保民，才能得民众之拥戴，其政通而民不悖，这样的国家和政府才具有可持续性，才会国用充足而民财不匮。《孟子·离娄上》曰：

> 孔子曰："仁不可为众也。夫国君好仁，天下无敌。"今也欲无敌于天下而不以仁，是犹执热而不以濯也。诗云："谁能执热，逝不以濯？"

儒家的政治伦理认为，国君（治国者）有责任施行仁政，"仁"这样的伦理要求，不是针对普通老百姓的，而是针对治国者提出来的，故"仁不可以为众"。治国者如果以仁德为依归，"好仁"而爱民，则天下无敌焉。若想无敌于天下却不想施行仁政，这样的国君岂不自相矛盾？哪里有怕热而不去洗澡的呢？

《孟子·尽心下》也提出"国君好仁，天下无敌"：

> 孟子曰："有人曰：'我善为陈，我善为战。'大罪也。国君好仁，天下无敌焉。南面而征，北夷怨；东面而征，西夷怨。曰：'奚为后我？'武王之伐殷也，革车三百两，虎贲三千人。王曰：'无畏！宁尔也，非敌百姓也。'若崩厥角稽首。征之为言正也，各欲正己也，焉用战？"

孟子认为，国君好仁，天下悉皆归之，哪里用得着什么战争？那些对国君说"我善于为您布阵打仗开疆拓土"的人，实际上是国之罪人。商汤征讨南方，北方的老百姓就埋怨；向东征讨，西方的老百姓埋怨。老百姓说："为什么把我们这里放在后面（征伐）？"武王讨伐商纣时，有三百辆战车，三千个勇士。武王（对老百姓）说："你们不要害怕！我是来安定你们的，不是与你们老百姓为敌的。"老百姓对王的欢迎就像山崩一般，他们纷纷以头触地向武王敬拜。孟子释"征"为"正"，每个人各自"正己"，使自己端正，哪还用得着什么战争？"正己"，对于治国者而言，就是发政施仁，苟能正己而施仁，天下归之，何用战？苟能正己爱民，民财不匮而府库足用，何用贪虐而夺民？此之谓"仁人无敌于天下"（《孟子·尽心下》）。

取之有道

"未有府库财，非其财者也。"此言治国者府库中所积之财货，皆以正当途径获致，皆其应得之财，无不义而剥夺搜刮百姓之财。此之谓"取于民有制"(《孟子·滕文公上》)。儒家经济伦理不仅倡导一种个人创造财富的伦理优先原则,而且主张治国者在国家财政政策领域的伦理优先原则,即国家财政收入(赋税)必须合乎伦理原则,即合乎儒家的仁政原则,不要过度剥夺百姓,而要以爱民保民为先。《孟子·告子下》曰:

> 孟子曰:"今之事君者皆曰:'我能为君辟土地,充府库。'今之所谓良臣,古之所谓民贼也。君不乡道,不志于仁,而求富之,是富桀也。'我能为君约与国,战必克。'今之所谓良臣,古之所谓民贼也。君不乡道,不志于仁,而求为之强战,是辅桀也。由今之道,无变今之俗,虽与之天下,不能一朝居也。"

孟子把那些能为君主开疆拓土、增加财政收入的人,称为戕害人民的"民贼"。如果君主不追求正道,不志于行仁政、爱民保民,而臣子却想让他富足,就相当于使暴君夏桀富足。同样那些声称为国君开疆拓土的所谓良臣亦是"民贼",若君主不追求正道,不志于行仁政,而臣子却想为他努力作战,这就相当于辅佐暴君夏桀打仗。若"府库财非其财",国君所征收的税收都是强取豪夺得来,那么这种财政政策就失去了伦理上的正当性,就是不仁之政,国君不能"正己""保民",其"府库财"失去合法性,那些从人民那里剥夺而来的财富,人民就有权利剥夺之,此《大学》所谓"悖入必悖出"之理也。这就是国人常说的"君子爱财,取之有道"(《增广贤文》),若取财不以道,则财不恒久。国家向人民征收赋税,用于国家公共支出,必须合乎正义原则,要考虑老百姓的承受能力,以不害民力、不伤民生为原则,最好的赋税政策不仅不过度剥夺人民,而且要藏富于民,寡取而多予。儒家强调国家赋税的正义原则,强调足民富民原则,持有民本主义的财政观,《论语》里面说:

"义然后取，人不厌其取。"(《论语·宪问》)

"百姓足，君孰与不足？百姓不足，君孰与足？"(《论语·颜渊》)

"义然后取"，"义"者，合宜也，即合乎礼义原则、合乎道义原则、合乎正义原则，这样的"取"，百姓无怨无厌。此之谓"忠信以得之"。上好仁，而下必好义，国君行仁政，"义然后取"，百姓则无悖逆之行。不义而取之，此之谓"骄泰以失之"，国君之取皆为一己之私，则民必怨之厌之，以至于夺之诛之。故《大学》曰："辟则为天下僇矣。"天下戮之弃之，则治国者非惟不能生财富己，而且丧身亡国。

宁有盗臣

孟献子曰："畜马乘，不察于鸡豚；伐冰之家，不畜牛羊；百乘之家，不畜聚敛之臣。与其有聚敛之臣，宁有盗臣。"国家按照礼义原则，为担任国家服务使命的各级官员提供了足够的收入，这些收入足够治国者维持较高的生活水准，此时若再贪得无厌，敛财肥己，则无异乎养盗而自害。家里拥有豪华马车你就不应该再在乎鸡鸭猪狗的小利了；你家里能够在丧祭典礼上极尽豪华，用上冰块，就不要再贪恋牛羊的小利了；你家里有一百辆车子，你就不要再纵容自己的家臣聚敛财富了。那些为你聚敛财富的家臣，他们横征暴敛，为你获取一点点小利，然而你却有可能丢掉你的仁德，丧失民众之拥戴，最终丧失你的"大利"，最终失财丧身，不亦悲夫！你的那些聚敛之臣，实际上相当于你自己养的盗贼，他们表面上是在帮助你聚敛更多财富，实际上是在偷你自己家的财富。

"盗臣"者，孟子所谓"民贼"也。孔子提出"义以生利"，实际上是要求治国者按照"义"的原则来获取财富，只要做到了"义"，则"利"自然就在其中了，这才是国君及其臣子生财之大道。安分守己，不僭越，不贪婪，不纵欲，取之以义，得之以信，有德斯有财，失德则失财，这就是德本财末的经济学。

春秋时晋国大夫叔向（羊舌肸）向韩宣子（韩起）"贺贫"，贫有何可贺？叔向曰："今吾子有栾武子之贫，吾以为能其德矣，是以贺。若不忧德之不建，而患货之不足，将吊不暇，何贺之有？"（《国语·晋语》）叔向主张"忧德不忧贫"，治国者不要忧虑财物不足，而要忧虑自己是否施行仁德，苟施行仁德而爱民，则财不足忧，且能免难而保身，栾武子就是因为生活保持节俭而有德行，才免于屠戮之难的。有叔向这样的辅佐者，治国者才能施行仁政，上不贪而安贫，则百姓乐业而足用，"百姓足，君孰与不足？"

战国时期齐国人冯谖为孟尝君门客而"焚券市义"，亦是劝孟尝君少聚敛而得民心。孟尝君派冯谖到薛地收债，在辞别之时，冯谖问孟尝君："责毕收，以何市而反？"就是说，我收完了债，买点什么东西回来？孟尝君说："视吾家所寡有者。"意思是说，你看我家里缺什么，就随便买点什么回来吧。冯谖到薛地，"使吏召诸民当偿者，悉来合券。券遍合赴，矫命以责赐诸民，因烧其券，民称万岁"（《战国策·齐策》）。冯谖让小吏把那些应该还债的百姓招来，核对债券。等债券核对完毕，冯谖假托孟尝君之命，将债款皆赐之于百姓，一把火将债券烧光，老百姓山呼万岁。回来之后，孟尝君问冯谖收债完毕之后买回来什么东西，冯谖的回答很精彩：

> 冯谖曰："君之'视吾家所寡有者'。臣窃计，君宫中积珍宝，狗马实外厩，美人充下陈。君家所寡有者，以义耳！窃以为君市义。"孟尝君曰："市义奈何？"曰："今君有区区之薛，不拊爱子其民，因而贾利之。臣窃矫君命，以责赐诸民，因烧其券，

民称万岁。乃臣所以为君市义也。"孟尝君不悦,曰:"诺,先生休矣!"

治国者所寡有者,仁义也;所富有者,珍宝狗马美人也。孟尝君拥有薛地,不能施行仁爱于民,而且牟利于民,取之不义,故失民心。而冯谖焚券贾义,看似失去财货,实则成德而得民,民必爱之。

> 后期年,齐王谓孟尝君曰:"寡人不敢以先王之臣为臣。"孟尝君就国于薛,未至百里,民扶老携幼,迎君道中。孟尝君顾谓冯谖:"先生所为文市义者,乃今日见之。"

过了一年,齐王以"不敢以先王之臣为臣"这样的"莫须有"的理由委婉地辞退了孟尝君,孟尝君只有来到薛地。离薛地还有一百里地,就见薛地百姓扶老携幼,纷纷前来迎接孟尝君,孟尝君深为感动,大悟道:"先生为我买到的义,我今天见到了。"

《大学》言上仁而下义,"未有上好仁,而下不好义者也;未有好义,其事不终者也"。上施以仁德,下必感戴而服之,民心必归之;得其民心,斯得天下矣。孟尝君起先从人民那里牟利,故民心离;而冯谖焚券贾义,则为孟尝君赢得了民心,民心归之,何患财之不足?此《大学》所谓"财散而民聚"也。

冯谖、叔向这样的辅佐之臣,乃是真正为治国者赢得民心之人;而那些为治国者聚敛财富之臣,乃是实实在在的"盗臣"、"民贼",他们从百姓那里盗取财富,实际上就是直接从治国者手里盗取财富。"盗臣"所聚敛之财货,既"悖而入",必"悖而出"(《大学》)。这就是孔子为什么要对为季氏聚敛的冉求进行严厉批评并号召弟子们"鸣鼓攻之"的原因。《论语·先进》曰:"季氏富于周公,而求也为之聚敛而附益之。子曰:'非吾徒也。小子鸣鼓而攻之可也。'"

以义为利

"此谓国不以利为利,以义为利也。长国家而务财用者,必自小人矣。彼为善之,小人之使为国家,菑害并至,虽有善者,亦无如之何矣。此谓国不以利为利,以义为利也。""以利为利"者,着眼于财富货利,将财富货利之攫取置于道德正当性之上,为了殖货利而不择手段,这无论对于作为财富创造者的个人(企业)来说,还是对于治国者来说,都是不具备可持续性的错误之举。"以义为利"者,将道德正当性作为获得财富货利的前提和条件,且把实现仁德当作殖货利的最终目的,这无论对于作为财富创造者的个人(企业)来说,还是对于治国者来说,都是获得可持续的财富的正确行为。

"以利为利"者,乃"以身发财",不惜丧失自己的名誉、道德,甚至不惜亡身丧家来获得财富,这样的财富何能持久?"以义为利"者,乃"以财发身",财富乃是成就一个人的道德人格、成就他的生命的手段,他从未以发财作为目的和终点,而是以成德成人作为目的和终点。他要在殖货利的过程中"明明德",显明他自己的光明崇高之人格,呈现自己本然具有的道德本体,从而臻至那个最高的道德善,即"止于至善"。

如果"长国家而务财用",那就是以财为本,以德为末,本末倒置,这样的辅佐之臣表面上能为国君聚敛财富,然而"财聚而民散",最终只能给国家带来灾害与祸殃,故曰"小人之使为国家,菑害并至"(菑通灾)。

而如果治理国家的臣子皆以义为本,而以利从之,则利自然在其中矣,此之谓"义以生利"(《左传》鲁成公二年)。义和利、仁德与财富,应该是统一的,而不是对立的,然而二者的关系应该是以义制利、义主利从,义乃是利的前提,亦是利的目的,而不是相反。汲汲于财富,而忘记了仁德,则最终失德而丧利;将仁德放在第一位,而以殖利为富从之，则最终成德而财足。《孟子·滕文公上》提出"为富不仁，为仁不富"的命题，此观点与《大学》的"德本财末"的观点是一致的。我们要注意，"为富不仁，为仁不富"，如同孟子说的"何必曰利"一样，都是从"在上位者"、从掌权的治国者角度来说的，即对于治国者来说，脑子里只想发财获利是不能实行仁政的，而那些行仁政的治国者不会一门心思想着发财获利。这个思想非常重要，治国者要"俭"，节制用度，不要奢侈糜费，同时要"取于民有制"，不要过度索取，这样的治国者正是因为"不富"，不追求财富，才可以"为仁"。所以"为仁不富"是对治国者、对于在上者而言的，而对于老百姓，则希望他们能够"乐其乐而利其利"（《大学》）。朱子在总结此章主旨时说："此章之义，务在与民同好恶而不专其利，皆推广絜矩之意也。能如是，则亲贤乐利各得其所，而天下平矣。"君子即治国者"亲其亲而贤其贤"，而老百姓（小人）则"乐其乐而利其利"，君子（治国者）亲民爱民保民，施行仁政，而老百姓安居乐业，如此"亲贤乐利各得其所"，上仁而下义，则国治而天下平，此乃儒家治道之精髓也。此章将重点放在阐发儒家的"君子之大道"、"生财之大道"，乃是儒家政治哲学之总纲，其核心乃是"德本财末"、"以义为利"的民本主义、德本主义政治经济学。

内圣外王，体用兼备

《大学》是儒家思想体系化的开端，其中所提出的"三纲"（明明德、亲民、止于至善）、"八目"（格物、致知、诚意、正心、修身、齐家、治国、平天下）第一次系统性地将儒家心性哲学与政治哲学融为一体，开显出儒家整个思想框架，对后世儒家思想的发展演化产生了深远的、无可替代的影响。千余年之后，宋代的程朱理学以及明代的王门心学，皆从《大学》所揭橥的基本范畴出发，从不同的方向进一步完善儒家的心性哲学与政治哲学。《大学》提供了一个儒家思想的总纲，它犹如一座巍峨堂皇的大厦，格局规模之大、条目之清晰、逻辑体系之完备谨严、义理之丰富，均为前人所不及，堪称儒家思想发展史上继往开来的一个重要转折点。

故《大学》虽然短短两千余言，然而它在儒家后来建构的修习次第中的地位却是极为重要的。朱子主张先读《大学》，打下基础，确定规模，再读其他的儒家经典（以下皆见于《朱子语类》卷十四）：

"《大学》是修身治人的规模，如人起屋相似，须先打个地盘，地盘既成，则可举而行之矣。"

"《大学》是为学纲目。先通《大学》，立定纲领，其他经皆杂说在里许。通得《大学》了，去看他经，方见得此是格物、致知事，此是正心、诚意事，此是修身事，此是齐家、治国、平天下事。"

"人之为学，先读《大学》，次读《论语》。《大学》是个大坯模。《大学》譬如买田契，《论语》如田亩阔狭去处，逐段子耕将去。"

"先看《大学》，次《语》《孟》，次《中庸》。果然下工夫，句句字字，涵泳切己，看得透彻，一生受用不尽。只怕人不下工，虽多读古人书，无益。书只是明得道理，却要人做出书中所说圣贤工夫来。若果看此数书，他书可一见而决矣。"

"《论》《孟》《中庸》，待《大学》贯通浃洽，无可得看后方看，乃佳。道学不明，元来不是上面欠却工夫，乃是下面元无根脚。若信得及，脚踏实地，如此做去，良心自然不放，践履自然纯熟。非但读书一事也。"

第八章　平天下在治国

朱子当然极其强调践履。《大学》所确立的"大人之学"、"君子之学"的修养次第，不是死的呆板的教条，不是一套空洞的理论体系，而是一套着实践履、存养操持的方法，故必脚踏实地去践履，方可对《大学》所说的明德亲民、诚意正心、格物致知、修齐治平有所体悟。待到良知烛照，自心湛明不放，则诚正格致一齐打通，修齐治平一以贯之。此即朱子所说"圣贤工夫"。

《大学》兼体用、本末、内外，可谓全备无遗。儒门内圣外王之道（"内圣外王"最早在《庄子·天下》中提出），尽在其中。明明德者，体也，本也，内也；亲民者，用也，末也，外也。然而明明德必以亲民为用，如此则本末内外方可打通，方可达"止于至善"之理想境界。诚意正心、格致修身，体也，本也，内也，齐家、治国、平天下，用也，末也，外也，然诚意正心、格致修身必以齐家治国平天下为用，方可有落脚处，无此践履之地，则全都悬空无着落矣。故《大学》之可贵处，在于将儒家心性哲学与政治哲学打通，心性哲学偏于个体心性修养与生命境界，而政治哲学则涉及儒家对于国家天下治理之政治经济方略，即今天我们所说的广义的政治经济学，即古人之经邦济世之学。明代思想家李贽曾在《四书评·大学》中说："真正学问，真正经济，内圣外王，具备此书。"此评甚为中肯，一语点破《大学》之真正价值。故本书在揭示《大学》所表彰的儒家德本主义和民本主义政治经济学思想方面着墨甚多，《大学》在这方面的贡献应该被今人所认识，从这个意义上来说，《大学》所具备的"现代性"价值亦应该得到崭新的评价与认知。宋明理学在《大学》所标举的心性之学方面有较多的发挥、较深的体认，然而对于其中所蕴含的儒家德本主义和民本主义政治经济学思想则有所忽视。《大学》之体与用、内圣与外王，本为一体，自宜融会贯通，方可得《大学》之全体。

跋

儒门心法，尽在《大学》。区区两千言，自格致诚正，至于修齐治平，自近及远，由内而外，广大精微，简易赅博。儒家内圣外王之学，俱备斯编，实圣学之津梁、成人之阶梯。拙稿《大学心法》，以古本《大学》为底本，秉"以经解经"、"以元典释元典"之法，多采《语》《孟》以明《大学》之旨，兼参朱子《章句》、阳明先生《大学问》《传习录》等，使读者得以窥见两千余年来《大学》义理之流衍嬗变。小稿更努力以现代学术眼光，挖掘《大学》之当代意蕴与价值，此"再诠释"工作，亦元典常读常新之意义所在。小稿自辛丑初开笔，历一寒暑而成，期间忧患困蹇、屯难颠踬，不足为外人道。幸有《大学》在案，犹圣贤在侧，时刻提撕儆醒、棒喝开示，使吾得以慎独日新，自反自惕，持志而不怠。此殆天意乎？

正月十三日，京城大雪。今雪融冰消，春意渐萌，抚此小稿，感慨系之。

王曙光

壬寅正月十六日于善渊堂